경영의 핵심

소비자중심경영

Consumer Centered Management

김태영·백병성·김정호·손철옥
오흥욱·이기헌·이성식 공저

JINSAEM 진샘미디어

차례

PART Ⅰ CCM 이해와 준비

CHAPTER 01

CCM의 개요

CHAPTER 02

CCM의 필요성

PART Ⅱ CCM 운영

CHAPTER 05 리더십

CHAPTER 06 CCM 체계

PART III CCM 심사 및 활성화

CHAPTER 09

CCM 유지와 활성화

CHAPTER 10

CCM 심사 대비 가이드

APPENDIX

부록

PART I

CCM 이해와 준비

CHAPTER 01

CCM의 개요

Contents

소비자중심경영(Consumer Centered Management)은 기업의 모든 활동을 소비자 관점에서, 경영활동을 지속적으로 개선하는 것으로 소비자 지향적으로 경영을 하는 것이다.

기업은 모든 비즈니스 활동 즉, 기획, 연구/개발, 생산, 유통, 가격, 마케팅, 고객만족, 경영, 직원 동기부여, 예산 등 경영의 전반적인 활동을 소비자중심으로 재구성하고 활동함으로써 소비자의 신뢰를 얻고 대내외적 이미지 개선 등을 바탕으로 지속적으로 기업의 가치 제고와 경쟁력을 향상시키기 위한 프로그램이다.

1 CCM(소비자중심경영) 개념과 목적

1) CCM 개념

소비자중심경영(CCM: Consumer Centered Management)에 관한 개념은 다양하게 해석되고 있지만, 다음과 같은 개념을 정의한 내용을 찾을 수 있다.

- 제품 및 서비스의 기획에서부터 개발 및 생산 판매에 이르기까지 가치 창출의 주요 활동들이 소비자 관점에서 이루어지는 경영활동(공정거래위원회, 2017).
- 소비자중심경영은 "소비자의 요구와 욕구를 철저히 반영하고, 그 조직이 속해 있는 환경과 시장의 본질을 이해하며, 만족한 소비자를 창조하기 위해 조직의 의사결정과 행동을 공식화하게 하는 것"을 말함(백병성, 2006).
- 소비자의 니즈를 충족시키기 위하여 상품 및 서비스를 만드는 기획 단계, 사후관리, 개선에 이르는 모든 기업활동에 소비자의 소리를 반영하고 이를 통해 소비자 불만을 만족으로 전환시킴으로써 소비자의 권리증진은 물론 기업 경쟁력을 향상시키는 경영의 총체적 활동(김인숙 · 정현희, 2012)
- 지속가능한 이윤 창출을 위해 기업이 제품 개발 전 과정뿐만 아니라 제품 판매 이후에도 소비자 중심적인 관점에서 소비자와 긍정적인 관계를 지속적으로 유지하여 소비자에게 혜택을 제공하고 궁극적으로 소비자의 복지와 생활의 질을 향상하는 것을 목적으로 하는 경영활동(황진주 · 여정성, 2014)

CCM개념을 종합해 볼 때 고객의 요구 등을 회사의 생산과 경영 등에 반영함으로써 기업의 지속가능성을 유지하고 나아가 소비자의 후생을 증진하는 것이라고 할 수 있다. 결과적으로 기업이 소비자중심(지향적)일 때 내부적으로는 조직 구성원들에게 자신감을 부여하게 되고, 외부적으로는 시장에서 현저한 경쟁적 우위를 갖게 된다.

2) CCM 목적

첫째, 기업의 소비자 지향적 경영문화 확산과 소비자 관련 시스템구축 및 정비를 통한 대내외 경쟁력 강화한다.

둘째, 소비자 권익증진 노력을 통해 소비자 후생을 증대한다.

CCM 인증제도는 시장의 각 경제주체별로 효용을 가져온다. 즉, 그 효용을 소비자측면, 기업측면, 공공측면으로 나누어 볼 수 있다.

- 소비자 측면에서 상품 및 서비스 선택기준이 되는 정보를 제공받고, 인증기업과 소비자문제 발생 시, CCM 운영체계에 따라 신속하고 합리적인 해결이 가능하도록 한다.
- 기업 측면에서는 CEO와 임직원의 소비자권익에 대한 인식을 제고하고, 상품과 서비스 수준을 소비자 관점으로 끊임없이 개선함으로써 대내·외 경쟁력을 강화할 수 있다.
- 시장에서는 사후 분쟁해결 및 행정조치로 인한 사회적 비용을 절감하고 소비자중심의 선순환 시장을 조성함으로써 기업과 소비자의 상생문화 확산에 기여할 수 있다.

《 소비자중심경영과 고객만족경영 용어 정의 》

- **Consumer(소비자-재화를 소비하는 사람)**: A consumer is a person who buys things or uses services.
- **Customer(고객-1. 상점 따위에 물건을 사러 오는 손님. 2. 단골로 오는 손님. '단골손님', '손님'으로 순화)**: A customer is someone who buys goods or services, especially from a shop.

고객만족경영(Customer Satisfaction Management)

- 현대사회의 소비자는 인터넷을 통해 정보를 공유·생성할 수 있는 정보력으로 무장하고 기업의 생존을 위협하는 강력한 존재로 부상하고 있으며, 이러한 소비자의 변화는 소비자와 기업의 관계를 소비자중심으로 변화시키고 있다(황진주, 2014).
- 고객의 가치를 중시하는 시장 지향적인 기업문화가 경영우위의 원천임. 따라서 기업은 은 기업의 이해관계 집단 중 고객의 비중을 최우선으로, 고객만족을 궁극적인 경영목표로 하며 고객 지향적 사고를 바탕으로 모든 경영활동을 전개해 나가는 것을 의미, 서비스와 제품에 초점을 둠

"고객만족이란 고객만족을 목표로 하는 경영으로 기존 매상고나 이익증대 같은 목표와 달리 고객에게 최대의 만족을 주는 것에서 기업의 존재 의의를 찾으려는 경영방식"(정동연, 2017)

"고객만족 경영은 기업의 최종 목적을 고객만족에 두고 고객만족 향상을 위해 지속적으로 노력하는 것"(이유재, 2007)

ESG[1)]

- 2000년 중반까지는 기업은 주로 이윤 추구에 초점을 맞추고 있지만, 그 이후부터는 기업도 지구의 기후변화 위기 및 사회적 책임 등에서 무관하지 않다는 바탕 하에, 미국의 기업평가 회사들이 기업의 평가요소를 기존의 재무적 요소위주에서 비재무적 여요소, 즉 기업의 지구환경 보호, 소비자, 근로자, 사회적 약자의 복지 등 사회책임, 자본주들의 지배구조 등을 평가요소로 반영하는 패러다임으로 변화하고 있다. 이러한 ESG 등의 도입으로 소비자의 지위, 복지 등도 중시하게 되었다.

1) ESG : E(Environmental, 환경), S(Social, 사회), G(Governance, 지배구조) 등의 비재무적 영역에서 기업이 보다 확대된 역할을 충실히 수행하는 일련의 경영활동을 의미한다.

- 기업의 전통적 경영방식은 주주 위주의 재무적 성과에 초점이 맞춰져 있었다. 하지만, 점차 기업에 대한 사회적 요구가 변화하고 커짐에 따라 근로자, 소비자, 지역사회에 공헌 등 기업의 사회적 책임이 강조되어 왔다. 최근에는 지구환경 보호에 대한 요구와 자본주들에게 자본지배 구조 및 운영에 있어 공정하고 민주적인 요소의 강화 등이 요구되면서 기업가치의 평가요소로서 비재무적 요소 즉 기업의 ESG 경영이 뜨거운 화두로 부상했다.
- 기업의 목적 변화하고 있는데 주주가치의 극대화라는 단일한 목적에서 미국이 '이해관계자 중시(Stakeholder capitalism)[2)]'를 표방하고 있다. 미국은 미국의 200대 기업 CEO의 모임인 비즈니스 라운드 테이블 BRT(2019.8) 발표에서 경영의 목적으로 고객, 종업원, 협력업체, 지역사회, 주주 모두를 위하는 것으로 새롭게 제시했고, 바이든 선거 유세에서도 주주자본주의 종언을 고하여 이제 '이해관계자 자본주의'(2020.7)를 표방하고 있다.
- ESG는 환경: 환경관리 관행, 오염 저감, 자원의 효율성과 사회: 노사관계, 인력관리, 제품의 안전 그리고 지배구조 측면에서 이사회구조 및 운영, 오너리스크[3)], 임원 보상, 반인수합병 메커니즘, 인센티브 등을 의미한다.
- ESG는 기업의 평판과 브랜드 가치를 높이는 것으로 나타났다. 즉 소비자는 제품이나 서비스 못지않게 그 제품이나 서비스를 만드는 기업의 평판에 주목한다. 우리나라 소비자 10명 중 8명은 소비할 때 기업의 사회적 평판에 영향을 받는다고 한다.
- 이와 같은 ESG는 기업의 자본조달 비용절감, 평판과 브랜드 가치를 높이는 것으로 나타났다. 즉 소비자는 제품이나 서비스 못지않게 그 제품이나 서비스를 만드는 기업의 평판에 주목한다. 우리나라 소비자의 약 80%는 소비할 때 기업의 사회적 평판에 영향을 받는다고 한다.

---

2) 주주에 대한 배려보다는 종업원, 고객, 거래 기업, 지역사회, 사회 전체 등 기업에 소속된 모든 이해관계자(Stakeholder)를 고려하는 방식의 자본주의를 가리켜 이해관계자 자본주의(Stakeholder capitalism)라고 한다.

3) 기업자본주, 최고경영자들의 반사회적 행태(예: 마약, 도박, 폭력 등)로 기업위험을 초래하는 행위 등

- ESG는 환경관리 관행, 탄소 등 온실가스 배출저감, 오염저감을 위한 투자, 자원의 효율성과 사회 노사관계, 인력관리, 제품의 안전 그리고 지배구조측면에서 이사회구조, 임원보상, 반인수합병 메커니즘, 인센티브 등을 의미한다.

소비자중심경영(Consumer Centered Management)

고객만족 개념을 포함하고 기업이 수행하는 모든 활동을 수요자인 소비자관점에서 소비자 중심으로 구성하고 관련 경영활동을 지속적으로 개선해가는 것, 모든 경영활동(경영전략, 기획, 생산, 유통, 마케팅, 판매, 품질보증 및 A/S)을 지속적으로 개선해 가는 것을 의미한다.

- 물품의 제조·수입·판매 또는 용역의 제공의 모든 과정이 소비자 중심으로 이루어지는 경영(소비자기본법 제20조의 2)
- "소비자중심경영"은 기업의 모든 활동을 **소비자의 관점**에서 생각하고 구성해서 관련 행위들을 지속적으로 개선해 나가는 것

▎고객만족경영과 소비자중심경영 비교 ▎

	고객만족경영	소비자중심경영
공통점	1. 고객(소비자)의 만족(중심)에 기업의 목표를 둔 경영활동	
차이점	1. 고객만족 자체가 목적 2. 기업의 영업 목적 3. 일반 소비자보다는 구매자(고객)중심	1. 소비자관점에서 경영활동 2. 기업, 소비자, 사회비용고려 3. 일반 소비자 고려

2 CCM(소비자중심경영) 인증제도

CCM 인증제도는 기업이 수행하는 모든 활동을 소비자 관점에서 소비자중심으로 구성하고 관련 경영활동을 지속적으로 개선하고 있는지를 한국소비자원에서 운영(평가)하고, 공정거래위원회가 인증하는 제도

『소비자중심경영(Consumer Centered Management, 약칭 CCM)』인증제도는 기업이 수행하는 모든 활동을 소비자 관점에서 소비자중심으로 구성하고 관련 경영활동을 지속적으로 개선하고 있는지를 한국소비자원에서 평가하고 공정거래위원회가 인증하고 있는 제도이다.

기업의 소비자 지향적 경영 문화 확산과 소비자 관련 시스템구축 및 정비를 통한 대내외 경쟁력을 강화하고, 소비자 권익증진 노력을 통한 소비자 후생 증대에 기여하는 것을 목표로 한다.

❙ 인증기관과 운영기관 역할 ❙

인증기관(공정거래위원회)	운영기관(한국소비자원)
• CCM 인증 승인 주체 • CCM 인증제도 운영규정 • 인증서 교부 • 인센티브 제공	• CCM 인증 실행 주체 • CCM 평가, 교육 • 평가기준 관리 • 인증심의위원회 운영

1) CCM 인증

기업이 소비자 권리의 중요성을 인식하고 모든 경영활동을 소비자중심으로 하는 기업의 경영에 대해 정부가 인증하는 제도이다. 기업 입장에서 보면 CCM 제도는 기업들이 소비자와, 그 권리의 중요성을 인식하도록 돕고 모든 경영활동을 소비자중심으로 수행하도록 체계적 방법을 제공하는 인증제도이다.

소비자중심경영 인증제도는 소비자권리 보호와 이를 통한 '기업경쟁력 강화'라는

경영의 틀을 국내 기업에 보급하고 전파, 교육하는데 있다. 궁극적으로 소비자를 중심으로 경영하는 기업을 발굴, 격려하고 그 탁월한 경영성과를 소비자와 산업계에 전파하여 소비자와 기업이 상생하도록 만드는 것이다.

CCM 개념도

CCM 인증마크

CCM 인증서와 인증마크는 공정거래위원회가 인증 기업에게 부여하는 것으로, 2년의 인증기간 동안 인증받은 기업은 CCM 인증마크를 사업장에 게시하거나 홍보물, 광고할 수 있다.

CCM 인증마크

2) CCM 인증제도 변천사

소비자중심경영(Consumer Centered Management, 이하 CCM) 인증제도는 공정거래위원회가 기업들이 소비자 관점에서 자율적으로 소비자 권익을 증진하는 경영활동을 하도록 유도하려는 목적으로 2007년부터 운영하고 있다.

❙ 소비자중심경영 인증제도 연혁 ❙

연월	주요 내용
2005	공정거래위원회에 '소비자피해 자율관리위원회' 조직 공정거래위원회에서 '소비자 불만 자율관리 프로그램(CCMS)' 공표
2007	제1회 CCMS 평가실시
2009	5대 홈쇼핑과 협력업체의 'CCMS 합동 도입 선포식' 개최
2010	'소비자만족 자율관리 프로그램'으로 명칭 변경
2011	소비자중심경영(CCM) 으로 명칭과 CCM 인증제도 운영규정, 인증마크, 평가기준 등 개선, CCM 평가기준 마련(9.1)
2013	CCM 평가기준 개정, 대분류 및 평가지표 간소화, 성과관리 비중 강화(10.29)
2014	중소기업 경쟁력 강화를 위한 전북 CCM 멘토링 협약식 CCM 인증제도 운영규정 개정(9. 1.) CCM 인증제도 운영규정 개정(12. 24.)
2015	안전관련 지표 추가(8.18.)
2016	중소기업 평가신청비 인하, 대/중소기업, 신규/재평가 등 세분화(2.1) CCM 인증제도 평가기준 개정(2.1./ 8. 18.)
2017	CCM 인증제도의 법적근거 신설(10. 31.)『소비자기본법』 개정 CCM 10주년 기념식 · 세미나, 10주년 기념 공모전 개최
2018	CCM 인증제도 법적인증 시행(5. 1.) CCM 인증제도 운영 관련 근거 규정 마련 – 『소비자기본법시행령』 개정(4. 30.) – 『소비자중심경영(CCM) 인증제도 운영 · 심사에 관한 규정』 제정
2019	CCM 포상제도 개편 – 포상 분야 세분화, 포상 수 확대 등 – 포상 수상기업 대상 프리미엄 인증마크 개발 및 사용 특전 부여
2020	CCM 교육 · 홍보용 콘텐츠 제작 및 배포 – 캐릭터, 인증제도 소개 인포그래픽, CCM 송, 동영상(4종) 등
2021	CCM 인증제도 심사기준 개정(1. 20.) – 『소비자중심경영(CCM) 인증제도 운영 · 심사에 관한 규정』(공정위 고시) 개정 CCM 인증 취소에 관한 세부 규정 마련(1. 20.) – 『소비자중심경영(CCM) 인증 취소에 관한 규정』(공정위 예규)제정 한국소비자원–홈쇼핑 사업자간 업무협의 체결(5. 27.) CCM 인증제도 심사기준 가이드 제작 · 배포(6월)
2022	CCM 인증마크 변경(3.14) – 『소비자중심경영(CCM) 인증제도 운영 · 심사에 관한 규정』(공정위 고시) 개정

3 CCM 법적 근거

1) 소비자기본법

소비자중심경영의 인증에 대해서는 소비자기본법에 근거를 두고 있다. 소비자기본법 소지자중심경영의 인증과 소비자중심경영 인증기관의 지정 등과 취소에 관한 근거 규정을 두고 있다.

소비자기본법 제20조의2(소비자중심경영의 인증)에서 소비자중심경영과 인증에 관한 규정을 두고(시행일 2018.5.1.) 공정거래위원회가 주관부서임을 명시하고 있다. 인증을 받은 기업은 이를 상품 등에 표시할 수 있고 그 유효기간은 2년임을 명시하고 있다. 또 인증을 받은 기업에 대해 포상 등 지원할 수 있다. 인증에 소요되는 비용은 해당 기업이 부담함을 표시하고 관련 절차에 대해서는 시행령에서 정하고 있다.

○ 소비자기본법 제20조의2(소비자중심경영의 인증)

① 공정거래위원회는 물품의 제조·수입·판매 또는 용역의 제공의 모든 과정이 소비자 중심으로 이루어지는 경영(이하 "소비자중심경영"이라 한다)을 하는 사업자에 대하여 소비자중심경영에 대한 인증(이하 "소비자중심경영인증"이라 한다)을 할 수 있다

② 소비자중심경영인증을 받으려는 사업자는 대통령령으로 정하는 바에 따라 공정거래위원회에 신청하여야 한다.

③ 소비자중심경영인증을 받은 사업자는 대통령령으로 정하는 바에 따라 그 인증의 표시를 할 수 있다.

④ 소비자중심경영인증의 유효기간은 그 인증을 받은 날부터 2년으로 한다.

⑤ 공정거래위원회는 소비자중심경영을 활성화하기 위하여 대통령령으로 정하는 바에 따라 소비자중심경영인증을 받은 기업에 대하여 포상 또는 지원 등을 할 수 있다.

⑥ 공정거래위원회는 소비자중심경영인증을 신청하는 사업자에 대하여 대통령령으로 정하는 바에 따라 그 인증의 심사에 소요되는 비용을 부담하게 할 수 있다.
⑦ 제1항부터 제6항까지의 규정 외에 소비자중심경영인증의 기준 및 절차 등에 필요한 사항은 대통령령으로 정한다.

소비자기본법 제20조의3(소비자중심경영인증기관의 지정 등)은 인증에 관한 사무를 전문성이 있는 기관이나 단체를 인증기관으로 지정할 수 있음을 표시하고 있다. 또 인증기관의 임직원은 뇌물을 받거나 제공, 수뢰 후 부정한 처사, 사후 수뢰 등에 대해서는 공무원으로 간주하고 처벌받을 수 있음을 규정한다.

그리고 지정 후 업무의 정지나 취소에 관한 규정을 두고 있는데 반드시 취소해야 하는 경우로는 1. 거짓이나 부정한 방법으로 지정을 받은 경우, 2. 업무정지명령을 위반하여 그 정지기간 중 인증업무를 행한 경우, 3. 고의 또는 중대한 과실로 제20조의2제7항에 따른 소비자중심경영인증의 기준 및 절차를 위반한 경우, 4. 정당한 사유 없이 인증업무를 거부한 경우, 5. 파산 또는 폐업한 경우, 6. 그 밖에 휴업 또는 부도 등으로 인하여 인증업무를 수행하기 어려운 경우가 그것이다.

○ 소비자기본법 제20조의3(소비자중심경영인증기관의 지정 등)

① 공정거래위원회는 소비자중심경영에 관하여 전문성이 있는 기관 또는 단체를 대통령령으로 정하는 바에 따라 소비자중심경영인증기관(이하 "인증기관"이라 한다)으로 지정하여 소비자중심경영인증에 관한 업무(이하 "인증업무"라 한다)를 수행하게 할 수 있다.
② 인증업무를 수행하는 인증기관의 임직원은 「형법」 제129조부터 제132조까지의 규정을 적용할 때에는 공무원으로 본다.
③ 공정거래위원회는 인증기관이 다음 각 호의 어느 하나에 해당하는 경우에는 인증기관의 지정을 취소하거나 1년 이내의 기간을 정하여 업무의 정지를 명할 수 있다. 다만, 제1호 또는 제5호에 해당하면 그 지정을 취소하여야 한다.

1. 거짓이나 부정한 방법으로 지정을 받은 경우
2. 업무정지명령을 위반하여 그 정지기간 중 인증업무를 행한 경우
3. 고의 또는 중대한 과실로 제20조의2제7항에 따른 소비자중심경영인증의 기준 및 절차를 위반한 경우
4. 정당한 사유 없이 인증업무를 거부한 경우
5. 파산 또는 폐업한 경우
6. 그 밖에 휴업 또는 부도 등으로 인하여 인증업무를 수행하기 어려운 경우

제20조의4(소비자중심경영인증의 취소)에서는 거짓이나 부정한 방법으로 인증을 받은 경우에는 반드시 인증을 취소하도록 규정하고 있다.

그리고 인증의 기준에 적합하기 않은 경우, 인증을 받은 후에 소비자의 생명·신체 또는 재산의 보호 등에 관한 법률로서 대통령령으로 정하는 법률을 위반하여 관계 중앙행정기관으로부터 시정명령 등 대통령령으로 정하는 조치를 받은 경우에는 인증을 취소할 수 있도록 규정하고 있다.

취소된 사업자에 대하여 그 인증이 취소된 날부터 3년 이내의 범위에서 대통령령으로 정하는 기간 동안에는 소비자중심경영인증을 하여서는 아니 된다고 규정하고 있다.

○ 제20조의4(소비자중심경영인증의 취소)

① 공정거래위원회는 소비자중심경영인증을 받은 사업자가 다음 각 호의 어느 하나에 해당하면 그 인증을 취소할 수 있다. 다만, 제1호에 해당하면 그 인증을 취소하여야 한다
1. 거짓이나 부정한 방법으로 소비자중심경영인증을 받은 경우
2. 제20조의2제7항에 따른 소비자중심경영인증의 기준에 적합하지 아니하게 된 경우
3. 소비자중심경영인증을 받은 후에 소비자의 생명·신체 또는 재산의 보호 등에 관한 법률로서 대통령령으로 정하는 법률을 위반하여 관계 중앙행

정기관으로부터 시정명령 등 대통령령으로 정하는 조치를 받은 경우
② 공정거래위원회는 제1항제1호 또는 제3호에 따라 소비자중심경영인증이 취소된 사업자에 대하여 그 인증이 취소된 날부터 3년 이내의 범위에서 대통령령으로 정하는 기간 동안에는 소비자중심경영인증을 하여서는 아니 된다.

2) 소비자기본법 시행령

소비자기본법 시행령에서는 인증을 받기 위해 필요한 조건들을 규정하고 있다. 즉 공정위가 정하여 고시하는 경영목표, 경영방식과 성과관리 등 심사항목별 배점에 따른 인증기준을 갖추도록 하고 있다. 신청할 경우 서류를 첨부하여 신청하고 공정위는 인증기준에 적합할 경우 인증서를 발급하고 부적합한 경우에는 그 사유를 명시하여 알리도록 규정하고 있다. 또 등급을 구분하여 인증할 수 있다고 규정하지만, 2023년 현재 등급은 적용하지 않고 있다.

제11조의2(소비자중심경영인증) ① 법 제20조의2제1항에 따른 소비자중심경영인증(이하 "인증"이라 한다)을 받으려는 사업자는 공정거래위원회가 정하여 고시하는 경영목표, 경영방식 및 성과관리 등의 심사항목과 심사항목별 배점에 따른 인증기준을 갖추어야 한다.
② 인증을 받으려는 사업자는 법 제20조의2제2항에 따라 인증신청서에 사업자등록증 및 조직도 등 공정거래위원회가 정하여 고시하는 서류를 첨부하여 공정거래위원회에 신청하여야 한다.
③ 공정거래위원회는 제2항에 따른 신청에 대한 심사결과 인증기준에 적합한 경우에는 사업자에게 소비자중심경영인증서를 발급하여야 하며, 부적합한 경우에는 지체 없이 그 사유를 명시하여 알려야 한다.
④ 공정거래위원회는 제3항에 따라 인증을 하는 경우 공정거래위원회가 정하여 고시하는 바에 따라 등급을 구분하여 인증을 할 수 있다.

제11조의3 (인증표시의 사용)에서는 인증받은 기업은 제품의 포장·용기, 홍보물, 문서 또는 임직원의 명함 등에 인증의 표시를 할 수 있도록 규정하고 있다. 이 경우 소비자가 알아보기 쉽도록 해야 한다.

> **제11조의3(인증표시의 사용)** ① 인증을 받은 사업자는 법 제20조의2제3항에 따라 제품의 포장·용기, 홍보물, 문서 등에 인증의 표시를 할 수 있다.
> ② 제1항에 따라 인증의 표시를 하는 경우에는 소비자가 알아보기 쉽도록 인쇄하거나 각인하는 등의 방법으로 표시하여야 한다.
> ③ 제1항 및 제2항에서 규정하는 사항 외에 인증의 도안, 규격 등 표시방법에 대한 사항은 공정거래위원회가 정하여 고시한다.

제11조의4 (포상 또는 지원 등)에서는 인증받은 기업을 대상으로 포상(대통령, 국무총리, 공정거래위원장)을 할 수 있도록 하고 별도의 지원을 하는 방안을 제시하고 있다. 이에 대해서는 별도의 공정거래위원회가 정하여 고시하도록 하고 있다.

또 인증심사비용은 인증을 신청하는 사업자가 부담하도록 하고 있고, 그 비용, 감면대상 등에서 대해서는 공정거래위원회가 고시하고 있다.

> **제11조의4 (포상 또는 지원 등)** ① 공정거래위원회는 법 제20조의2제5항에 따라 포상 또는 지원 등을 하는 경우 인증의 등급에 따라 그 내용을 달리 정할 수 있다.
> ② 포상 또는 지원 등의 요건, 절차, 심사방법 등에 대한 사항은 공정거래위원회가 정하여 고시한다.
> **제11조의5 (인증심사비용)** ① 법 제20조의2제6항에 따른 인증심사비용은 인증을 신청하는 사업자가 부담한다. 다만, 「중소기업기본법」 제2조에 따른 중소기업 등에 대해서는 비용을 감면할 수 있다.
> ② 제1항에 따른 인증심사비용, 감면대상 및 감면비율 등은 공정거래위원회가 정하여 고시한다.

제11조의6(소비자중심경영인증기관의 지정)에서 인증기관으로 한국소비자원. 소비자와 관련 된 인증·평가업무를 위임·위탁받아 2년 이상 해당 업무를 수행한 법인·단체 또는 기관을 지정하도록 하고 있다. 공정거래위원회는 이를 고시하고 필요한 경비를 지원할 수 있도록 규정하고 있다.

제11조의6(소비자중심경영인증기관의 지정) ① 공정거래위원회는 법 제20조의3 제1항에 따라 다음 각 호의 어느 하나에 해당하는 기관 중에서 소비자중심경영 인증기관(이하 "인증기관"이라 한다)을 지정할 수 있다.

1. 한국소비자원
2. 다른 법률에 따라 소비자와 관련된 인증·평가업무를 위임·위탁받아 2년 이상 해당 업무를 수행한 법인·단체 또는 기관

② 공정거래위원회는 인증기관을 지정한 경우에는 그 사실을 고시하여야 한다.

③ 공정거래위원회는 인증기관에 대하여 인증업무를 수행하는 데 필요한 경비를 예산의 범위에서 지원할 수 있다.

4 CCM 유용성

CCM은 소비자 불만을 사전에 예방하고 신속하게 구제함으로써 단기적으로는 소비자와의 분쟁으로 인한 비용을 줄이고, 장기적으로는 품질 및 서비스 향상으로 소비자의 신뢰를 얻을 수 있게 해준다. 대내외적으로 기업 이미지 개선 등을 바탕으로 궁극적으로 기업의 가치를 높이고 경쟁력을 향상시킨다.

이와 같은 내용은 임병권·지광석(2021)의 연구에서 입증되고 있다. 즉, CCM 인증연도 및 인증 전·후 기간의 재무성과와 ESG 추이를 보면 CCM 인증기업은 미인증기업(대응기업)보다 수익성(총자산이익률)이 높고 위험(총자산이익률 변동성)이 낮으며 ESG 통합 수준도 증가하는 추이를 보인다. 또 CCM 인증기업 및 미인증

기업(대응기업)의 재무성과 및 ESG 수준에 대한 평균차이 검정 결과에 의하면 CCM 인증기업이 미인증기업보다 인증 전·후에 수익성이 높게 그리고 위험은 낮게 나타나며, CCM 인증 이후 기간에 대한 ESG 수준은 높게 나타나고 있다. 그리고 CCM 인증이 재무성과 및 ESG 수준과 관련성이 존재하는지에 대한 회귀분석 결과에서 전체적으로 CCM 인증 이후에 기업의 수익성 개선 효과는 명확하게 확인되지 않으나 CCM 인증 이후 기간에 기업의 경영성과에 대한 위험은 낮아지고 있으며, CCM 인증 이후에 전체적인 ESG 수준이 증가함을 실증적으로 확인하고 있다.

1) 각 주체별 효과

소비자 측면

상품 및 서비스 선택정보 제공 효과이다. 소비자문제 발생시 CCM 운영체계에 따라 신속하고 합리적인 해결 가능하며 재구매 시 동일 불만이 발생하지 않는다. 소비자의 선택권과 소비자불만제기 및 정보요구권 등 소비자의 권리는 보장되고 나아가 소비자의 후생을 증진하는 결과를 낳게 된다. 이를 넓게 보면, 소비자의 권리와 후생의 확대뿐 아니라 기업의 경쟁력을 제고하는 효과를 가져온다.

기업 측면

최고경영자(CEO, Chief Executive Officer 이하 CEO라 한다.)와 임직원의 소비자중심 관련 인식을 제고한다. 임직원의 생각과 행동을 소비자중심으로 변화시킴으로써 소비자 중심적인 경영을 할 수 있고, 더 나아가 소비자 친화적인 기업문화를 구축할 수 있다. 또한 소비자 및 소비자권리를 존중하는 기업으로서 이미지를 높임으로써 기업 경쟁력을 강화할 수 있다. 상품과 서비스 수준을 소비자 관점에서 끊임없이 혁신하여 대내외 경쟁력 제고와 소비자 불만 예방 및 구제를 위한 행동기준을 제시하여 소비자의 신뢰를 확보할 수 있다.

기업과 소통하려는 소비자는 불만과 피해를 당한 소비자만 존재하는 것은 아니다. 우리 기업에 대하여 호감을 가지고, 평소에 동 기업의 제품, 시장 등에 관심을 가지고, 제품을 좀 더 좋은 방향으로 개선시킬 수 있는 아이디어, 또는 소비자들에게 새로운 관심을 끌 수 있는 상품개발 아이디어를 동 기업에 제공하려는 고맙고도 충성스러운 소비자들도 존재한다. CCM 제도를 도입하고 운영하고 있다면 소비자와의 원활한 소통 시스템을 통하여 소비자들의 선의의 의견과 아이디어를 더욱 적극적으로 수용할 수 있을 것이다.

1) 최고경영자의 관심증대: 최고경영자가 전 직원으로 대상으로 CCM을 선포함으로써 책임감이 높아지고, CCM 시스템 구축 및 운영에 대한 관심이 증대함
2) 소비자니즈를 충족한 제품개선 및 신제품 개발 : 소비자와 지속적인 소통강화로 소비자니즈를 파악하고, 이를 제품에 반영, 개선하거나 신제품을 개발함으로써 소비자만족 및 경영성과 증대
3) 소비자 조직의 위상 정립 : 인증기업의 CCO는 임원급이 담당하고, 고객만족팀의 위상이 높아져 업무 추진력이 향상됨. 그리고 실질적이고 구체적인 해결책의 도출이 가능함
4) 소비자불만 처리업무의 개선 : 소비자불만처리 속도 개선, 권한위임 이행, 동일 불만의 발생비율 감소효과
5) 악성 VOC에 대한 효과적인 대응 : 소비자불만의 신속한 확인과 공유가능, 전직원이 상담내용을 VOC 시스템에 입력하고 이를 열람함으로써 정보의 공유
6) 위기관리시스템의 도입 효과 : 중, 대 클레임 대처에 대한 신속한 대처로 소비자피해 확대방지, 식품, 의약품 뿐 아니라 공산품의 경우 더욱 중요한 위기관리 대응 효과
7) 소비자불만을 반영한 제품개선 및 개발 효과 : 생산 및 제품개발 부서와의 정보공유로 신속한 제품 개선, 제품개선 과제들의 지속적인 도출 및 해결
8) 소비자정책, 시스템, 회의체의 재정비 : 각종 소비자관련 정책, 제도, 시스템, 회의체들을 통합적 관점에서 재정비

9) **CCM인증 마크를 마케팅에 활용** : 명함, 다이어리, 제품 포장재, 매장 거치대, 보도자료 배포, 홈페이지 게재 등 마크를 활용할 수 있음

10) **CCM 담당자간 교류를 통한 업무개선 아이디어 습득** : CCM 인증 후 정기교육 참여 등 타사 CCM 실무담당자와의 교류를 통해 업무 개선 및 아이디어와 정보공유

11) **CCM 관련 대통령, 공정거래위원장상 등 수상기회** : 우수 인증기업 및 개인에 대한 대통령, 국무총리, 공정거래위원장 표창 수상 기회

정부 측면

사후 분쟁 해결 및 시정조치에 필요한 비용 절감과 소비자중심의 선순환 시장 조성이다. 소비자와 사업자의 상생문화를 조성하는 효과가 있다. 이것은 사회적 비용의 지출을 줄여 정부가 나서서 소비자의 불만과 분쟁에 대해 조정하고 합의를 유도하는 비용을 절감할 수 있는 효과가 있다.

2) 인센티브

CCM인증을 받은 기업을 대상으로 심사하여 정부에서 포상을 하고, 중소기업의 경우 융자혜택, 하도급의 경우 가산점, 공정거래 관련 법 위반의 경우 일정한 경감, 각종 계약시 가산점 부여 등의 실질적인 혜택이 제공된다.

- 우수기업 포상 : 인증기업/기관과 기업에 소속된 개인에 대하여 매년 1회씩 대통령·국무총리·공정거래위원장 표창 등 포상한다.
- 중소벤처기업부 소관 중소기업 정책자금 융자 한도 상향
  정책적 지원이 필요한 우수 중소기업의 개별 기업당 융자한도를 60억 원에서 최대 100억 원으로 상향 지원한다.
  * 근거: 2022년 중소기업 정책자금 융자계획 공고(중소벤처기업부 공고 제2021-648호)

공정거래협약 이행평가 시 가점 부여(하도급 분야, 유통분야, 가맹분야, 대리점 분야)한다.

- 평가기업이 CCM 인증기업인 경우 또는 협력업체에 대한 CCM 인증 취득을 지원하는 경우(하도급 · 유통분야만 해당) 가산점 부여하고 있다.
  * 근거: 대 · 중소기업간 공정거래 및 동반성장협약 절차 · 지원 등에 관한 기준(하도급)
- 대 · 중소기업간 공정거래협약 이행평가 등에 관한 기준(유통)
  가맹본부 · 가맹점 사업자 간 공정거래 및 상생협력 협약 절차 · 지원 등에 관한 기준
  공급업자 · 대리점 간 공정거래 및 상생협력 협약 절차 · 지원 등에 관한 기준
  공표명령을 받은 경우 제재 수준의 경감
- 인증기업이 표시광고법 등 공정거래위원회가 운영하는 소비자 관련 법령 위반으로 공표명령을 받은 경우 제재 수준 경감
  * 근거: 공정거래위원회로부터 시정명령을 받은 사실의 공표에 관한 운영지침
- 보세판매장(면세점) 특허 및 갱신 평가 시 가점 부여
  평가기업이 CCM 인증기업인 경우 가산점 부여
  * 근거 : 보세판매장 특허(갱신) 평가기준(관세청 공고 제2021-277호)
- 서울시 일반용역 적격심사에 의한 계약 시 가점 부여
- 서울특별시 일반용역 입찰 적격심사 시 가산점 부여
  * 근거: 서울특별시 일반용역 적격심사 세부기준

참고문헌

공정거래위원회(2017), 2017년판 공정거래백서.
김인숙 · 정연희(2012), 소비자문제연구, 제43호, 한국소비자원.
김태영(2014), 소비자중심경영, 진샘미디어, 서울.

백병성(2006), 소비자지향성 확보방안(I) - 고속도로서비스를 중심으로, 한국소비자원.

이영애 · 김지영(2014), 소비자중심경영(CCM) 인증기업의 성과에 관한 연구, 생활과학연구. 제8권 제1호, 인천대학교 생활과학연구소.

이유재 · 허태학(2007), 고객만족을 넘어, 고객가치를 경영하라, 21세기북스, 서울.

이은희 · 유현정 · 이영애(2016), 소비자중심경영(CCM) 전문가 자격제도 개발 방안 연구, 소비자정책교육연구, 제10권2호 한국소비자정책교육학회.

이은희 외(2017), CCM 인증제도 성과평가 및 개선방안 연구, 공정거래위원회 연구용역.

이은희 외(2004), "소비자신문고 활성화와 사업자 표준 CCMS 도입을 위한 연구", 공정거래위원회

이제호 · 이승신(2016), 소비자의 CCM인증 기업제품 구매의도에 관한 연구 소비자문제연구, 47-1. 한국소비자원.

임병권 · 지광석(2021), 기업의 소비자중심적 경영 활성화 방안 연구, 한국소비자원.

정동연(2017), 고객만족경영을 위한 고객접점서비스 표준매뉴얼개발, 서울도시철도공사를 중심으로 서울과학기술대학교 철도전문대학원.

황진주(2014), 메타평가를 통한 소비자중심경영 인증제도 활성화 방안 연구, 박사학위논문, 서울대학교 대학원.

황진주 · 여정성(2014), 근거이론적 접근을 통한 소비자중심경영 연구 소비자정책교육연구(10권 1호), pp.47-81, 한국소비자정책교육학회.

Collins Cobuild Advanced Learner's English Dictionary 6th Edition(2009)© Harper Collins Publishers 2009.

CHAPTER

02

CCM의 필요성

Contents

시장의 환경이 바뀌었다. 과거와 달리 소비자는 시장에서 주인으로서 최종적인 의사결정의 힘을 가진다. 이렇게 소비자의 힘이 절대적인 시점에서 우리는 어떻게 대응해야 할 것인가에서 시작한 것이 CCM이다. 그리고 소비자의 기대, 요구, 불만, 제안을 파악하기 위해서는 소비자의 정보의 중요성은 절대적이다. 소비자정보의 필요성과 유용성, 이런 것을 활용하여 소비자의 이탈과 불만관리를 하는 것은 매우 의미 있는 작업이다.

1 소비환경의 변화

1) 시장의 주인과 소비자주권

시장에서 주인은 소비자

지금까지 자본과 정보, 기술 등 많은 부분에서 기업은 소비자보다 압도적인 힘의 우위를 유지해 왔다. 그런데 20세기 중반 이후 소비자주권에 관한 개념이 등장하였다. 이와 같은 현상은 많은 영역에서 공급이 수요를 초과하고 있다. 그리고 한 국가 전체 측면에서도 소비의 비중은 60%를 초과하고 있다.

반면, 시장에서 소비자는 사업자에 비해 정보의 불균형이나 기업의 독과점, 소비자의 비합리적인 소비행위 등으로 인해 다양한 피해를 입게 되었다. 이에 기업이 해결하지 못하는 부분을 국가가 소비자를 보호하기 위해 수많은 제도와 장치를 만들어 운영해 왔다. 반면, 이와 같은 국가의 시장개입의 비용 대비 실효성에 대해 의구심을 품는 사람이 많은 것 또한 사실이다.

국민들이 국가에 대해 국민주권을 가지고 있듯이 자본주의 사회에서 소비자는 시장에서 소비자주권을 가지게 된다. 즉, 소비자주권은 자본주의 구조에서 소비자와 생산자의 상호관계에서 최종적인 의사결정의 힘이 소비자에게 있음을 의미하고 자원배분의 궁극적인 방향 설정이 소비자로부터라는 것을 의미하고 이를 실현하기 위한 수단이 소비자의 선택에 있음을 의미한다.

소비자는 시장에서 주인으로서 최종적인 의사결정의 힘을 가진다는 의미이다. 그런데 소비자주권의 개념에는 다음과 같은 의미를 내포하고 있다.

- 주인의식을 발휘하는 것이다. 시장에서 합리적인 선택과 소비는 물론 소비자의 정당한 권리를 정중하게 요구하는 것을 포함한다.
- 책임의식을 갖고 행동함을 의미한다. 사회/경제적으로 공동체 의식을 갖고 잘못된 것은 비판하고 불합리한 시장구조 등에 대해 적극 참여하여 시정할 수 있도록 한다.

- 소비자기본권이 소극적으로 소비자기본법에서 나열하고 있는 소비자의 권리를 주장하는 것이라면, 소비자주권은 적극적으로 시장에 참여하고 잘못된 것을 수정해 나가는 주인으로서 역할을 수행하는 것이다.

소비자주권의 확대에 따라 소비자개념의 재인식이 필요하다. 최고경영자의 신년사에서 또는 사내교육에서 말하는 '소비자만족경영'이 머리로만 느끼는 소비자보호가 아니라 실천으로 옮기는 소비자만족과 감동으로 이어져야 한다. 마케팅용 구호가 아닌 현장에서 수집, 분석, 종합할 수 있는 다양한 정보의 활용과 소비자에게 선택의 기회 제공을 통해 소비자의 요구에 부응해야만 시장에서 생존할 수 있다.

이와 같은 소비자주권은 소비자의 노력만으로는 달성이 불가능하다. 따라서 시장구조의 개선과 정부의 적극적인 촉진활동이 필요하다.

◖ 소비자주권에 관한 논의 ◗

- W. M Hutt(1936) 자원배분의 궁극적인 방향 설정이 소비자로부터, 이를 실현하기 위한 수단이 소비자의 선택권
- P. A. Samuelson(1985)은 무엇을 얼마만큼 생산하여야 하는가는 소비자들의 화폐를 통한 투표에 의하여 결정
- 홍은표(1987) 소득분배의 공정성 문제를 소비자주권론에 포함해야 함
- 채정숙(1979)소비자주권의 문제는 시장조직만으로 해결곤란, 후생경제학의 관점에서 비시장영역도 함께 연구해야 함
- 권오승(1996)은 사회의 자원배분이 소비자들의 선택에 의하여 최종적으로 결정됨을 의미, 이를 통해 사회적 후생은 자동적으로 최대가 됨
- 서정희(1993)는 소비자의 합리적인 선택이 확립되기 위해 유효경쟁(effective competition)을 경쟁정책의 기준으로 봄
- 정부는 '소비자가 더 이상 보호 대상이 아닌 경제를 이끌어 가는 주체임을 강조'하고 『소비자주권』을 선언(2000년 12월 6일 제5회 소비자의 날 기념식)

2) 기업의 존재 이유

현대 세상은 기업뿐만 아니라 개인, 정부든 누구라도 소비자(고객)의 선택에 조직이나 개인의 지속성이 결정된다. 개인이 무엇인가를 한다고 할 때 거기엔 반드시 소비자(고객)이 있다. 취업을 하거나 직장생활을 하거나, 또는 누구를 가르치던 프리랜서를 하더라도 반드시 그 제품이나 서비스를 이용하는 사람이 있다. 정부와 국회도 역시 투표권을 가진 주권자로부터 5년이나 4년에 한 번씩 선택을 받도록 되어 있다.

자본주의 사회에 살아가는 우리는 소비자(고객)의 취향이나 선택을 살필 수밖에 없는 운명이다. 그렇기 때문에 소비자(고객)의 관점이 중요하다. 소비자(고객)관점은 소비자를 우러러보는 것이 아니라 소비자의 처지가 되어 상황을 바라보는 것이다. 기업의 수명은 소비자가 정한다.

누구나 점점 편해지고 편리한 것을 추구하는 게 인간의 본성이다. 그러다 보니 점점 과도한 요구를 하게 된다. 과도한 요구사항은 누군가에게는 부담이 되고 비용이 따르는 경제적 손실로 이어진다. 서비스도 다양하게 세분화되어 있다. 그런데 사람들은 오히려 서비스가 더 안 좋다고 불만을 토로한다. 이처럼 과거에 비해서 서비스가 좋아졌는데, 오히려 소비자(고객)의 불만이 많아지는 현상을 서비스 패러독스(Service Paradox)라고 한다. 서비스 패러독스 시대에는 제공자는 지치기 쉽다.

구체적으로 좋은 제품을 만들어 소비자에게 팔아야 하는 것이 기업의 운명이다. 한 기업가는 세상에 없는 제품 세계 최초의 제품을 개발했지만 결국 그것으로 성공하지 못했다. 또 다시 빠질 뻔했던 실패의 늪에서 구해 낸 것은 그토록 자신했던 기술이 아니라 소비자라고 한다. 생존, 그 어려운 질문에 대해 답을 해준 것도 바로 소비자다. 소비자의 마음을 생각하고 소비자의 마음을 얻는 일, 그것이 바로 비즈니스의 시작이다.

기업이 새로운 소비자 한 명을 확보하기 위해서는 기존 소비자 한 명을 유지하는데 드는 비용의 다섯 배가 든다고 한다. 따라서 불편해하는 소비자에게 더 잘 대해 줌으로써 고객으로 계속 유지하는 전략이 바람직하다. 만약 불만족을 경험한 소비자일지라도 기업이 신속하게 그 문제를 해결해준다면 재구매가 가능할 것이며 더 나아가 충성고객으로 만들 수도 있다. 실제 한 연구에서 의하면 소비자가 사소한 불만사항을 경험했더라도 문제를 즉시 해결해주었을 때 95%의 고객이 다시 같은 기업에서 구매를 한다는 결과가 나왔다. 반면 문제가 즉시 해결되지 않는 경우에는 겨우 19%의 소비자만이 재구매를 한다고 한다. 기업이 소비자들에게 불만을 제기할 수 있는 기회를 만들어주는 일과 고객의 불만을 오히려 기업 학습의 기회로 삼아 기업 경쟁력을 높일 수 있다는 이점이 있다. 이처럼 소비자의 충성도를 높이기 위해서 소비자중심경영은 필수 요소이다. 성공의 키는 소비자가 쥐고 있다는 점이다. 제대로 된 의미의 소비자의 충성도를 구축을 위해서는 소비자가 진정 원하는 것이 무엇인지를 정확히 파악할 줄 알아야 하며, 이를 충족시키기 위해서 효과적인 방안을 수립하는 것도 중요하다.

최근 시장이 성숙하고 소비자들이 다양한 채널을 통해 광범위한 정보에 신속하게 접할 수 있게 되면서 고객과의 안정적이고 지속적인 관계를 형성하기 위해서는 정보의 투명성이 불가피한 요소가 되었다. 과거와 같은 정보의 교묘한 통제는 현재의 사업환경에서 소비자와의 관계를 불안정하게 만들 뿐 아니라 진실성 부족으로 소비자의 부정적인 의사결정을 초래한다. 실수를 회복하기 위해 무엇보다 필요한 것은 바로 솔직한 커뮤니케이션이다. 문제를 해결하기 위한 방안을 분명하고 솔직한 태도로 모색한다면, 적어도 고객의 신뢰를 잃을 염려는 없기 때문이다.

사례 **한 박자 빠른 대응**

실제 델(DELL) 컴퓨터는 당면한 문제를 고객들과 정보공유를 함으로써 많은 이들의 부정적인 전망을 뒤집는 데 성공했다. 소니도 자사 배터리의 불량에 대해 늦장 대응하여 대규모 손실뿐 아니라 고객 신뢰까지 잃게 되지만, 벤츠나 렉서스와 같은 기업들은 한 박자 빠른 리콜 실행으로 고객에게 더욱 신뢰를 얻고 있다.

2 CCM 운영의 필요성

기업 구성원의 의식과 행동을 소비자중심으로 바꾸고, 소비자의 목소리나 요구, 그리고 불만의 행동이 얼마나 중요한지를 인식해야 한다.

소비자중심경영은 기업의 경영활동 전반이 소비자중심으로 이루어지도록 유용한 방법론(시스템화)을 제공하기 때문에 필요하다. 기업이 지속가능한 경영을 위해서는 소비자의 중요성을 인식하고 소비자중심경영을 하는 것이 필요하다. 이를 위해 크게는 소비자의 동향과 트랜드를 읽고 소비자 반응과 소리에 귀를 기울여야 하고, 작게는 소비자의 요구나 아주 작은 불만과 불평에 기업은 큰 귀를 기울여야 한다.

이와 같은 소비자의 소리와 행동을 기업내부 경영과 생산활동에 즉시 적응하고 반영하여야 지속가능한 기업의 생존이 유지될 것이다. 내부적으로 소비자의 소리와 반응을 공유하고 요구하는 사항을 즉각 개선하고 반영하기 위해, 구성원은 긴장하고 구성원간의 원활한 소통과 협의, 개발, 개선활동을 적극적으로 전개해야 할 것이다.

1) 기업에 대한 사회적 요구

기업에 대한 사회적 기대와 기업의 사회적 책임은 기업과 사회의 관계를 연결하는 중요한 고리이다. 21세기에는 정부의 규제나 통제보다 언론, 인터넷, NGO 등에서 기업과 사업자의 부적절한 행위를 대중에게 고발하는 민간 감시 활동이 더욱더 활발히 진행되고 있다. 정부가 규제하기 전에 소비자간의 정보공유, 개인방송이 활성화되면서 과거에 비해 정보 확산이나 개방성 정도가 비교가 안 될 정도로 확대되어 있다.

이제 기업의 사회적 기대와 책임을 이행하는 것은 경영활동의 지속성을 위한 필수요건이 되었다. 과거 국가 주도의 산업 개발 때 정부의 지원이 기업의 경영활동에 큰 영향을 미쳤다면, 현대에는 그 힘이 소비자와 사용자에게로 옮겨졌다.

소비자는 삶의 질을 높이기 위해서 시장에서 끊임없이 모니터링하여 비교하고 선택한다. 소비자는 어느 상품의 품질과 서비스가 좋은지, 어느 기업이 사회적 기대 충족에 노력하고 있는지 구별할 수 있다. 이는 소비자 개인의 합리적인 소비생활 영위와 삶의 질 향상에 이익이 됨과 더불어 거시적으로는 사회적 기대에 미치지 못하는 한계 기업을 시장에서 퇴출시키는 힘, 즉 소비자주권을 더욱 강화시켰다.

2) 경쟁과 소비자가치

CCM은 소비자와의 장기적인 관계 형성을 목표로 경험 중심 기업을 만든다. 경쟁시장에서 소비자의 가치를 제안하는 것은 필수적인 과정이다.

소비자중심경영은 소비자의 관점에서 문제를 해결하고 니즈를 충족하게 된다. 이는 고객 니즈가 충족되지 못한 고객 군을 찾아 가치제안의 기회로 포착한다. 현재 발견하지 못한 소비자의 서비스와 제품에 대한 잠재적 니즈를 발굴하는 것도 중요하다.

소비자의 가치제안을 위한 전제 조건으로 목표 고객층을 선택하는 것이 고객의 세분화이다. 시장의 매력도와 기업의 시장 내 경쟁능력 등을 고려하여 고객층을 선택한다. 그리고 고객에게 주어지는 혜택은 무엇인지 타깃 고객층에게 제공되는 주요 가치나 혜택을 결정한다. 경쟁사들보다 더 나은 독특한 차별적 능력을 선택하게 한다. 타깃 고객에 대해서 다른 경쟁사와는 다른 차별화는 기업 내부 및 협력사 관련 요인들과 관계가 있는데 이를 핵심역량[4]이라고 한다.

CCM은 기업 내부의 생각이 아닌 소비자의 경험을 바탕으로 소비자의 생각을 읽어 내는 일에 집중하고 소비자의 행동에 몰입한다.

많은 사람들이 성공을 이야기하면서 정작 자신은 변화를 두려워하고 새로운 시

4) 1990년 프라할라드(C. K. Prahalad)교수와 게리 하멜(Gary Hamel)교수에 의하여 제시된 개념으로서, 기업의 외부환경에 치중하던 기존의 경영전략과는 반대로 기업 내부에서 기업성공의 요소를 찾으려는 방식이다. 핵심역량(Core Competency)이란 단순히 기업이 잘하는 활동이 아닌 경쟁 기업과 비교하여 자사만이 가질 수 있는 고유하고 독자적이며 궁극적인 능력, 즉 경쟁우위를 가져다 주는 능력을 말한다. 이러한 핵심역량이 핵심제품(Core Product)으로 이어질 때 기업은 경쟁력을 가지게 된다.

도를 두려워하며 변명에 급급한 상태에서 결국 남과 같은 생각과 판단 그리고 행동을 한다. 그러면서 "역시 성공은 어려워"라고 한다. 사업을 하는 기업은 바꿔야 한다. 세상을 따라가는 존재가 아니라, 나의 눈으로 세상을 바라보고 세상에 판단력을 제공할 수 있으며 세상이 뒤집혀도 생존을 모색할 수 있는 강한 자기 확신의 힘을 길러야 한다.

어느 날 경쟁자들이 두렵게 느껴진다면 이유는 그들이 더 잘하기 때문이 아니라 자신이 스스로 더 이상 새롭지 않기 때문이다. 그러니 남 탓하지 마라. 두려움은 당신이 만든 결과물이다. 성공은 순조로움이 아니라 다사다난의 극복에서 탄생한다.

3) 손실이 아닌 투자

소비자중심경영은 비용이라기보다 투자이다. 소비자만족과 재무성과가 반드시 비례한다고 일반화할 수는 없다. 소비자 불만의 처리 및 해결에 있어 가장 큰 오해는 손실이라는 편견이다. 기업 내 소비자전문가와 전문조직을 양성하여 경영에 관한 전문적인 분석과 감독 활동을 하여 기업 내 구성원에게 업무 진행 과정에서 소비자 불만 관리가 고객만족과 어떤 연관성을 갖고 있고 어떤 활동을 해야 하는지 표준을 제시하는 것이 CCM이다.

불만을 말하는 소비자의 문제를 모두 해결하지 못했더라도 해결하려고 노력하는 과정을 통해 불만을 개선해 나갈 수 있다. 문제해결을 위해 기업이 어떤 노력을 했느냐이다. 고객이 중요하게 생각하는 것은 문제를 해결하는 과정에서 볼 수 있는 기업의 진정성이다. 시장에서 소비자를 무시한 기업이 생존할 수 없는 것은 분명하다.

4) 사회적 책임의 이행

기업이 장기적으로 발전하기 위해서는 경제적 효율성과 사회적 정당성을 확보해야 한다. 사회적 정당성이란 기업에 대한 사회적 인정을 비롯하여 기업의 행위와 권한 소유 행사에 대한 사회적 수용을 말한다.

소비자중심경영은 기업의 자율적인 사회적 책임 이행 활동이다. CCM은 전사적 경영전략으로 최고경영자가 주도하고 조직 내 전 구성원이 참여하며, 기업에 대한 소비자의 요구와 불만을 자율관리를 중심축으로 하여 이를 내부 체계로 구축하는 기업의 총체적 활동이다.

기업의 CCM 도입과 운영은 기업에 대한 사회적 정당성을 강화할 수 있고 더 나아가 국제화 시대에 국제적으로 인정받는 기업으로 발돋움시킴으로써 나라 경제에도 크게 이바지할 것이다.

사례 고객의 불만이 답이다.

이마트 할인행사(써니 세일(Sunny sale))는 낮 12~13시까지만 할인행사 한다. 직장인의 불평을 반영한 것이다. 이제 소비는 물건을 구매하는 행위에서 인간의 불만과 실망, 상처를 치유하는 행위로 진화하고 있다. 소비의 경험이 행복한 자산으로 이어질 때, 소비자들은 만족을 느낀다. 치유의 느낌을 만끽하는 것이다.

아프리카에 신발을 지원하는 탐스슈즈(TOMS shoes)의 성공도, 모피 의류의 인기가 하락한 것도 '착한 소비'에서 뿌리를 찾기 쉽다. 우리는 사람에 대해 무한한 관심을 가져야 하고 관할하는 동시에 밀접한 관계를 맺어야 한다.

3 소비자 정보

1) 소비자의 특성

마케팅의 가장 중요한 인프라는 창의성 넘치는 직원들이 아닌 데이터다, 시장이 점점 세분화되고 개인의 소비 패턴이 더욱 복잡한 단계를 거칠수록, 예측의 실마리는 실제 행동에서 찾을 수밖에 없다. 정보를 찾는 행동, 브랜드와 관계를 맺는 행동, 브랜드에 대해 말하는 행동, 채널을 택하는 행동, 구매하는 행동, 후기를 남기는 행동 등 모든 행동을 관찰해야 한다. 모든 접점에서 보여주는 고객들의 흔적이 그들의 다음 단계 행동을 예측할 실마리가 된다. 모든 의사결정을 내리기 전, 관련한 고객 데이터가 있는지를 항상 질문해야 한다(최명화 · 김보라, 2021).

한 연구(Global CEO Study, IBM)에 따르면, 기업을 책임지는 CEO들은 새로운 생각과 혁신 자원을 얻을 수 있는 대상으로 회사 안에서 일반직원 43%, 영업담당 18%, R&D연구원 17%, 그리고 회사 밖에서 파트너 회사에서 39%, 고객 36% 수준으로 정보를 얻는다고 한다.

만족한 소비자와 불만족한 소비자가 어떻게 행동하는지에 대하여 이 분야의 TARP사의 연구결과를 살펴봄으로써 CCM을 해야 하는 근거로 삼고자 한다. 문제를 느낀 소비자의 30%만이 제품이나 서비스의 직접공급자(예컨대 대리점이나 지점)에게 불만을 이야기한다. 소비자 불만 중에서 2~5%만이 본사에 전달된다.

일반 산업에서 만족한 소비자는 4~5명에게 전파하며 불만족한 소비자는 8~10명에게 전파하고, 자동차 산업에 있어서는 만족한 소비자는 8~10명에게 전파하고 불만족한 소비자는 16~18명에게 전파한다. 문제가 있음에도 불평을 하지 않거나 도움을 요청하지 않는 소비자의 오직 10%~30%만이 재구매한다. 즉 70%~90%의 소비자는 이탈한다. 신규 소비자의 유치는 일반적으로 기존 소비자의 유지보다 2~25배의 비용이 든다.

일반적으로 100명 중 4명만이 회사에 불만을 말한다는 것이었는데 이번에는 불만소비자의 30%가 지점이나 대리점 등 제품이나 서비스의 직접 제공자에게는 불만을 말하지만 본사에까지 전달되는 불만은 2~5%뿐이라고 좀 더 구체적인 내용이 발표되었다. 왜냐하면 소비자입장에서는 첫째, 불만을 어디에 말해야 할지 잘 모르고 둘째, 불만을 이야기한들 누구도 책임지고 잘 해결해 줄 것으로 믿지 않으며 셋째, 불만을 이야기하는 것 자체가 시간이나 수고의 낭비라고 생각하기 때문이다.

소비자의 불만을 신속히 해결하지 않으면 2~25배의 많은 비용으로 신규 소비자를 유치해야 하며 불만 소비자 1인이 잠재 소비자 8~10명에게 나쁜 이미지를 심어주기 때문에 회사로서는 심각한 일이 아닐 수 없다. 소비자, 특히 충성도 높은 소비자들이 하는 제품에 관한 제품제안을 하거나 제품개선 등에 관한 소중한 아이디어는 소비자 불만 해결 시스템을 갖추었을 때 가능한 일들이다.

2) 소비자 정보 유용성

사업자는 자사 상품을 이용하고 있는 소비자의 정보 혹은 소비생활, 의식, 성향 등 관련정보를 효율적으로 관리하여 소비자 니즈에 적합한 상품을 제공, 개발 혹은 개선함으로써 소비자를 만족시키고, 재구매 등을 통해 매출향상, 경영의 효율화를 기할 수 있다.

제품 및 서비스 글로벌 시장에서도 정보화와 국제화 등 빠른 변화 속에 기업도 신속하고 정확한 의사결정이 요구되고 있다. 또 소비자의 취향이나 니즈도 하루가 다르게 바뀌어 가고 있다. 소비자를 둘러싼 환경 및 사회가 빠르게 변하고 있는 현실에서 기업은 정확히 예측하고 대비하는 것이 필요하다. 사업자는 기업 내·외부의 소비자 관련정보를 체계적으로 수집, 저장, 가공, 관리할 수 있는 능력이 요구되며, 소비자정보가 중요한 기업의 자산으로 평가되고 관리되어야 한다.

사업자에게 필요한 소비자정보로는 경영기반의 확립을 위한 소비자정보로서 인재양성, 생산공정개발, 판매촉진, 다품종소량생산체제 확립 및 원가절감 등을 들 수 있다. 또 경쟁력 확보를 위해서 디자인/기술개발, 제품의 고급화, 신제품개발을 위한 정보, 그리고 사업자에게 가장 중요하다고 할 수 있는 소비자성향 분석, 관련 법규 등의 정보 등은 중요하다.

3) 소비자정보의 활용

기업이 두려워해야 할 소비자는 불만을 토로하는 고객이 아니라 오히려 아무런 소리나 반응이 없으면서 해당 사업자를 떠나는 이탈소비자이다. 갤럽조사에 의하면, 기업의 서비스나 제품에 불만이 생겼을 때 이를 제기하는 비율은 보통 4%대라고 한다(박종태, 2008). 나머지 96%는 불만이 있어도 아무런 표현이나 소리 없이 기업으로부터 등을 돌린다는 것이다. 이런 이유로 불평과 불만을 기업에게 쏟아내는 고객은 정말 기업의 입장에서는 보물과도 같은 존재임에 틀림없고, 불평불만 소비자는 그들의 시간과 비용을 지불하면서 기업에 잘못된 부분을 지적하고 표현해냄으로써 오히려 기업으로부터 한 번 더 잘 할 수 있는 기회를 준 것이나 마찬가지이다.

문제가 있음을 인정하지 않으려는 태도와 불만제기를 감소시키겠다는 목표설정과 같은 것은 어리석은 짓이다(데브라 스티븐슨, 박선령 옮김, 2014. 164.). 기업은 이들 소비자가 말하는 불만 사항들을 잘 귀담아 듣고 원인을 찾고 대안을 마련하여 이들 고객에게 만족할 만한 제품과 서비스로 보답하여야 한다. 또 기업은 숨겨진 불만을 적극적으로 찾아내어 사업을 개선하는 적극적인 자세가 도움이 된다.

4차산업혁명 시대는 공급자 중심이 아닌 수요자 중심 시장이다. 그리고 수요자, 즉 고객의 니즈를 가장 빠르고 정확하게 파악하는 방법은 그들이 만들어내는 데이터에 있다.

사례 **대한민국과 미국 소비자의 불평 행동**

소비자불만의 허용수준 이하의 경우 불만이 잠재화한다. 이때 소비자피해는 존재하지 않는다고 이해할 수 있으나, 이것은 잘못이다. 소비자는 인내하고 허용해 주고 있는 것에 불과함으로 소비자피해의 개념은 소비자불만을 피동적이고 적극적인 표현일 뿐 내용상 차이가 없다.

소비자불만이 현재화하는 과정은 두 가지이다. 첫째, 불만의 정도가 허용수준에서 그 상태가 지속되고 있는 경우, 둘째, 허용수준이하의 불만 정도가 있다 해도 허용수준 그 자체가 낮게 설정된 결과 허용수준이상으로 변화하는 경우이다.

소비자피해란 소비자불만이 현재화하는 것에 의해 먼저 피해나 불만의 신청이 행해지는 경우를 말한다. 피해나 불만의 신청에는 소비자불만의 정도가 허용수준을 초과하여 불만이 현재화되는 상태에 달한 경우의 현시적 반응행동이며 이러한 행동을 통해서 불만의 정도가 허용수준이하의 상태로 회복을 구하는 행동이다.

소비자의 불평행동에 대해 미국과 한국 대학생 소비자의 의식은 비슷한 점도 있으나 상이한 점도 상당수 발견할 수 있다. 한국소비자의 불평 행동은 개인의 이익 즉 소비자의 경제적 이익이나 소비자가 화가 나서 불평 행동을 한다고 한 경우가 많은 반면, 미국 소비자는 사업자의 잘못된 행태를 바꾼다든지 또 다른 소비자의 피해를 예방하기 위해서라는 응답이 많이 나타나고 있다. 이와 같은 결론은 기존의 연구에서 문화적인 차이로 지적하고 있는 아시아의 경우 집단주의 문화가 강한 반면, 미국의 경우 개인주의 문화가 강하다는 주장과 상반된 결과라고 보인다. 이것은 불평 행동을 유발하는 이유뿐만 아니라 소비자가 불평 행동을 할 때 고려하는 사항을 보더라도 한국의 소비자는 비용측면(경제적, 심리적, 시간적)을 더 고려하고 있다는 점도 같은 맥락에서 개인주의적 행태라고 해석할 수 있을 것이다. 이러한 결과는 소비자불평 행동에서는 한국의 소비자는 미국 소비자보다 개인주의적인 행태를 더 보이는 것으로 소비자정책이나 시책 또한 적절한 변화가 요구되는 부분이다.

불만 행동 후 행동에 대해서 한국의 소비자는 많은 수가 재구매의 의사가 없는 것으로 응답하는 반면, 미국 소비자는 불만 행동을 한 경우에는 재구매 의사가 없는 경우보다 재구매 의사가 있다는 응답률이 높았다. 이것은 소비자의 성숙도를 가름할 수 있는 지표로 우리나라 소비자가 소비자 불평 행동에 대해 바로 인식할 수 있도록 정책 방향이나 소비자 교육시 참고하여야 할 사항이라고 생각한다.

소비자가 적정한 보상을 받기 위해 선행되어야 할 것으로 한국의 소비자는 사업자의 소비자중심적 사고 및 경영이라고 답한 반면, 미국의 소비자는 소비자 상품 선택정보의 다양화 및 접근의 용이성을 들고 있다. 이것은 소비자 피해에 대해 기본적으로 보는 시각의 차이를 나타내는 것으로 한국은 사업자에게 적정한 노력을 기울일 것을 주장하는 반면, 미국의 소비자는 소비자 선택정보의 중요성을 강조하는 것으로 보다 사회적 책임이 중요하다는 것으로 해석할 수 있다. 결론적으로 한국과 미국의 소비자는 개방된 시장에서 소비생활을 하고 있으나 소비자 불만과 불평 행동 및 그 대처 방안에 대해서는 상당한 시각차가 있는 것으로 보이는데 이것은 사회문화적인 차이라기보다는 소비자 개인의 의식, 소비자교육 및 소비자행정시스템의 차이라고 판단된다(백병성 · 이윤금, 2009).

4) 소비자 이탈과 불만관리

소비자 이탈

소비자 불만의 원인은 미국품질관리학회의 조사 결과, 소비자이탈 사유 1위가 소비자 접점에서의 서비스문제로 나타났다. 기업의 서비스 품질에 불만 68%, 제품자체에 대한 불만 14%, 서비스 직원의 불친절한 응대, 규정만 내세우는 안내, 업무처리 미숙 등으로 인한 소비자 불만이 가장 많은 것으로 나타났다.

기업의 잘못된 불만 관리는 매출 하락, 불만 소비자 생성 원인이 된다. 소비자의 불만을 잘 해결하는 경우 소비자와의 관계를 더욱 강화하고 소비자의 충성도를 높이는 기회가 될 수도 있다. 기업이 소비자의 불만에 어떻게 대응하느냐에 따라 소비자를 붙잡을 수도, 또 다른 불만 소비자를 양산할 수도 있다.

모든 소비자에게 100% 만족을 주는 제품과 서비스란 있을 수 없고 소비자의 불만은 필연적으로 발생하기 마련이다. 소비자 불만 관리의 성공 포인트는 소비자 불만의 중요성, 신규 소비자 창출은 사전 문제 가능성을 찾아 보완하고 개선함으로 인해 가능하다. 고정소비자 관리는 불만을 제기한 소비자에게 얼마만큼 신속하고 적극적으로 문제를 해결하느냐가 중요하다.

나쁜 입소문은 실제보다 과장되어 전해지고 보다 중요한 사실은 불만을 기업에 통보하지 않는 소비자가 훨씬 많다는 것이다.

소비자불만 관리

소비자 불만 관리의 성공 포인트로서 소비자 불만 관리의 핵심은 사전에 불만 요인을 인지해서 조기에 제거하는 것이다.

첫째, **서비스에 대한 오만을 버려라.**

베인엔컴퍼니가 조사한 결과로서 전 세계 362개 기업의 임원들의 이야기로 소비자 지향적인 전략을 사용하고 있다는 응답이 95%, 차별화된 우수한 제품과 서비스를 제공은 80%라고 답하였다. 그러나 소비자들의 인식은 당신과 거래하는 기업이 경쟁사보다 차별화되고 우수한 제품과 서비스를 제공하고 있다고 생각하느냐는 질문에 소비자는 8%만이 '그렇다'라고 답하였다.

둘째, **소비자 불만 관리시스템을 도입하라.**

소비자 불만 관리 체계의 구축이 필수적이다. 소비자 불만 식별, 응대방안 수립, 원인분석, 개선사항 정기적인 모니터링이 필요하다.

셋째, **소비자 만족도와 직원 보상을 연계하라.**

현장에서 직접 서비스를 제공하는 직원들을 어떻게 교육시키고 동기부여할 것인가가 매우 중요하다. 소비자에게 제공하는 서비스 수준을 높이기 위해서는 소비자만족도와 직원들의 보상을 연계시킬 필요가 있다.

사례 소비자불만의 활용

제품을 개발할 때 SNS 채널을 통해 사람들과 소통하고 건강한 식단과 운동을 위해 팔면 좋을 것 같은 제품을 정기적으로 질문한다. 통밀 팬케이크가 달다는 지적에 감미료를 줄이기도 했고, 운동 매트에서 냄새가 심하다는 의견에는 제조 공정에서 원인을 찾아내 냄새를 줄였다. 무첨가 두유가 맛이 없다는 피드백이 이어지자 달콤한 달콩두유로 위기를 극복했다.

또 돼지고기가 구울 때 생각보다 빨리 탄다는 소비자의 불만에 고기를 냉동보관하면 빨리 탈 수 있음을 알려서 소비자의 고기의 보관방법에 유의하도록 한 것도 소비자정보를 활용한 예로 들 수 있다.

참고문헌

김태영(2014), 소비자중심경영, 진샘미디어, 서울.

데브라 스티븐슨, 박선령 옮김(2014), 똑똑한 고객서비스, 시그마북스.

백병성 · yoonG, Lee(2009), 소비자 불평행동 결정요인 : 한국과 미국의 비교를 중심으로, 소비자학연구, 2009.09.30., 제20권 제3호.

최명화 · 김보라(2021), 지금 팔리는 것들의 비밀, 리더스북.

CHAPTER

03

절차적인 준비

Contents

CCM 운영을 위해서는 형식적(절차적)으로 준비해야 할 것과 시간을 두고 내용적으로 준비해야 할 것이 있다. 형식적(절차적)으로 준비해야 할 것은 CCM 심사를 받기 위한 서류준비, 교육이수, 인증신청 등을 의미하는 것이라면, 내용적으로 준비해야 할 것은 미션과 비전의 수립부터 현황분석 및 문제도출, 추진위원회 구성, 전략수립 등의 세부적인 내용이다.

먼저, 형식적(절차적)인 측면에서 준비해야 할 것을 서술한 다음 내용적으로 준비해야 할 것을 설명하고자 한다.

CCM 인증 신청 대상은 물품의 제조·수입·판매 또는 용역 제공의 모든 과정이 소비자 중심으로 이루어지는 경영을 하는 사업자이다. CCM인증에 대해 한국소비자원은 매년 2회 이상 열리는 제도 설명회를 개최하고 있다. 설명회에 참가하면 인증개요, 심사항목에 대해 자세하게 알 수 있다. 설명회 일정은 홈페이지의 CCM > 교육안내 > 교육신청에서 확인할 수 있다.

1 교육 이수

교육은 크게 제도 설명회, 신규인증 준비교육, 평가설명회로 나눌 수 있다. 이는 소비자중심경영(CCM) 인증을 준비하는 기업 담당자를 대상으로 소비자중심경영 인증제도 개요, 심사항목 및 인증기준 등에 대해 전반적으로 안내하는 교육이다.

1) 인증 준비기업

제도 설명회

제도설명회는 인증준비기업 담당자를 대상으로 3시간에 걸쳐 CCM 인증제도의 추진배경, 현황 및 운영성과 등의 안내로 CCM 인증제도를 안내한다. 더불어 기업의 소비자중심경영 확산하기 위함이다. 교육내용은 CCM 인증제도 개요, 심사항목 및 배점기준, 인증기업 사례 등이고 교육비는 무료다. CCM 인증을 준비하는 기업은 제도 설명회, 신규인증 준비교육, 평가설명회에 참여할 수 있다.

- **대상** : 인증준비기업 담당자
- **시간** : 약 3시간
- **목적** : CCM 인증제도의 추진 배경, 현황 및 운영성과 등의 안내를 통해 CCM 인증제도 안내 및 기업의 소비자중심경영 확산 도모
- **내용** : CCM 인증제도 개요, 심사항목 및 배점기준, 인증기업 사례 등

- 비용 :무료

신규인증 준비교육

신규인증을 준비하는 기업 담당자를 대상으로 심사항목, 구비서류의 작성법, 인증기업 사례 등 CCM 인증제도의 개요부터 심사 준비에 이르기까지 제도 전반에 대해 심층적으로 안내하는 교육이다.

- 대상 : 신규인증 준비기업 담당자
- 교육형태 : 오프라인 또는 온라인
- 시간 : 14시간 (2일)
- 목적 : 신규인증을 준비하는 기업에게 인증제도에 대한 이해도를 높이고, 심사 준비에 필요한 교육 및 정보 제공
- 내용 : 소비자중심경영의 이해, 심사항목기준, 구비서류의 작성 가이드, 인증기업 사례 등
- 비용 : 무료

평가 설명회

신규인증, 재인증을 준비하시는 기업 담당자를 대상으로 심사 일정, 구비서류의 작성, 현장심사 준비 등에 대해 전반적으로 안내하는 교육이다.

- 대상 : 인증기업 및 인증준비기업 담당자
- 시간 : 약 3시간
- 목적 : CCM 심사 준비 안내
- 내용 : 심사 일정, 구비서류의 작성, 현장심사 준비 등
- 비용 : 무료

2) 인증 기업

제도 설명회

CCM 인증기업은 인증기업 정기교육, 평가설명회에 참여할 수 있다.

인증기업 정기교육

인증기업 담당자, 부서장, 최고고객책임자(CCO)를 대상으로 기업 내 소비자중심경영 내재화 및 운영 능력을 개선하기 위한 교육이다. 교육 대상자별 직급을 고려하여 교육 프로그램을 구성하므로, 직급에 맞는 교육을 신청한다.

- 대상 : 인증기업 담당자, 부서장, 최고고객책임자(CCO)
- 횟수 : 연 4회
- 시간 : (담당자 및 부서장) 1박2일 합숙교육, (최고고객책임자) 4시간
- 목적 : 인증기업의 소비자중심경영 내재화 및 운영 능력 개선을 통한 CCM 활성화 도모
- 내용 : (공통과목) 소비자중심경영의 필요성, 소통 · 갈등관리, 인증기업 사례 등(대상별 특화과목) 고객서비스 응대, 공적기술서 작성, 리더십 등 관리자 역량강화 교육, 사회트렌드를 반영한 교육 등
- 비용 : 기업 부담(실비)

인증기준

인증기업으로 선정되기 위해서는 다음의 조건을 충족해야 한다.

「소비자중심경영(CCM) 인증제도 운영 · 심사에 관한 규정」(공정위 고시) 제3조(인증대상)의 규정을 충족할 것

제3조(인증대상) ① 소비자중심경영인증의 대상은 제2조 제1호 또는 제2호의 '기업 또는 기관'(이하 '기업 등'이라 한다)으로 한다.

1. "기업"이라 함은 「상법」 제172조에 따른 법인설립등기 또는 「소득세법」 제168조 및 「부가가치세법」 제8조에 따른 사업자등록을 한 영리 목적의 사업체를 말한다.

2. "기관"이라 함은 중앙행정기관, 지방자치단체,「공공기관의 운영에 관한 법률」에 따른 공공기관, 「지방공기업법」에 따른 지방공사 및 지방공단을 말한다.

② 제1항의 규정에도 불구하고 기업 등이 다음 각 호의 1에 해당하는 경우 인증심의위원회의 의결을 거쳐 인증대상에서 제외한다.

1. 과학적 · 객관적으로 효과가 입증되지 아니한 물품 또는 서비스를 소비자에게 제공하거나 또는 제공할 우려가 있는 경우
2. 국민정서와 미풍양속에 반하거나 공공의 질서를 해할 우려가 있는 등 인증대상으로 적합하지 않은 경우

2 심사신청

교육을 이수한 기업은 심사를 신청할 수 있다. CCM 심사신청은 한국소비자원 홈페이지의 심사안내 > 심사 신청 메뉴에서 신청하면 된다(www.kca.go.kr/ccm/).

1) 심사 절차

심사절차는 먼저 제출서류를 구비하여 홈페이지를 통해 인증을 신청한다. 다음, 심사 신청기업과 심사위원간 일정을 조율하여 심사일정을 확정한다. 현장심사전 서면 질의와 기업의 답변을 실시하는데, 통상 심사 10일 전쯤 이루어진다.

다음은 심사위원이 현장을 방문하여 현장을 심사한다. 신규평가의 경우 대기업과 공공기관의 경우 3명의 심사위원이, 그 외 중소기업과 재평가의 경우 2명의 심사위원이 약 4시간에 걸쳐 현장심사를 시행한다. 이때 심사시 반드시 하는 것이 CEO와의 인터뷰를 약 30분간 진행한다. 그리고 심사 중에는 담당직원 외 일반 직원과 인터뷰도 진행된다. 직원과의 인터뷰는 전화 또는 대면으로 약 5분 내외로 진행된다.

그리고 심사 신청기업의 인증기준 적합여부를 심의하고 심의 결과를 공정거래위원회에 보고한다.

마지막으로 공정거래위원회에서 최종 심사결과를 통보하고 인증서를 교부한다.

2) 심사 일정

심사는 1년에 2회 진행한다. 상반기(3월)과 하반기(6월)이다.

구분	매년 상반기	매년 하반기
평가설명회	1월 말 ~ 2월 초	4월말
심사접수	3월 초	6월 중순
현장심사	4월 중	8~9월
인증심의위원회	5월	10월
인증서 수여식	6월	12월

3 서류제출

심사신청시에 제출서류는 아래와 같다.

① CCM 운영매뉴얼
② 공적기술서
③ 조직도(심사신청 안내 공지사항에서 양식 다운)
④ 사업장 약도
⑤ 사업자등록증 사본
⑥ 윤리서약서(홈페이지에서 다운)
⑦ 중소기업확인서(중소기업의 경우)
⑧ 교육이수 증빙자료
⑨ 기업 CI : 원본화일, 일반 파일 2종

1) 운영매뉴얼

운영매뉴얼은 회사의 경영전략, CCM 체계, CCM운영, 성과관리 등의 표준화된 규범으로 CCM지침서, 핸드북으로 활용하는 CCM업무수행 지침서(가이드)이다.

매뉴얼은 기업의 소비자관련 정책을 담은 규정으로 현재 운영하고 있는 내용을 정리한 것이다. 소비자응대매뉴얼와 위기관리메뉴얼을 별도로 관리할 수 있다. 기업의 규모나 업종에 따라 CCM운영매뉴얼에 포함되는 내용이 다를 수 있다.

매뉴얼의 주요 내용은 CCM의 목적, 적용범위, 용어의 정의, 기본원칙 등 총칙을 두고, CCM심사기준 순서에 따라 실제 기업에서 운영하고 있는 절차, 해당부서의 역할과 책임 등을 정리한다.

2) 공적기술서

회사의 CCM에 관한 결과를 업적과 실적을 종합적으로 기술, 작성한 문서로 최근 실적으로 중심으로 정리한다. 이는 CCM 인증심사를 받기 위해 준비하는 중요한 종합 집합자료이다. 주요 내용은 회사의 소개, CCM 추진 현황, CCM 운영 실적 등이다. 이들은 새로 만드는 것이 아니라 내부 자료를 CCM심사항목에 맞게 재구성하여 작성하면 된다.

작성방법은 회사의 최근 2~3년간 실적 80~100쪽 내외로 작성하면 된다.

| CCM 운영매뉴얼과 CCM 공적기술서의 비교 |

CCM 운영매뉴얼	CCM 공적기술서
소비자 관련 규정	심사지표별 실적, 성과 정리자료
일종의 계획 사항을 기재 (~하게 업무를 진행하겠다) (~하게 업무를 진행해야 한다)	운영현황 또는 실적물 기재 (~을 달성했다. ~ 이루었다)
예) 소비자중심경영 관련 회의체 운영 자사의 회의체 현황(명칭, 개최주기, 참석자, 주요 내용 등	예)소비자중심경영 관련 회의체 운영 – 자사의 회의체 운영실적(현황+개최횟수, 주요 논의 사항, 해결방안 등 적시
예) 소비자중심경영 관련 성과 평가 평가방법, 평가 후 피드백 방법	예) 소비자중심경영 관련 성과 평가 – 성과관리지표의 목표치 및 실적치 평가결과, 피드백 결과 등

3) 조직도 등

- 회사의 전체 조직도, 소비자관련 조직 및 인력 현황(양식 참조) 각 1부씩
- 기업의 전체적인 조직구조 확인이 가능해야 함(기업내부에 실제 사용하고 있는 조직도)
- 상기 파일 2개를 압축하여 심사신청 시 파일 첨부

❙ 윤리서약서 ❙

윤리서약서

기 업 명 :

대 표 자 :

본인은 『소비자중심경영』 심사업무와 관련하여 아래와 같이 청렴 실천에 적극 협조하겠으며, 이를 위반할 시에는 신청서 반려 및 인증신청 제한 등의 행정제재도 감수하겠습니다.

1. 심사업무와 관련하여 정부에서 추진하는 청렴 실천을 위반하는 어떠한 행위(담당 직원 및 심사위원에게 금품 및 식사, 향응 제공 등)도 하지 않겠습니다.

2. 심사업무와 관련하여 외부기관 등을 통하여 담당 직원 및 심사위원에게 어떠한 청탁도 하지 않겠습니다.

년 월 일

대표자 (인)

4 심사기업의 분류

공정위 고시에 의하면 중소기업과 대기업 그리고 공공기관으로 나뉜다.

- **중소기업** : 중소기업법 제2조에 따른 중소기업
- **대 기 업** : 중소기업을 제외한 기업 및 공공기관운영에 따른 공기업
- **공공기관** : 중앙행정기관, 지방자치단체, 『공공기관운영에 관한 법률』에 따른 준정부기관, 『지방공기업법』 따른 지방공사, 지방공단

❙ 인증기업(업종별/기업별) 현황(2023.1) ❙

구분	대기업	공공기관	중소기업	계
식품	25	1	20	46
공공서비스	1	43	1	45
유통	21	1	1	23
금융	18	1	0	19
전자	9	0	8	17
생활용품	6	0	7	13
여행	2	0	2	4
에너지	5	0	0	5
제약	5	0	0	5
의류	0	0	3	3
화장품	0	0	1	1
상조	0	0	8	8
기타	10	2	18	30
계	102	48	69	219

5 심사항목

신규평가 심사항목은 4개 대분류, 11개 중분류, 19개 소분류로 나뉘고, 지표수는 대기업은 45개, 중소기업은 36개, 공공기관은 44개로 구성되어 있다.

1. 리더십	2. CCM 체계	3. CCM 운영	4. 성과관리
1.1 최고경영자의 리더십 1.2 CCM 전략 1.3 사회적 가치실현	2.1 조직관리 2.2 자원관리 2.3 교육관리 2.4 문서관리	3.1 소비자정보 제공 3.2 소비자불만 사전 예방 3.3 VOC 운영절차	4.1 CCM 운영성과 4.2 유지개선

1) 신규인증 심사항목

기업의 성격에 따라 분류기준은 아래와 같다.

대기업	중소기업	공공기관
중소기업을 제외한 기업 -「공공기관의 운영에 관한 법률」에 따른 공기업	-「중소기업기본법」 제2조에 따른 중소기업자	-「공공기관의 운영에 관한 법률」에 따른 준정부기관 및 기타공공기관 -「지방공기업법」에 따른 지방공사 및 지방공단

배점

총점(가점 불포함)은 1,000점이며, 대분류별 배점은 다음과 같습니다.

대분류	신규인증			재인증		
	대기업	중소기업	공공기관	대기업	중소기업	공공기관
1. 리더십	200	250	200	200	200	200
2. CCM 체계	25	300	250	200	250	200
3. CCM운영	400	350	400	400	350	400
4. 성과관리	150	100	150	200	200	200
가점상생협력	–	–	–	50	50	50
총점(가점 불포함)	1000	1000	1000	1000	1000	1000

신규 인증기준

인증기업으로 선정되기 위해서는 다음의 조건을 충족해야 한다.

「소비자중심경영(CCM) 인증제도 운영·심사에 관한 규정」(공정위 고시) 제3조(인증대상)의 규정을 충족할 것

- **인증대상** : ① 소비자중심경영인증의 대상은 제2조 제1호 또는 제2호의 '기업 또는 기관'(이하 '기업등'이라 한다)으로 한다.
  ② 제1항의 규정에도 불구하고 기업등이 다음 각 호의 1에 해당하는 경우 인증심의위원회의 의결을 거쳐 인증대상에서 제외한다.
  1. 과학적·객관적으로 효과가 입증되지 아니한 물품 또는 서비스를 소비자에게 제공하거나 또는 제공할 우려가 있는 경우
  2. 국민정서와 미풍양속에 반하거나 공공의 질서를 해할 우려가 있는 등 인증대상으로 적합하지 않은 경우

- 총점 800점 이상 및 대분류 항목별 배점의 75% 이상의 점수를 득할 것
  다만, 상기 인증기준을 충족함에도 불구하고, 공정거래위원회는 기업(기관)이 중대한 소비자 문제로 사회적 물의를 일으키는 등 다음의 사항을 종합적으로 고려할 때 인증기업으로 선정되면 제도의 신뢰를 심각하게 저해할 우려가 있

는 경우에는 인증기업으로 선정하지 않을 수 있음.

1. 소비자의 생명 · 신체 · 재산에 관한 중대한 법익을 침해 하거나 심각한 위협을 초래하였는지 여부
2. 소비자 피해 또는 피해 우려의 규모, 범위의 확산 가능성
3. 인증제도 및 해당 기업에 대한 소비자의 신뢰를 심각하게 훼손하였는지 여부
4. 소비자 피해구제 또는 피해확산 방지를 위한 해당 기업의 조치 및 노력
5. 해당 기업의 과거 법 위반 또는 소비자관련 문제 전력

2) 재인증 심사기준 적용

기업의 성격에 따른 분류는 신규인증 기준과 같다.

대기업	중소기업	공공기관
중소기업을 제외한 기업 –「공공기관의 운영에 관한 법률」에 따른 공기업	–「중소기업기본법」 제2조에 따른 중소기업자	–「공공기관의 운영에 관한 법률」에 따른 준정부기관 및 기타공공기관 –「지방공기업법」에 따른 지방공사 및 지방공단

심사항목

신규평가 심사항목은 4개 대분류, 11개 중분류, 19개 소분류, 대기업은 45개, 중소기업은 36개, 공공기관은 44개 지표로 구성

배점

총점(가점 불포함)은 1,000점이며, 대분류별 배점은 다음과 같다.

대분류	신규인증			재인증		
	대기업	중소기업	공공기관	대기업	중소기업	공공기관
1. 리더십	200	250	200	200	200	200
2. CCM 체계	25	300	250	200	250	200
3. CCM운영	400	350	400	400	350	400
4. 성과관리	150	100	150	200	200	200
가점상생협력	–	–	–	50	50	50
총점(가점 불포함)	1000	1000	1000	1000	1000	1000

재인증 기준

신규인증과 같다.

「소비자중심경영(CCM) 인증제도 운영 · 심사에 관한 규정」(공정위 고시) 제3조(인증대상)의 규정을 충족할 것

- **인증대상** : ① 소비자중심경영인증의 대상은 제2조 제1호 또는 제2호의 '기업 또는 기관'(이하 '기업등'이라 한다)으로 한다.
  ② 제1항의 규정에도 불구하고 기업등이 다음 각 호의 1에 해당하는 경우 인증심의위원회의 의결을 거쳐 인증대상에서 제외한다.
  1. 과학적 · 객관적으로 효과가 입증되지 아니한 물품 또는 서비스를 소비자에게 제공하거나 또는 제공할 우려가 있는 경우
  2. 국민정서와 미풍양속에 반하거나 공공의 질서를 해할 우려가 있는 등 인증대상으로 적합하지 않은 경우

- 총점 800점 이상 및 대분류 항목별 배점의 75% 이상의 점수를 득할 것
  다만, 상기 인증기준을 충족함에도 불구하고, 공정거래위원회는 기업(기관)이 중대한 소비자 문제로 사회적 물의를 일으키는 등 다음의 사항을 종합적으로 고려할 때 인증기업으로 선정되면 제도의 신뢰를 심각하게 저해할 우려가 있

는 경우에는 인증기업으로 선정하지 않을 수 있음.

1. 소비자의 생명 · 신체 · 재산에 관한 중대한 법익을 침해 하거나 심각한 위협을 초래 하였는지 여부
2. 소비자 피해 또는 피해 우려의 규모, 범위의 확산 가능성
3. 인증제도 및 해당 기업에 대한 소비자의 신뢰를 심각하게 훼손하였는지 여부
4. 소비자 피해구제 또는 피해확산 방지를 위한 해당 기업의 조치 및 노력
5. 해당 기업의 과거 법 위반 또는 소비자관련 문제 전력

가점: 상생협력

새인증의 경우에는 아래와 같은 사항에 대해 가점을 부여하고 있다. 즉, CCM인증을 확산하기 위해 유관된 회사나 기타 타사에 대해 인증지원을 하기 위한 노력에 대해 일정한 가점을 부여하고 있다.

가점은 ① 중소기업 등을 대상으로 인증지원 활동, ② 인증 기업수 그리고 ③ 협력 프로그램 운영실적에 따라 가점이 부여된다.

항목	배점	배점항목
1. 인증 지원	20	① 협력업체 등의 CCM 인증 획득을 위한 지원 프로그램
2. 인증기업 수	25	① 인증을 받은 협력업체 등의 수
3. 협력 프로그램 운영	5	① 인증을 받은 협력업체 등에 대한 지원 프로그램

3) CCM 심사의 주안점

(1) 리더십 영역

- 최고경영자의 소비자중심경영 의지 구체성
- 최고경영자의 소비자중심경영 철학의 전파활동
- 최고경영자의 이해관계자와의 소비자중심경영의 윤리적 사업수행을 위한 사업 활동

- 최고고객책임자(CCO)의 적절한 권한과 책임의 존재
- 소비자중심경영의 전략 개발 및 실행 체계의 관리
- 소비자중심경영의 전사적 공유

(2) CCM 체계

- 소비자 관련 조직의 중요성 및 목적, 역할의 명확성
- 소비자 관련 조직의 적절한 예산과 업무위임 정도
- 소비자 관련 조직의 대내·외 협력체계의 운영 여부
- 소비자 관련 분야의 전문 인재 채용 여부 및 전문성 제고를 위한 운영 현황
- 소비자 관련 물적 인프라를 갖추고 해당 환경 및 설비시스템의 개선 활동
- 소비자 관련 교육체계 수립 및 교육평가 방법
- CCM 매뉴얼 제작의 전사적 참여 여부 및 지속적인 수정. 보완 여부

(3) CCM 운영

- 소비자를 위한 정보 제공채널의 다양성 및 측정
- 소비자에 응대하기 위한 온·오프라인 채널의 운영 측정
- 소비자 관련 지원정보 제공시스템의 구축 및 지속적인 개선 여부
- 소비자 불만 사전예방을 위한 활동
- 위기관리 절차와 대응절차 수립
- 소비자불만의 사후관리 및 재발방지 대책 수립
- 소비자의견 반영 여부 실적으로 상품개발 및 판매와 관련된 프로세스 개선 활동
- 협력업체와 소비자 권익 증진 협업 시스템 운영
- 소비자 불만의 유형별 관리 및 처리 프로세스의 규정화
- 1372에 접수된 소비자불만을 처리하는 내부 프로세스
- 소비자 불만의 처리 실적 및 평가

- 상품(서비스)의 보증 체계와 내용
- 소비자만족도 모니터링 실시 여부
- VOC 시스템의 존재
- VOC 처리 조직, 유형별 담당자의 역할과 책임 규정
- VOC 시스템의 운영 및 관리
- VOC 분석 결과 기반 지속적인 개선 활동 여부
- VOC 분석 결과의 전사적 공유 활동

(4) 성과관리 영역

- CCM의 성과목표의 존재 및 측정
- 성과목표의 달성도, 난이도 적정한 수준, 달성 여부
- CCM의 소비자 효용이 증대된 실적
- 소비자 효용을 증대한 사례 및 실적 DB화 관리
- 소비자의견을 정기적 평가, 경영에 반영한 내용 및 성과
- 소비자에게 제공하는 서비스 품질에 대한 모니터링 현황
- CCM 성과를 대내외에 홍보한 실적

참고문헌

김태영, 소비자중심경영, 진샘미디어, 2014.

CHAPTER 04

실질적인 준비

Contents

CCM 운영제도 수립 단계의 실천 계획이다. CCM 전략 수립은 CCM 도입 결정 후, 운영을 위한 실행체계를 구축하기 전에 반드시 거쳐야 할 단계이다. 운영제도는 운영 방향을 설정하고 운영에 필요한 자원의 분배와 지원을 결정하는 것으로 이를 위해서는 우선 현재 상황을 정확하게 파악해야 한다. 미션과 비전 설정부터 현황분석 등이 선행되어야 한다. 그리고 각종 조직구성(추진위원회 등)과 실행기준의 설정 등 후속 작업이 요구된다.

운영제도 수립 단계는 기업의 소비자 불만 처리 체계 현황을 분석하고 이에 따라 문제점을 정의해야 한다. 정확한 문제 정의는 개선방안을 도출하는 중요한 열쇠이자 CCM 추진의 주요 목표이므로 사내 고객 관련 부서 관계자를 TFT(Task Force Team)으로 구성하여 종합적이고 체계적인 논의를 통해 진행하는 것도 하나의 방법이다. TFT는 CCM 구축 및 운영 방향과 자사에 적절한 구조 탐색, 추진 전략과 계획, 역할 선정 등을 수행하게 된다.

| CCM 추진 절차 |

1단계 : CCM의 미션과 비전 수립

↓

2단계 : CCM 전략 수립과 추진방식

↓

3단계 : 현황분석과 문제 정의

↓

4단계 : CCM 추진위원회 운영

↓

5단계 : 명확한 실행기준의 설정

↓

6단계 : 평가 및 포상, 신규 목표 설정

CCM을 진행하기 위한 방법은 다양하다. 반드시 어떠한 절차대로 해야 한다는 것은 성립되지 않는다. CCM을 추진하는 방법에는 기업 사정에 따라 그 순서는 달라질 수 있으며 방법도 기업의 규모, 업종에 따라 달라질 수 있다. 중소기업의 경우는 기업의 실정에 맞게 적절하게 필요한 부분만 취사하여 활용할 것을 권한다. 일반적으로 공공기관이나 대기업의 경우 아래와 같이 목적을 명확히 하고 운영제도 수립 단계의 실천 계획은 다음을 참고할 필요가 있다.

1단계 CCM의 미션과 비전 수립

- CCM의 미션 설정
- CCM의 비전 제시

2단계 CCM 전략 수립과 추진방식

- CCM 전략 수립
- CCM 추진 방식

3단계 현황분석과 문제 정의

- CCM 관련 현황분석과 문제정의
- 고객만족도(CSI) 측정 및 결과 공유
- 현황분석 평가 산출
- 새로운 목표의 설정
- 고객이 체감하는 고객접점 창출

4단계 CCM 추진위원회 운영

- CCM 추진위원회 구성
- CCM 추진위원회 운영과 역할
- CCM 추진위원회에 대한 교육훈련

5단계 명확한 실행 기준의 설정

- 실행기준의 설정 및 교육
- 현장 개선 활동의 강화

6단계 평가 및 포상, 신규 목표 설정

1 CCM의 미션과 비전 수립

소비자중심경영으로 가는 첫째 요건은 미션과 비전의 정립이다. 미션이란 사명이라고도 하는데 기업이 존재하는 이유, 목적을 의미한다. 기업이 사회에 존재해야 하는 이유, 목적이 무엇일지, 이루고자 하는 바는 무엇인지, 어떤 문제를 해결하고 싶은지에 대한 것 즉, 기업의 탄생 이유에 대한 답이다. 기업의 미션을 잘 설정하고, 사익을 넘어 공익성을 추구한다면 조직구성원의 자부심, 충성심, 몰입도를 높일 수 있는 효과를 가져올 수 있다. 한편 기업의 미션은 사업 전략이나 방향에 따라 뒤죽박죽 바뀌는 것이 아니라 항상 유지되어야 하며, 오히려 사업의 전략이나 방향이 기업의 미션에 따라 설정되어야 한다. 예를 들면 빵가게 주인이 '고객들에게 맛있고 영양가 많은 빵을 제공하겠다'는 것은 미션이다.

미션

고객들에게 맛있고 영양가 많은 빵을 제공하겠다

이에 비해 비전은 전 구성원이 원하는 미래 모습과 이들의 꿈과 의지가 녹아든 미래 모습이며 중장기전략은 비전에 도달하기 위한 수단을 말한다. 비전은 그 미션을 달성함으로써 바뀌게 될 우리 사회의 모습과 그 사회를 만들어가는 기업의 모습을 정의하는 것이라고 보면 된다.

비전이란 바로 직원들에게 동기를 부여하고 기업 활동을 하는데 의사결정의 기준이 되는 것이다. 그러므로 반드시 경영자가 참여하여 비전이 정립되어야 하고 많은 관리자와 함께 공유 과정을 거쳐야 한다. 빵가게의 경우 앞으로 '1년 동안 1만 명의 고객을 유치하고 이들 중 70%를 재방문하도록 하겠다'는 것은 비전의 예이다.

비전

1년 동안 1만 명의 고객을 유치하고, 이들 중 70%를 재방문하도록 하겠다.

2 CCM 전략 수립과 추진 방식

1) CCM 전략 수립

CCM 전략은 고객가치혁신, 전사 프로세스 연계, 조직의 실행력 강화, 기업의 내부능력, 외부환경 등의 요소를 고려하여 수립한다.

목표를 알았다면 어떤 행동을 취할지 결정해야 한다. 가능한 행동의 전체 범위를 고려하면서 추진 전략과 계획은 수립하고 핵심 도출 과제의 진행을 시작한다. CCM은 고객 서비스와 소비자 불만 처리 체계의 근원적인 변화 요구와 변화가 진행 중일 때, 조직 구성원들을 일깨우고 조직의 방향을 재설정할 수 있는 혁신기법이다.

혁신은 끊임없이 새롭게 변화된 자기 반복의 모습으로 기존 관행을 버리고 일하는 방식을 새롭게 정립하여 조직과 개인을 시대와 환경 변화에 적응시킨다. 기업은 과거부터 현재까지 다양한 혁신 활동을 끊임없이 전개해 왔다. 혁신 기법은 사업의 성장 단계에 따라 개별기능 및 단위 개선에서 전사 프로세스 관점의 전사 통합 차원의 개선으로 진화한다. 이 중 CCM은 기업의 소비자 불만 사전예방과 신속한 해결을 위해 관련 부서가 연계하여 문제를 해결하는 전사 차원의 개선에 해당한다.

그동안 CS가 소비자 불만을 없애는데 주력했다면, CCM은 유사한 문제의 재발 방지와 소비자 불만 발생 가능성의 축소에서 나아가 미리 소비자의 기대와 요구를 파악하여 전사 차원의 소비자 지향적인 기업활동에 주력한다. 기업의 고객은 누구인가를 발견한다. 그리고 고객의 가치에 대해 고민한다. 즉, 기업이 고객을 위해 제공하는 가치(value for customers)와 기업 관점에서 고객이 지니고 있는 가치(value of customers), 그리고 고객이 기업과의 관계에서 스스로 창출하는 가치(value by customers) 등 고객가치 혁신을 목표로 비용 대비 효과를 평가하는 능동성에 초점을 맞춘다. CCM은 실행체계 구축 과정을 통해 고객상담실, 내부관리체제 영역을 재구성하고, 각 부서와 임직원이 소비자의 만족을 위해 각자의 위치에서 업무 진행 과정 중 무엇을 어떻게 해야 할지 표준과 지침을 명확히 제시해 줌으로써 조직의 실행력 향상에 기여한다.

기업은 예상하기 어려운 위험과 위기에 항상 노출되어 있고 대처 능력수준이 기업의 생존과 수익을 좌우한다. 기업역경지수(firm adversity quotient)는 위기 상황에 처한 기업이 어려움에 굴하지 않고 목표를 성취해 내는 기본 역량을 측정하는 지수로 정의할 수 있는데, CCM은 소비자 불만 발생에 대해 조직과 임직원의 통제력(control), 주인 의식(ownership), 인내력(endurance)등 위기 상황에 대비하기 위한 평상시 위기관리 대책이다.

CCM 전략은 고객가치 혁신, 전사 프로세스의 연계, 조직의 실행력 강화, 기업역경지수 향상 등의 요소를 고려하여 수립한다. 내부 조직과 프로세스가 튼튼하지 못한 기업은 역경에 쉽게 무너질 수밖에 없다. 그러나 흥미롭게도 기업의 위기와 기회는 모두 소비자, 고객에서 비롯된다. 곧 기업의 역경 관리는 고객 관리이며, 구체적인 실행 방안은 소비자 불만이나 요구를 신속하게 해결하고 소비자 문제를 사전 예방하는데 있다. 다음은 CCM 전략수립에서 고려되어야 할 주요 요건이다.

포괄성(comprehensive)

미래 상황과 변수에 대한 폭넓은 분석과 이해를 위하여 미래의 불확실성 요소와 기업 조직 내 잠재된 불안과 위기를 인식하고, 변수들 사이의 상호관계, 각 상황과 변수가 기업에 미치게 될 영향을 분석할 수 있어야 한다.

일관성(consistent)

미션과 비전 등 기업이 만든 다양한 정책들 사이에서 정체성과 일관성을 유지하면서 동시에 임직원의 인식 및 공감대 형성이 확보되어야 한다. 최고경영자가 선명한 CCM 방침(비전)을 이해하고, 임직원의 공감대를 이끌어낼 수 있으며, 신속한 소비자 요구나 불만 해결을 위한 고객상담실 그리고 예방과 내부 감독 활동을 위한 내부관리체제 총괄능력을 갖춘 자를 CCO로 임명한다.

구체성(concrete)

예측과 전망은 가장 가능성이 높을 것으로 예상되는 인과관계를 바탕으로 치밀하게 구성되어야 하고, 무엇보다 현실성과 구체성을 갖춰야 한다. 고객상담실과 내부관리체제 운영을 위해 각 해당 임직원에게 적절한 권한과 책임을 부여하고, 소비자 불만 처리와 관련된 구체적인 지침 등을 명시한 CCM 운영매뉴얼을 작성 · 배포해야 한다. 또한 규정된 표준이 평소 효과적으로 운용될 수 있도록 지속적인 감독 활동과 교육에 대한 관리도 병행되어야 한다.

창조성(creative)

전략은 과거, 현재의 연속선상에 있으나 지금까지 항상 해 오던 그 무엇을 전략이라고 말하지 않는다. 전략은 과거, 현재에 해결하지 못한 것, 향후 불확실한 상황과 변수를 대비하기 위한 것의 혁신이기 때문에 창조성을 갖춰야 한다.

2) CCM 추진 방식

각 기업은 규모와 상황에 따라 '소규모 추진방식' 혹은 '체계적 추진방식'을 선택하여 진행할 수 있다. 소규모 추진방식은 기업의 규모가 크지 않아 자원과 인력 활용에 다소 제약이 있는 중소기업이거나, 소비자 불만이 갑자기 급증했거나 유사한 불만이 계속 발생하여 임직원의 업무 진행에 어려움을 주는 등, 현재의 긴급한 문제를 짧은 시간에 해결하여 가시적인 변화와 성과를 거두고자 할 때 바람직한 방법이다.

체계적 추진방식은 기업의 규모가 크고 각 조직의 책임과 역할의 개별성, 독립성이 강해 전사 차원의 통합이 필요하고, 소비자 불만 발생 및 축소의 근원적인 해결책 마련과 이를 위한 중장기 계획이 수립되어야 할 경우에 적용되는 방법이다. 시간과 노력이 수반되어야 하지만, 기업의 경영이념 및 경영 계획과 연동하여 CCM을 추진할 수 있고 CCM 전사 차원의 연계 프로세스를 갖출 수 있다는 큰 장점이 있다.

(1) 소규모 추진 방식

소규모 추진방식은 단기 목표와 단기 계획에 따른 추진 방법이어서 최고경영자 혹은 임원층이 자신의 식견에 따라 자사의 CCM 도입을 결정하는 탑다운 방식이 많다. 예를 들어 '최근 소비자 불만이 급증하였다', '사회적 이슈가 자사와 밀접하게 연관되어 있다', '기업의 경영상 잘못으로 사회적으로 큰 불신을 얻었다' 등의 이유로 경영층이 CCM 도입 필요성을 인지하고 현재의 문제해결과 기업의 사회적 책임 이행 차원에서 도입과 운영 목표를 구체화한다.

| 소규모 추진 방식 |

과제 선정 단계	체계 구축 단계	운영 단계	유지 · 개선 단계
• 현황분석 • 추진과제 선정 • 비용/효과 분석 • 추진 방법 결정 – 추진 회의체 – 단위부서 추진	• 과제 검토 • 적용 범위 검토 • 실행체계 구축	• CCM 운영 • 표준화 • CCM 교육 (인식기/구축기)	• CCM 교육 (정착기) • 운영점검 • CCM 평가

과제 선정 단계

소비자 불만 관리 시스템과 현황을 파악한다. '현황 분석 프레임워크'를 활용하여 현황을 분석한다. 소규모 추진의 경우 도입과 운영 목표가 비교적 명확하게 설정된 상황에서 도입이 추진되기 때문에, 운영 목표를 중점으로 하여 소비자 불만 해결과 예방 활동의 문제점을 용이하게 도출할 수 있다. 현황분석 후 문제해결을 위한 추진과제는 단기간 추진이라는 점을 고려하여 핵심 과제 중심으로 선택의 수를 최소화해 집중 실행할 수 있도록 해야 한다.

선정된 추진과제는 결정 단계에서 비용 대비 효과를 분석해 본다. 단기간 추진이기 때문에 단순하게 실행될 수 있어야 하며, 비용과 투자 대비 목표 달성의 효과를 기대할 수 있을지, 그리고 과제 수행의 결과가 소비자 불만의 신속한 해결과 예방 활동에 지속될 수 있을지 점검해야 한다. 쉽게 실행될 수 있는 테마일수록 효과가 없을 수 있고, 효과를 얻었더라도 자원과 노력이 무리하게 투입될 경우 현실성에 문제가 될 수도 있기 때문에 효과와 지속성을 반드시 확인한다.

실행체계 구축 단계

결정된 추진과제의 실행계획을 세운다. 소비자 불만의 접수와 해결 역할을 하는 고객상담실은 소비자 불만 발생의 예방과 내부 분석 활동을 진행하게 될 내부통제 체제의 범위를 선정한다. 실행계획의 범위는 고객상담실, 영업부서, 지역 지점 등이 포함될 수 있고, 내부관리체제 측면에서 마케팅, R&D, 생산, 유통, 기획/인사 등이 해당된다.

다음으로 리더십, 소비자중심경영 시스템, 소비자정보시스템, 소비자 불만 관리 프로세스, 성과관리 등 다섯 가지 실행체계 요소 구축의 순서와 추진 일정을 잡는다. 실행체계 구축의 순서와 추진 일정은 특별히 규정화된 방식이 없으므로 기업의 현황, 환경, 기업 문화에 따라 자유롭게 결정한다.

CCM 도입에 있어 임직원의 관심과 관련 부서의 참여가 부족하여 제도 추진에 어려움을 겪고 있거나 긴급하게 해결해야 할 추진과제가 있을 경우 최고경영자가 CCM 방침을 먼저 표명한다.

탑다운 방식으로 최고경영층이 도입과 추진을 결정했을 경우, 추진 목표와 과제가 명확하기 때문에 고객상담실 및 내부관리체제 등의 체계와 시스템구축을 선언한다. 그리고 부서별 업무 표준(CCM 운영매뉴얼의 작성 · 배포)이나 규칙 수립 등 운영 기반을 마련한 후 최고경영자가 CCM 방침을 천명한다.

운영 단계

실행체계 구축과 조직문화 혁신 등 운영 기반을 마련한 후 실제 CCM 운영이 진행된다. 고객상담실에서 소비자 요구와 불만의 신속한 해결과 사후구제를 진행하며, 소비자 요구와 불만의 내용과 원인을 분석하여 내부관리 체제에 속하는 각 부서에서 재발 방지 대책을 수립하고 예방활동을 한다. 특히 CCM의 업무 표준과 규칙이 평소 업무 진행에서 생활화될 수 있도록 CCM 교육을 인식기 · 구축기 · 정착기 등, 시기에 따라 직무별 · 직급별로 체계적으로 시행한다.

유지 · 개선 단계

유지 · 개선 단계에서는 소비자 불만의 기록 · 분석 및 활용, 자사 불만 처리에 대한 소비자만족도 조사, CCM 운영 점검 등을 진행한다. 유지 · 개선의 목적은 구축된 CCM 운영체계의 체계성 및 지속성 점검과 도입 초기에 설정한 추진 목표의 달성 이행 여부를 검토하는 데 있다.

(2) 체계적 추진방식

체계적 추진방식은 자사 CCM의 근원적인 문제해결과 불확실한 미래 예측 상황과 변수에 대한 중장기 대비책 마련이 필요할 때 적용되는 방식으로 전사 차원의 인적 · 물적 자원 투입과 배분이 요구된다. 따라서 추진 방법과 내용은 소규모 추진방식과 유사하나 탑다운 방식으로 시작했더라도 추진 전 사전 준비 과정이 필요하다.

사전 준비 단계에서는 CCM 추진부서가 자체적으로 혹은 위원회를 구성하여 자사의 CCM 도입 목표와 목적, 기대효과, 투입 예산 및 자원 등을 정확히 파악하여 상위 책임자와 최고경영자의 승인을 얻는다. CCM 추진과 운영에는 항상 내부 설득과 공감대 형성이 병행되어야 한다. 이 중 사전 준비 단계는 의사결정권자 대상의 1차 내부 설득 과정이라 할 수 있다. 체계적 추진 방식은 아래 표와 같이 진행한다.

체계적 추진방식에서 추진과제는 전사 차원의 전략과제로 전사 부문과 단위 부분별로 추진내용을 구분한다. 전사 추진과제에는 CCM 수립, 추진 TFT구성, 고객상담실과 내부관리체계 적용 범위 선정 등이 해당된다. 단위 부문별 추진과제에는 생산, 품질, 기술 개발(R&D), 판매, 고객 서비스, 영업, 기획/인사 등 각 단위 조직에서 추진해야 할 CCM 전략과제가 해당된다.

▌체계적 추진 방식▐

사전준비단계	과제선정단계	체계구축단계	운영 단계	유지 · 개선단계
• 내부설득 • CEO 승인 • 추진회의체 구성	• 현황분석 – 전략 – 고객기대 – 내부조직 – 타사 벤치마킹 • 추진과제 선정 • 추진전략 수립 • 비용효과분석	• 과제검토 – 전사개선 – 기능개선 • 적용범위 검토 • 실행체계 구축	• CCM 운영 • 표준화 • CCM 교육 – 인식기/구축기	• CCM 교육 – 정착기 • 운영점검 • 성과측정 • CCM 평가

3 현황분석과 문제 정의

1) CCM 관련 현황분석

현황분석의 방법에는 고객만족도조사(CSI), 인터뷰, 주제 토론, 정보 분석 등이 있다. 설문조사 혹은 인터뷰의 경우, 현장의 생생한 정보를 얻을 수 있고 계층별 입장차를 파악할 수 있다는 장점이 있으나, 조사에서 분석에 이르기까지 시간과 비용이 많이 소요되고, 조직과 기업의 규모가 커질수록 조사대상자 선정과 조사의 타당성 및 객관성 확보에 어려움이 따른다. 따라서 이러한 방법은 중소기업 수준의 규모이거나 혹은 기업경영의 중장기 비전을 수립하거나 기업 조직문화를 크게 개혁하는 등의 비중 있는 경영혁신을 시도할 때 유용하다.

정보 분석은 각종 매출액, 추이, 불량률, 불만통계, 응답시간, 보상액 등 다양한 자료가 대상이다. 정보 분석은 현황을 파악하는 기초자료이고 이로부터 문제를 정의하고 해결방안을 모색하는 출발점이기 때문에 정확하고 객관적인 자료가 요구된다.

현황을 파악하고 나면 무엇이 문제인지를 파악하게 된다. 주제 토론과 정보 분석은 가장 일반적으로 활용할 수 있는 방법이다. CCM 위원회에서 자사의 CCM 현황과 문제점을 브레인스토밍(Brainstorming) 혹은 워크숍 기법을 활용하여 문제를 분석한다. 이때 위원회에는 기업 경영활동을 대표하는 각 부서 대표자가 모두 참여해야 하며, 수평적 커뮤니케이션을 위해 참여자는 유사한 직급으로 선임하는 것이 바람직하다. 회의 진행시에는 충돌과 갈등을 감수하고, 특정 부서에 의사가 집중되지 않도록 모든 참여자의 의견과 입장을 충분히 듣고 지속적인 토론을 거쳐 모두가 공감할 수 있는 최적의 전략과제를 끌어내야 한다. 이때 전략과제의 실효성과 현실성을 반영하기 위해 소비자 상담 정보나 불만처리 및 소비자정보 실적 등을 참고자료로 활용할 수 있다.

2) 고객만족도 측정 및 결과 공유

모든 기업 활동에 대한 평가가 고객의 입장에서 객관적으로 이루어져야 한다. 즉, 고객만족도를 고객의 입장에서 평가하고 이것을 수치화해서 경영의 지표로 삼고 개선 활동을 지속적으로 전개한다. 이를 위해서는 지속적인 개선 활동의 목표를 설정하고 측정하는 것이 가능해야 하는데, 고객만족의 지수화를 통해 측정할 수 있다.

사례 고객만족도 조사 사례

페더럴 익스프레스사(federal express)는 SQI(Service Quality Index)라는 독자적인 CS 지표를 개발하고 정기적으로 CS 측정을 실시하여 서비스 품질의 저하가 48시간 후에 시장점유율에 어떠한 영향을 미치는가를 알 수 있도록 하는 초단기적 서비스 품질 평가시스템을 갖추고 있는 것으로 유명하다. 또한 고객의 평가를 통해 경쟁사와 비교하여 자사의 고객만족의 위상을 파악함으로써 상대적 취약점이 무엇인지, 고객만족 수준을 떨어뜨리는 요소가 무엇인지를 알아내어 개선 방안을 찾아내야 한다. 외부고객뿐만 아니라 내부고객, 즉 사내 종업원들의 만족도 평가도 간과해서는 안 된다. 후지제록스사의 경험에 의하면 내부고객의 만족도와 외부고객의 만족도 사이에는 90% 이상의 정의 상관관계가 있다고 한다.

이처럼 고객만족도 조사를 통해 현재 제공하고 있는 제품과 서비스의 수준을 명확히 파악하여 사전에 대비하고 변화하는 고객의 기대구조를 지속적으로 점검하여 그 결과를 기업 내에 공유할 수 있는 체계가 반드시 마련되어야 한다.

3) 현황분석 평가 산출

CCM 현황분석의 또 다른 방법으로는 'CCM 평가기준'을 이용한 현황 파악이 있다. 'CCM 평가기준'은 기업의 CCM 준비 및 운영현황 점검의 CCM 평가의 잣대이기도 하지만 기업이 CCM을 위해 갖추어야 할 기초 가이드 라인으로도 활용될 수 있다. 부서별로 혹은 추진 TFT 내에서 평가기준에 따라 자사의 현황을 스스로 평가해 본 뒤 그 결과를 비교해 본다. 이 방법은 기업의 사정에 따라 CCM 도입과 운영을 급히 추진해야 하는 소규모 추진방식에서 활용될 수 있고, 향후 'CCM 평가' 이전에 자사의 구축 현황 점검 및 보완점 발견에 용이하다.

(1) 문제 정의

현황분석을 마친 후 자사 소비자 불만 관리의 구체적인 문제와 '문제가 어디에서부터 시작되었으며, 누구와 연관되어 있는지'에 대한 근원과 범위를 도출해 내야 한다. 이 과정의 진행에 있어 다음의 몇 가지 기본 질문에 대해 답해 보자.

- 현재와 미래의 고객은 누구인가?
- 회사의 목표는 무엇인가?
- 상품 및 서비스의 어떤 특징이 소비자에게 중요한가?
- 회사는 상품 및 서비스의 어떤 특징을 중요하게 생각하고 있는가?
- 어떻게 이러한 특징을 사업에 적용시킬 것인가?
- 어떤 프로세스가 이러한 특징에 기여하는가?
- 그 결과 어떤 프로세스를 어떻게 변환할 것인가?

문제는 일탈 문제와 미달 문제로 구분될 수 있다. '일탈 문제'는 미리 정해진 기준이나 규칙에서 어긋난 문제이고, '미달 문제'는 예정 목표나 과제 등을 달성하지 못한 문제를 일컫는다. 위의 질문에 대한 답은 다음 중 어느 상황에 해당하는가?

- 정해진 기준이나 규칙에서 벗어나 발생한 문제인가? (기준의 일탈)
- 예정 목표나 과제를 달성하지 못한 문제인가? (목표의 미달)
- 정해진 기준이나 규칙이 없어 발생한 문제인가? (표준화의 부재)
- 특정한 목표나 과제가 없어 발생한 문제인가? (혁신 과제의 부재)

(2) 필요와 욕구 선정

다음 순서는 바람직한 문제해결과 개선을 위한 '필요'와 '욕구' 선정의 단계다. 필요와 욕구를 구분하면, '필요'는 문제해결을 위해 절대적으로 갖추어야 하는 것을, 즉, 배가 고프다. 목이 마르다 등으로 표현될 수 있다. 이에 비해 '욕구'는 현실성, 실효성과 좀 더 구체적인 사항이다. 즉 치킨이 먹고 싶다. 샌드위치가 먹고 싶다. 맥주를 한잔하고 싶다와 같이 좀 더 구체적인 욕구이다. 필요와 욕구를 선정하기 위해 먼저, 소비자 불만 관리의 문제해결을 위한 다양한 대안을 나열한다. 다음 사업 방향, 역량, 조직문화 등의 환경 여건 및 자원 현황을 고려하여 '필요'와 '욕구'를 구분하고, 실질적인 추진 전략과 목표를 설정한다.

목표는 주요 원칙과 조직 역량을 포함해야 한다. 주요 원칙은 창조성, 고객 우선, 자율과 책임처럼 비전 달성을 위해 조직 구성원들이 가져야 하는 행동기준 등이 해당되고, 조직 역량은 소비자 불만 감소, 예방활동의 전문성 강화, 위기관리처럼 비전 목표 달성을 위해 조직이 이미 보유하고 있거나 향후 반드시 갖춰야 할 차별화된 경쟁우위의 원천 등이 해당된다.

목표 수립 시 갖춰야 할 것은 첫째, 목표는 화려하거나 거창한 것이 아니라 실천 가능한 조직 자신의 것이어야 하며, 둘째, 조직구성원의 공유와 참여가 전제되어야 한다는 것이다. 구성원의 참여가 지나치게 중시될 경우 소극적이고 현실 안주적인 시각으로 치우칠 우려가 있기 때문에, 목표 수립 시 최고경영자의 CCM 의지와 경영철학이 반영되는 '탑다운(top-down)' 방식과 조직 구성원들의 동의와 참여, 내부

역량 강화를 담아내는 '바텀업(bottom-up)' 방식이 병행되어야 할 것이다.

4) 신규 목표의 설정

고객만족도 조사에서 나타난 항목 중 고객이 느끼기에 중요한데 만족도가 낮은 항목이나 경쟁사 대비 낮은 수준으로 평가받은 영역을 중심으로 우선 개선과제를 선정할 필요가 있다. 이렇게 선정된 항목 및 요소에 대해서는 어떠한 이유로 고객에게 상대적으로 낮은 평가를 받았는지 원인을 규명하고, 시장에서 높게 평가받고 있는 기업이 있다면 그곳을 방문하여 벤치마킹하여 자사에 맞게 도입할 필요가 있다. 개선해야 할 과제에 대해 명확한 원인규명이 된다면 구체적으로 달성해야 할 새로운 목표를 설정하여야 한다. 이러한 목표설정이 곧 현장직원을 움직일 수 있는 계기가 되면 개선 프로그램을 수립할 수 있는 근거가 되는 것이다.

5) 고객이 체감하는 고객접점 창출

기업들이 내부적으로 많은 혁신을 하고 개선 활동을 하는데 왜 가시적인 효과를 얻지 못하는가를 분석해 보면 그 이유는 간단하다. 그것은 혁신의 성과를 고객들이 전혀 느끼지 못하기 때문이다. 예를 들면, 배달시간이나 응답시간이 단축되었거나, 제품의 기능이 편리하게 바뀌었거나, 지불하는 요금에 혜택 또는 특별한 서비스를 제공받았거나, 고객이 체감으로 느낄 수 있는 실질적인 고객접점에서 변화가 있어야 효과를 볼 수 있다. 그러므로 고객만족경영 활동의 성과는 바로 고객접점의 변화로부터 오는 것이다.

4 CCM 추진위원회 운영

1) CCM 추진위원회 구성

CCM을 추진하기 위해서 회사내 중견간부 이상급으로 추진위원회를 운영할 필요가 있다. 전사적으로 CCM의 필요성을 인지하고 추진 및 실행에 참여해야 한다. 따라서 소비자와 관련된 전사의 관련 부서가 CCM에 참여하는 것이 좋다. 관련 부서 범위에는 콜센터, 소비자상담실, 영업, 마케팅, 서비스 CS팀 등 소비자접점 부서뿐만 아니라 개발, 생산, 유통, 기획, 구매, 인사 등의 지원 부서까지 포함된다. 또한 협력회사와의 공조와 협력을 위하여 같이 추진할 수도 있다.

추진을 위한 전사 협의 방법에는 정기적인 회합으로 의견을 교환하고 입장 차를 조정할 수 있는 추진위원회 구성이 가장 바람직하다. 만약 추진위원회 구성이 불가할 경우 TFT를 구성하여 추진 단계에서 실행까지 지속적으로 관련 부서의 책임자와 충분히 의사소통을 진행해야 한다.

규모가 있는 대기업이나 공공기관의 경우 추진위원회는 추진위원장, 추진위원, 추진사무국으로 구성할 수 있다. CCM 추진부서는 추진사무국 활동을 하게 되고, 최고경영자를 추진위원장으로 하고, 추진부서를 관할하는 관련 CCO 혹은 임원을 사무국장으로 임명한다. 추진사무국은 CCM 추진, 운영, 활성화 등을 진행하고, 각 부문의 소비자관련 직원을 추진위원으로 선정한다. 추진사무국은 전사 부문의 개선 및 실행계획을 수립하고, 각 추진위원은 각 기능 부문의 개선 및 실행계획을 수립한다.

추진사무국은 자사 소비자 불만 예방과 관련된 문제뿐 아니라 소비자의 요구사항 등 파악하여 추진 TFT에 상정한다. 추진위원은 CCM 추진전략 및 문제 개선안을 마련하고, 추진사무국은 개별 추진위원과 협의하여 단위 부문의 세부 추진과제 및 실행계획을 선정한다. CCM 추진 TFT에서 확정된 추진과제는 각 개별 부서에서 시행한다. 또한 추진사무국은 추진과제의 추진 결과를 검토·평가하여 유지·보완책을 관련 부서에 피드백해 준다.

CCM 추진위원회 조직도

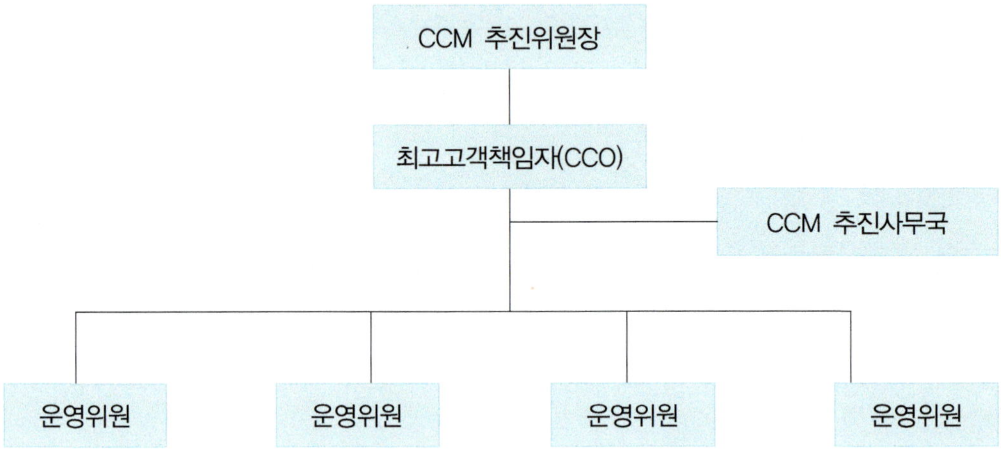

CCM 추진사무국의 추진 업무

역할	추진 업무	비고
기획	• 자사 CCM 도입 발의 • 자사 소비자 불만 관리의 문제점 파악 및 상정 • 기업 환경 분석 – 경영철학 – 기업의 특성 – 품질 개선시스템, 소비자접점 시스템, 소비자 불만처리 시스템, 신상품 개선 시스템, 정보제공, 상품 판매 개선 등 – 소비자정책 현황 • CCM 과제 도출 • CCM 추진 계획 수립 및 실행 추진 – 운영 마스터플랜 • CCM 추진위원회 구성 및 운영 – 추진위원회 운영 TFT – 운영 평가 체크리스트 개발 – 부서별 업무 표준 등 CCM 관련 사항 검토	• 취지, 도입, 효과, 구성 단계 • 추진위원 선정

CCM 추진사무국의 추진 업무

역할	추진 업무	비고
운영	• 실행체계 구축 – 실천 기법(TOOL) 개발 – 운영 계획 감수, 실천 기법(TOOL)감수 – 예비 평가 • CCM 교육 • 소비자 불만 예방 체계 구축 및 개선 • 소비자 불만 해결 체계 구축 및 개선 • 소비자 불만 해결 및 예방 활동의 업무처리표준(매뉴얼) 제작 및 시행 • CCM 운영 및 성과보고 – 운영 성과 검토서	• 내부관리체제 • 소비자 관련조직 • CCM 운영매뉴얼
활성화 (내재화)	• 전 임직원을 대상으로 CCM의 개념 및 필요성 전파 • 소비자 불만의 예방 및 처리 교육 • CCM을 활성화할 수 있는 기법 개발 • 사내외 이해관계자와의 커뮤니케이션	• CCM 교육

2) CCM 추진위원회 역할

CCM 추진사무국은 추진위원회 운영을 준비해야 한다. 주제, 주기와 일정, 활동 담당자 및 추진위원 선정 등의 활동계획 수립과 입안을 마치고 회의를 진행한다. 추진사무국은 위원회 참여 추진위원 선정에 있어 부서 내의 업무 진행 상황을 잘 알고, 예방 활동에 실제 영향력 행사가 가능한 대리급, 과장급 이상의 중간 관리자를 추진위원으로 선임하도록 하며, 특히 수평적 커뮤니케이션을 위해 유사 직급의 참여자 선임이 필요하다.

실제 회의가 진행되면 참여자 간의 의사소통을 거쳐 자사의 소비자 불만 관리의 문제점을 파악하고, 해결방안과 CCM 도입의 기여도 및 향후 운영 방향 등을 선정한다. 이에 따라 세부 추진계획 수립 및 핵심 전략과제를 도출하고, 각 추진위원의 역할을 결정한다.

'문제가 있다'는 것은 추진하려는 목표와 현재 상황이 일치하지 않는, 차이(gap)가 발생한 상태를 말한다. 혹은 문제가 있는 것 같은데 '문제가 무엇인지 잘 모르겠다'는 상황이 있을 수 있는데, 이는 목표나 현 상황을 제대로 파악하지 못한 경우이다.

어느 쪽이든 조직과 사회(시장)에서 '문제가 있다'고 생각하는 것은 막연하나마 현 상황에 대해 불만족 혹은 불안감을 느끼고 있거나 '현재 상태를 유지해서는 안 되겠다'는 일종의 위기 의식에서 비롯된다. 문제 인식은 현재 상황에서 위험 요소를 감지했다는 것이고, 대처 방식에 따라 미래의 모습이 달라질 것이다.

기업의 CCM 도입과 운영도 마찬가지이다. 인식된 자사의 소비자 불만 관리 문제를 해소하기 위해 기업은 CCM 도입 및 추진을 결정한다. 추진위원회는 CCM 도입하기 전에 우선 자사의 소비자 불만 관리 현황과 환경을 제대로 파악해야 한다. 현황분석은 기존의 운영 전략과 성과 검토, 미래 사업 환경 분석 및 전망 파악, 고객과 경쟁사 분석, 자사의 역량과 조직 문화 분석 등의 내용으로 진행될 수 있다.

❙ BOOM 조성 요령 ❙

항목	주요 내용
1. 교육	CCM 추진 관련 교육실시 – CCM 의식, 시스템, 매뉴얼 배포
2. 사내 캠페인 활동	현황판 – 선포문, 표어, 슬로건, 배너 설치 : CCM 활동 의식고취관련 내용
3. 선포식	CEO의 CCM 활동 시행선언 및 결의 표명, CCO 임명, 결의문 채택 및 강령 제창, CCM 활동 추진계획 보고
4. 포스터 부착	CCM 추진 포스터 부착
5. 표찰 활동	전 직원 가슴에 표찰 착용

❙ CCM 추진위원회 구성 및 운영 체계 ❙

1단계 : 계획 수립	2단계 : 회합준비	3단계 : 회합 실시	4단계 : 사후관리
• 활동 계획 입안	• 개최 준비 • 회의 운영 승인 • 회의 의제 상정 • 회의 소집	• 의사 결정 • 고객서비스 및 고객 접점 관련 핵심문제 도출 • 문제 원인 파악 • 개선안 및 핵심 전략과제 도출 • 해당 부문의 역할 결정 • 전략 과제 및 액션플랜 전개 • 추진(안) 작성	• 추진(안) 검토 • 추진(안) 심의 • 추진(안) 사후관리

❙ CCM 추진사무국 역할, 책임 및 권한 ❙

구분	역할	권한 및 책임
CCM 추진위원장 (CEO)	• 최고의사결정 및 경영 방향 제시 • 관련 규정 등 개선 지시	• CCM 운영 조직의 활동, 운영 결과에 대하여 최종 승인
CCM 추진 사무국장 (CCO)	• 중요 고객 불만 및 긴급 상황 발 생 시 총괄 수행(선 조치, 후보고) • 고객 불만관련 인적 물적 지원 검토 • CCM 사무국 및 운영팀 관리 및 전사 활성화 • 부문별 고객 불만 관련성과 체크 • 정기적(1회/분기) 위원회 운영 • 사무국 회의 안건 작성 및 제공	• 사무국 회의를 소집 • 사무국 히이 결과에 따른 보상기 준 결정 및 예산 집행 의사결정 • 고객 불만에 대한 대응방인 결정 • 유관부서 및 고객상담실과의 긴밀한 협조체제 구축 • 사무국 결정사항에 대한 부문조직 및 고객상담실의 실행 및 결과 모니터링

구분	역할	권한 및 책임
CCM 추진 사무국 (간사)	• CCM 업무 종합 및 Follow • 정기, 수시 CCM 실적 보고	
CCM 운영위원 (부문별 책임자)	• 주요 안건 발생 시 부서별 책임자 급 인력을 지원하여 위원회 참석 • 고객 불만 사전, 사후 활동 • 클레임에 대한 전반적 업무 방향 토의 및 수립 • 클레임에 대한 전사적 공동 개선 테마 선정 및 실천 사항 평가 • 주요 클레임 원인 및 대책 발표 • 소비자 관련법규 대응 및 고객만족 관련 업무 • 개선 활동 평가 • 회의 참석	• 사무국에서 도출된 개선사항에 대한 세부계획 작성 및 실행

3) CCM 추진위원회의 역량 강화

CCM 추진위원회는 자기 부서의 이해관계를 고집하지 않는 팀워크가 필요하고 CCM에 관한 지식의 습득이 필요하다. 따라서 조직의 어느 계층보다도 최고경영자를 비롯한 관리자에 대한 CCM 관련 교육훈련이 우선되어야 한다.

CCM의 추진을 위한 지식습득

추진위원회는 CCM을 추진하는 가장 상위의 조직이다. 따라서 CCM의 실천을 위해 하위조직을 가이드 및 교육하기 위해서는 CCM 관련 지식과 운영 기법을 습득해야 한다.

추진위원회 구성원간의 신뢰 구축

CCM의 추진은 조직 내부에 광범위한 변화를 수반하게 된다. 따라서 소관부서가 다른 위원회 위원 상호간의 신뢰는 필수적이다. 교육훈련을 통해 소관부서의 이해보다는 조직 전체의 이익을 위할 수 있는 마인드와 당위성을 이해하게 된다.

회의론자에 대한 설득

추진위원 가운데에는 CCM보다는 현상 유지를 더 원하는 사람이 반드시 존재하는데 교육훈련을 통해 CCM에 대한 오해를 없앨 수 있고 적극적인 참여를 유도할 수 있다.

교육훈련

교육훈련 내용은 추진위원회의 모든 구성원들은 다음의 분야들, 즉 CCM의 개념, 문제해결기법, 리더십에 대한 교육훈련을 반드시 받아야 한다. 그 밖에도 필요한 교육은 조직의 성격에 따라 여러 가지가 추가될 수 있다.

교육내용은 CCM 부문으로는 CCM 개념, 왜 CCM이 필요한가, CCM의 사명(비전)·비전·가치, 목표와 CCM에 대한 우리 조직의 접근방법, 어떻게 소비자 중심적 조직이 될 것인가 등이다.

추진위원이 리더십 부문은 리더십과 고객만족, 권한위양에 따른 리더의 역할, 전략적 품질계획의 수립, 높은 소지싱과를 내는 조직의 구축방법 등이 있다. 문제해결 기법 부문으로는 브레인스토밍, 워크숍, 파레토 도표, 원인결과 도표, 체크 시트, 산포도, 관리도, 흐름도 등이 있다.

5 명확한 실행기준 설정

1) CCM 실행기준 설정 및 이행

CCM은 소비자를 위한 비전을 실현할 수 있는 구체적인 기준과 방법이 임직원들에게 제시되어야 한다. 예를 들면 30분 안에 피자를 배달한다든지, 가전회사에서 서비스 접수 후 24시간 내 방문을 한다든지, 고객방문시 반드시 본인의 명함이나 소속을 밝히며 인사를 한다든지 등 고객을 만날 때 해야 행동기준을 만드는 것이다.

그리고 이러한 기준의 이행 여부에 따른 평가와 보상시스템이 함께 개발되어야 한다. 최근 많은 회사들이 모니터링 시스템을 가동해 임직원이 CCM 기준을 제대로 이행하는지 여부를 측정하고 있다. 임직원들에게 반드시 회사가 CCM을 추구한다는 사실과 본인이 평가받는 방법에 대한 명확한 교육이 이루어져야 한다. 또한 이러한 기준을 충실히 이행하는 사람을 우대하는 기업문화가 필요하다.

2) 현장 개선 활동 강화

CCM 목표를 달성하려면 먼저 임직원이 바로 우리 회사의 내부고객이라는 인식을 해야 한다. 소비자만족을 위해 정해진 기준이 '현업에서 왜 이행되지 않는 것일까?'에 대한 원인을 규명해 보면 대부분 그 원인이 기업 내부의 관리기능에서 발생된다는 사실을 발견하게 될 것이다. 따라서 고객접점이 발생하는 현장에서 고객만족에 방해가 되는 걸림돌이 무엇인가를 끊임없이 찾아내어 개선해야 한다. 특히, 경영진과 관리자는 정기적으로 소비자와 현장 직원을 만나서 장애가 되는 요인을 찾아내어 개선해야 한다. 많은 우수한 회사들은 계속적으로 개선을 위한 프로젝트 팀을 만들어 소비자에게 제공하는 서비스의 과정을 연구하고 있다. 중요한 것은 바로 임직원들이 소비자만족을 실행할 수 있도록 모든 시스템이 갖추어져야 하고 관리자들은 이들을 지원하는 사람이라는 사실을 받아들여야 한다.

6 평가, 포상 및 신규 목표 설정

모든 측정은 바로 소비자에게 초점을 맞추어 진행되어야 한다. 예를 들면, 슈퍼마켓에서 신속한 계산이 고객의 중요한 요구사항이라면 '최소한 고객의 99%가 3분 안에 계산을 끝마쳐야 한다.'와 같은 표준을 세울 수 있을 것이다. 이러한 표준이 얼마나 달성되었고 어느 직원이 가장 훌륭하게 하였는지를 평가하고 포상하는 절차가 필요하다. 물론 이러한 표준은 바로 고객이 원하는 수준으로 설정되어야 하며 그것이 달성된다면 보다 더 높은 수준의 새로운 목표를 설정하여 끊임없이 도전을 해야 할 것이다.

참고문헌

김태영, 소비자중심경영, 진샘미디어, 2014.
www.kca.go.kr/ccm/

PART

II

CCM 운영

CHAPTER 05

리더십

Contents

리더십은 조직의 목적을 달성하기 위해 구성원을 일정한 방향으로 이끌어 성과를 창출하는 능력으로 기업이 CCM을 성공적으로 추진하고 성과를 창출을 위해 가장 중요한 필요충분조건이라고 할 수 있다.

최고경영자는 기업의 지속적인 성장과 발전을 위해서 소비자중심경영의 중요성과 필요성을 인식하고, 소비자중심경영에 대한 전사적 공감대를 형성함과 동시에 소비자지향적 경영문화를 구축하여 직원들이 자발적이고 적극적인 참여를 이끌어 내기 위해 노력해야 한다. 아무리 좋은 시스템과 훌륭한 제도를 구비했다고 하더라도 이를 운영하여 소기의 성과를 창출하는 것은 곧 직원들이기 때문이다.

1 최고경영자 리더십

1) 최고경영자 리더십 정의

(1) 리더십의 의미

리더는 조직의 목표를 정하고 조직이 그 방향으로 나아가도록 이끄는 사람이다. 리더십이란 조직의 목적을 달성하기 위해 구성원을 일정한 방향으로 이끌어 성과를 창출하는 능력을 말한다. 최고경영자는 CCM의 취지와 중요성에 대하여 올바르게 이해하고 전체 임직원들과 공유하고 공감함으로써 CCM 추진동력을 확보해야 한다.

리더의 통솔력은 CCM의 전략적 방향 설정과 성패를 가르는 관건이다. 리더십은 조직의 미션이나 전략 등과 일관성을 유지해야 한다. 리더십은 조직이 소비자 중심적 경영전략을 수립하는데 매우 큰 영향을 미치는 동시에 소비자와 시장을 최우선으로 하는 정책 수립의 기반이 되기 때문이다.

리더십은 최고경영자를 포함한 최고경영진(임원 포함)의 소비자중심경영 의지가 어느 정도인지 파악할 뿐 아니라 구체적인 소비자중심 경영비전과 전략은 어떻게 수립되고, 장단기 계획은 무엇인지 파악하며, CCM 도입을 위한 과정, 실행 등이 어떻게 이루어지는지 등 세부적 내용까지 영향을 미친다.

리더는 조직의 목적과 방향의 일관성을 확립해야 한다. 리더는 사람들이 조직의 목표를 달성하는데 적극적으로 참여할 수 있는 내부 환경을 조성하고 유지해야 한다. 리더십에 대한 다양한 정의가 있지만 일정한 상황에서 비전과 목표를 설정하고 이를 달성하도록 부하를 이끄는 것이다.

리더십의 원리를 적용하면 다음과 같다.

- 조직의 미래에 대해 명확한 비전을 설정한다.
- 한발 먼저 실행하고 솔선수범하여 모범을 보인다.
- 외부 환경의 변화를 이해하고 이에 대응한다.

- 전 조직원의 수준에 윤리적 역할 모델과 공유된 가치를 설정한다.
- 조직원에 대한 교육훈련을 한다.

(2) 리더십 모형(Framework)

소비자만족을 달성하지 못하면 생존을 보장받기 어려운 시대 상황에서 살아남기 위해서는 새로운 리더십을 통해 우리 사회를 지배하고 있는 과거의 논리를 걷어내야 한다. 과거의 리더십은 힘에 의해 억눌려 있던 문화로 요약할 수 있다. 반면, 새로운 리더십이란 자율성과 창조성을 이끌어 내고 협력을 만들어내는 새로운 조직문화를 통해 소비자 중심적 경영이라는 새로운 가치를 만들어 내는 것이다.

피터 드러커는 '소비자가 왕'이라고 하였고 '사업을 하는 목적은 딱 한 가지다. 바로 소비자를 창출해내는 것'이라고 했다. 소비자가 구매하거나 또는 가치가 있다고 여기는 것은 상품이 아니다. 상품이나 서비스가 소비자에게 무엇을 해줄 수 있는가 하는 바로 '유용성'이다. 소비자는 수익을 가져다 준다. 기업 내부에는 비용항목밖에 없다. 유일하게 수익을 내는 쪽은 바로 현금을 쥐고 있는 '소비자'이다.

리더십 정의에 대한 학자들의 사례는 다음과 같다.

- 최성재와 남기민(2000) : 리더십이란 조직의 목표 달성에 있어서 조직의 구성원들이 조직과 관련된 행동에 자발적으로 종사할 수 있게끔 어떤 주어진 상황에서 공식적 지위에 있는 사람이 영향력을 행사하는 과정이다.
- 김준호(2001)는 첫째, CCM을 하기 위해서는 조직문화나 구성원을 변화시켜 소비자 중심적이고 미래지향적인 시각을 갖게 하는 것이다. 둘째, 조직원의 욕구 및 직무수행에 필요한 자원을 적시에 파악하고, 그에 대한 자원이나 보상을 제공하여, 조직원이 신바람 나게 일하고 조직의 목표도 달성되도록 하는 것이다. 셋째, 전 구성원이 공유할 수 있는 새로운 비전과 목표를 제시하고, 이에 적합한 분위기를 조성하여 조직원들의 동기유발을 꾀하는 것이다.

미국의 말콤 볼드리지(Malcolm Baldrige) 품질상의 심판관들이 지적하는 우수 리더십의 특징을 소개하면 다음과 같다. 커트라이맨은 우수 리더십의 특징으로 소비자에 대한 접근성, 솔선수범과 정확한 지식, 일에 대한 열정, 도전적 목표, 강력한 추진력, 기업문화 변혁, 조직화 등 일곱 가지로 제시하였다. 이는 바람직한 리더십의 모습을 보여주는 하나의 기준이라고 하겠다.

첫째, 소비자에 대한 접근성 : 리더는 소비자를 염두에 두고 리더십을 발휘한다.
둘째, 솔선수범과 정확한 지식 : 리더는 무엇을 어떻게 해야 하는지 잘 알고 있으며 동시에 그것을 솔선수범함으로 보여준다.
셋째, 일에 대한 열정 : 리더는 업무에 대하여 누구보다도 열정을 가지고 있다.
넷째, 도전적 목표 : 리더는 다소 달성하기 어려운 도전적 목표를 세운다.
다섯째, 강력한 추진력 : 리더는 강력하게 일을 추진하는 능력을 가지고 있다.
여섯째, 기업문화 변혁 : 리더는 조직원들에게 기업에서 추구할 가치가 무엇인지 알려주어 궁극적으로 원하는 방향대로 기업문화를 바꾸어 간다.
일곱째, 조직화 : 리더는 이상의 모든 요소를 잘 조직화하여 조직적으로 실천한다.

한편, 뛰어난 리더가 되려면 리더십의 핵심 개념부터 알아야 한다고 주장하는 리더십 전문가도 있다. 밥 애덤스는 자신이 리더십을 갖추고 있는지를 평가하기에 앞서 리더십 형성에 중요한 핵심 개념을 살피고 이를 균형있게 발전시키면 누구 뛰어난 리더가 될 수 있다고 말한다.

밥 애덤스가 말하는 리더십의 핵심개념 중 CCM과 관련하여 최고경영자가 눈여겨 볼만한 개념은 '헌신(솔선수범)', 커뮤니케이션(소통), 동기부여, 코칭, 임파워먼트(권한 위임), 변화 관리 등을 들 수 있다.

2) 최고경영자(CEO)의 CCM 실천

(1) CEO의 CCM 철학

CCM을 추진하려면, CCM에 대한 최고경영진의 철학과 의지가 무엇이며, 그것을 실천하기 위해 어떤 활동을 구체적으로 하고 있는지를 검토해야 한다. 이를 위해 리더의 강력한 추진력의 의지가 요구된다. 조직에서 리더십은 내부 직원 만족을 통해 외부 소비자 만족을 달성할 수 있도록 자발적으로 움직일 수 있게 하는 힘이다.

기업은 나이, 성별, 교육, 성격과 자란 환경이 모두 다른 사람이 모여 일하는 조직이기 때문에 여러 가지 생각이 존재하는 것은 당연하다. 같은 목표, 같은 비전과 계획을 세워 일을 한다고 해도 각자의 생각이 다르면 일이 제대로 진행되지 않는다.

소비자는 자신이 접촉한 직원이 경력직원이든 신입직원이든 상관하지 않고 응대하는 직원의 말과 행동을 가지고 그 기업 수준을 판단하게 된다. 소비자의 판단은 기업의 이미지로 인식되어 기업의 생존과 성장에 막대한 영향을 미칠 수 있다. 기업 최고경영자는 철학이나 기업의 경영이념, 미션과 비전 등을 통해 생각이 다양한 직원들을 같은 목표를 향해 매진할 수 있도록 유도해야 한다.

CCM을 실행하는 기업의 최고경영자는 공식적으로 사용하는 인사말 등에 소비자중심경영의 가치 등 CCM 철학을 포함시키고 실천 의지를 표명해야 한다. 더불어 소비자중심경영의 전사적 공유를 통한 직원의 공감대 형성과 내재화를 위한 각고의 노력이 필요하다.

▌기업의 경영이념, 미션, 비전 및 핵심가치의 개념▐

구 분	개 념
경영이념	경영자가 기업을 영위하는데 있어서 지침이 되는 기본 인식
미션	조직의 존재이유로서 기업이 생존하는 한 변하지 않는 목적
비전	일정 기간동안 유지되지만 정기적으로 변하는 요소로서 조직 미래의 바람직한 모습을 표현한 것
핵심가치	조직 내에서 바람직한 행동을 제시하는 기본 규범으로서 조직 구성원들이 공유하기를 원하는 가치이자 신념

(출처 : 두산백과, HRD 용어사전)

소비자중심경영을 추진하겠다는 CEO의 실천의지를 표명한 기업의 사례를 살펴보자.

사례

〈 최고경영자 인사말 〉

사랑과 신뢰를 바탕으로 고객의 삶에 가치를 더하는 최고의 서비스를 만들어 가겠습니다.
○○○는 △△년 창립 이래
고객최우선주의, 서비스품질경영, 사람과 사랑을 핵심가치로 고객 중심의 기업 문화를 정착시켜 왔습니다.
...........(중략).......
고객의 삶에 가치를 더하는 기업이 되겠습니다.
고객의 입장에서 먼저 생각하고 끊임없이 연구하며, ... 새로운 고객경험과 가치를 제공할 것입니다.
더 행복한 세상을 만드는데 기여하겠습니다.
○○○는 모든 이해관계자와 함께 지속적으로 발전하는 기업이 되겠습니다.
고객, 임직원, 협력사, 지역사회와 함께 하는 가치를 실현하며, '사랑받는 100년 기업'으로 성장할 수 있도록 최선의 노력을 다하겠습니다. 감사합니다.

○○ 기업의 핵심가치	□□ 기업의 핵심가치
- 기술(기술개발로 명품주의 실현) - 혁신(혁신을 통해 새로운 가치창조) - 마케팅(뉴마케팅으로 업계 TOP를 지향) - 소비자(고객만족을 위해 최선을 다함) - 해외로(세계를 향해 월드베스트를 추구)	- 사랑(사랑을 통해 관계를 복원) - 책임(맡은 일을 성과로 창출) - 신뢰(상대방을 존중하고 약속을 지킴) - 열정(변화를 두려워하지 않음) - 소통(내가 가진 것을 나누고 고객의 입장에서 생각함)

(2) CEO의 CCM 실천 의지

CCM 실천 의지는 최고경영진이 소비자의 중요성을 인식하고 CCM 철학을 경영활동에 적극 반영하겠다는 의지를 확고하게 표명하는 것에서 출발한다. CCM 실천 의지를 표명하는 활동의 예로는 CCM 선포식, CCM에 대한 메시지를 담은 언론사 인터뷰 및 신년사, 사업계획 수립 및 워크숍 참석을 통한 CCM의 중요성 및 필요성 역설 등이 있으며 수시로 CCM에 대한 보고를 받는 등 지속적인 관심을 표명하는 것도 해당된다.

CCM을 하기 위해 상품, 서비스의 품질 자체가 우수해야 하는 것은 기본이고 사업성과도 좋아야 하는데 그것은 결국 회사의 시스템이 제대로 되어 있어야 가능하다. 이 모든 것은 궁극적으로 최고경영자의 리더십과 실천의지에 의해 결정된다.

(3) CEO의 역할

최고경영자가 소비자중심경영을 도입하기로 결심하였다면, 기업의 지속적인 성장과 발전을 위해서 소비자중심경영이 필요하다는 것을 인식하고, 소비자중심경영에 대한 전사적 공감대를 형성하며 소비자지향적 경영문화를 구축하여 직원들의 자발적이고 적극적인 참여를 이끌어내기 위해 노력해야 한다. 아무리 좋은 시스템과 훌륭한 제도를 구비했더라도 이를 운영하여 소기의 성과를 창출하는 것은 곧 직원이기 때문이다.

CCM의 성공적인 실행을 위한 CEO의 역할은 다음과 같다.

첫째, 최고경영자의 경영이념을 대내외에 널리 그 의지를 표명한다. 기업의 경영이념, 미션, 비전 및 최고경영자의 인사말에 소비자중심경영의 실천의지를 표명하고 홈페이지 등에 게시하도록 해야 한다.

둘째, CCM의 중요성과 그 필요성을 모든 임직원에게 인식시키고 소비자중심경영의 대외확산을 위해 이해관계자(소비자, 협력업체 및 주주 등)에게 알리기 위한 활동을 적극 수행해야 한다. CEO는 공식 비공식 월례 강연회를 통한 전파, 사내잡지(사보, 각종 인쇄물 등) 리플렛을 이용한 전파, 부서 방문, 직접적인 특강, CCM

슬로건 공모전 개최 및 사내 CCM 관련 포스터 게시 등 다양한 방법을 통하여 CCM의 필요성을 전사적으로 임직원에게 전파한다. 또 언론 인터뷰, 세미나 개최, 기업의 지속가능경영보고서, ESG 공시 등을 통해 기업의 소비자중심경영에 대한 대외 홍보 활동을 석극 전개한다.

셋째, 소비자중심경영에 대한 직원들의 자발적이고 적극적인 참여를 유도하기 위해 다양한 동기부여 프로그램 운영을 활성화한다. '인사가 만사'라는 말이 있듯이 기업이 추구하는 미션과 비전을 달성하고 성과를 창출하기 위해 중요하게 다뤄야 할 부분 중의 하나가 직원 관리이다. 직원들이 즐겁게 일하면서 기업을 위해 전력 투구하고 싶은 마음을 지속적으로 가질 수 있도록 해야 한다. 그리고 사내 평가기준에 소비자 또는 고객과 연관이 있는 지표로 구성원들을 평가하도록 KPI를 선정하여 시행한다.

기업이 소비자중심경영을 도입하기로 결정하거나 운영 중에 있다면 소비자중심경영의 조기에 정착과 활성화를 위해 내부 직원의 만족도를 제고하기 위한 다양한 동기부여 프로그램을 운영하고 지속적으로 개선하는 것이 필요하다.

CCM 운영계획을 수립하면 각 부서별·개인별 CCM 관련 목표가 생길 것이고 직원들은 설정된 목표를 달성하기 위해 노력하고, 기업은 직원들의 목표 달성 정도를 측정하여 직원의 인사평가에 반영하는 등 목표 달성을 촉진하기 위해 노력할 것이다. 직원들의 인사평가에 반영하는 등의 채찍도 필요하지만, 더 지속적이고 긍정적인 효과를 유도하기 위해서는 CCM 활동 우수직원 포상(승진, 해외연수, 포상 휴가, 인사고과 가점 부여 등)의 당근을 활용한 독려도 필요하다.

넷째, CEO 본인을 비롯한 경영진에게 CCM 교육 이수 및 교육에 적극 참여하도록 독려한다. CCM의 고도화를 위해서는 CEO 및 CCO를 포함한 최고경영진이 CCM 관련 교육을 지속적으로 이수하고 직접 직원들에게 교육을 하는 것이 중요하다. 따라서 최고경영진의 CCM 관련 교육에 대한 참여하는 등 적극적인 자세가 필요하다.

CCM 관련 개념의 내재화와 실천기법을 익히기 위한 CEO의 CCM 관련 교육 프로그램은 다음과 같다.

- CCM 지표와 경영지표를 연결
- 리더십 평가방법
- 중간관리자에게 동기를 부여하기 위한 기법
- 기본적인 소비자중심 기법
- CCM 프로세스 분석 방법
- CCM의 동종, 타업종 벤치마킹
- 고객만족도(CSI)의 측정, 분석, 대책

다섯째, CCM 관련 경영진 회의를 주관한다.

기업의 최고경영진 회의는 기업과 관련된 중요한 결정을 내리는 회의로서 기업의 미래에 지대한 영향을 미칠 수 있다. 최고경영진 회의는 투자, 신제품개발, 재무 및 인사 등 주요 현안에 대한 의사결정이 주요 임무일 수 있으나 긴급하거나 중요한 고객의 소리(VOC)에 대한 처리와 조치 계획 등에 대해 보고받고 최종 결심을 내리고 지시하는 것도 CEO의 역할이다. CEO는 수시로 또는 정기적으로 CCM 관련 경영진 회의를 주관함으로써 기업의 CCM에 활동에 지속적인 관심을 가지고 있음을 전 직원이 알 수 있도록 한다.

여섯째, CCM 관련 자료를 CEO가 정기적으로 보고받고 직접 검토한다.

CEO에게 보고하는 것은 대개 재무 현황 또는 영업실적에 관한 것이다. 주로 시장점유율, 매출액, 영업이익, 지출경비 등에 관한 내용 등이 주로 보고될 뿐 소비자만족과 관련된 소비자의견, 품질 및 서비스에 관한 내용은 중요한 이슈로 보고되는 일은 많지 않을 것이다. 그러나 제품개발이나 수익도 고객을 통해 시작되는 것을 고려하면 고객의 동향과 그들의 기대 및 우려에 대해 적극적이어야 한다. 정기적으로 외부고객과 만나고 소비자의 소리를 듣는 활동을 해야 한다.

정기적으로 경영진에게 보고되는 경영보고서는 재무 또는 마케팅 보고를 넘어서 CCM 현황보고서를 작성하여 회사 전체 및 단위조직별 CCM 관련 성과의 진척도를 점검한다.

▎CCM을 위한 회의, 교육 예시▕

구분	목표	주기	검토 대상	담당자
CCM 추진위원회	소비자중심경영의 효율성 및 효과성 제고	매월	• 품질개선 프로세스 • 위기 및 긴급대응 프로세스 • 고객의 소리(VOC) 처리 프로세스(소비자 불만 처리율) 등	CEO/CCO
서비스 불만 관리 프로세스 (제품, 서비스)	제품 및 서비스 결함률 감소	매주	• 사전예방 프로세스 • 품질개선 프로세스 • 문제원인 분석	해당 부서장
소비자정보 시스템	소비자정보의 유용성 및 법적 적합성 검토	매주 TQC 미팅	• 문제원인 분석 • 예방 프로세스	해당 부서장
교육훈련	내부 직원의 CCM 인식도 제고	분기 또는 반기	• 계획–실행–체크 • 경영진 연수 • 워크숍	교육 부서장
경영진 연수	경영진의 CCM 인식도 제고	연간	• 워크숍	CEO/CCO

일곱째, 현장경영이다.

현장경영으로 직원들은 CEO를 근무 중 얼마나 볼까? 스포츠 감독들이 벤치에 앉아서 작전을 지시하거나 선수를 교체하는 법이 없다. 움직이면서 관리하는 방법을 실행한다. 현장방문 경영은 책상에 앉아서 목표만을 챙기는 방식과는 다른 소비자중심경영을 위한 필수요건이다. CEO는 내부고객으로서의 근로자(직원)와 회사의 고객만족 노력에 대해 진솔하고 격의 없는 토론을 하고 의견을 경청할 필요가 있다. CEO는 고객관련 업무를 총 근무시간 중 어느 정도인가를 측정해 보는 것이 매우 중요하다.

CEO의 CCM 관련된 권한과 책임은 다음과 같다.

◀ CEO의 권한과 책임 ▶

- CCM 추진위원회 총괄
- CCO를 임명하고 책임과 권한 부여
- 사내 CCM 방침을 설정하고 운영에 대한 최종 승인
- CCM 운영매뉴얼 승인
- CCM 시스템에 대한 정기적인 검토
- 법적 요구사항 뿐 아니라 고객 요구사항 충족의 중요성을 조직과 의사소통
- CCM을 위한 자원의 가용성 보장
- 포상 및 징계 승인

최고경영진과 관리자의 리더십 평가를 한다면 다음의 사항들을 고려할 수 있다.

| 최고경영진 및 관리자의 리더십 평가표 |

구 분	CEO	CCO	고객상담실장
■ CCM전파활동 • 월례강의 • 일반회의 • 부서 방문 ■ 사보, 리플렛			
■ 고객관련 활동 • 고객 직접 방문 • VOC(고객의 소리) • 불만처리 • CSI조사 추진 활동			
■ 품질, 성과활동 참여 • 문제해결 활동 주도 • 벤치마킹 주도 • 프로세스 개선 활동 참여 • 품질개선 활동팀 리드			
■ 교육훈련 활동 • 교육수강(세미나참석) • 신입직원 교육 • 강의(내 · 외부)			
■ 인정 활동 • 품질관련 보상횟수 • 인정활동 홍보횟수			

2 CCM 비전

피겨스케이트 김연아, 체조 손연재, 수영 박태환, 역도 장미란, 골프 최경주, 권투 김주희, 축구 손흥민 등 스포츠분야에서 성공한 챔피언들은 그저 막연히 열심히 운동하고 연습해서 성공한 것은 아니었다. 장기적인 비전 아래 구체적인 목표와 세부계획을 세우고 차분하고 끈질긴 훈련을 통해 세부계획을 하나씩 달성함으로써 성공한 것이다. 개인이 아닌 조직의 성공도 장기적인 비전과 목표 설정을 통해 가능하게 되는 것이다.

미국 앤더슨 경영대학원의 리처드 러멜트 교수의 저서 '좋은 전략 나쁜 전략'에서 "기업이 가진 문제와 경영 환경의 변화를 진단하는 것이 좋은 전략을 세우는 출발점"이라고 말했다. 조직이 직면한 문제가 무엇인가. 이를 극복하기 위해선 무얼 해야 하는가의 답을 할 수 있어야 만이 좋은 전략이라고 할 수 있다. 이렇듯 문제 진단이 전략의 첫걸음으로 볼 수 있는데 의사가 병명에 따라 처방이 달라지듯이 진단 결과에 따라 계획이 달라진다.

기업의 비전과 경영체계를 통해 비전, 전략 방향, 전략과제, 중점과제의 CCM 체계를 정립하고 실행한다. CCM 비전의 주요 관점은 최고경영진 또는 관리자들이 어떻게 조직의 비전을 잘 설정하여 조직의 발전과 번영을 추구하고 있는가이다. 여기서 조직의 비전은 추상적이지 않고 구체적으로 정의되어야 하고, 장황하지 않으면서도 조직의 미래를 보여줄 수 있는 것이어야 한다.

CCM 비전의 정립이 갖는 의미는 회사의 조직, 프로세스, 시스템, 자원 관리 등을 CCM 비전을 달성하기 위해 일관된 형태로 정렬할 수 있다는 데 있다. 통상 CCM 비전이라 함은 짧게는 3년, 길게는 5년 뒤에 달성하고자 하는 바람직한 모습으로 정의된다. 비전을 달성하기 위해서는 체계적인 전략 수립, 그 전략을 달성하기 위한 구체적인 실행계획이 적절하게 기획되어야 한다. 이러한 모습들이 당초 계획한 대로 진행되고 있는지를 추적, 관리하기 위하여 CCM 평가시스템을 개발, 실행, 활용하고 CCM 추진조직을 전략적으로 운영하는 절차가 중요하다.

1) 가치와 목표

가치

우리의 신념은 무엇이며 구성원들이 무엇을 준수해야 하는가? 가치는 사물·행동·목표 등에 내포되어 있거나 주어진다고 생각되는 쓸모 있거나 바람직하거나 소망스러운 것, 가치에는 명예·진실·신의·용기 등과 같이 추상적인 것들도 있고, 재산·토지·지위 등과 같이 구체적인 것들도 있다. 일반적으로 말하는 가치란 사람들이 생각하고 있는 쓸모 있는 것, 바람직한 것, 소망스러운 것에 대한 개념이라고 정의할 수 있다.

기업에서의 가치는 조직 및 조직구성원의 행동을 이끄는 기본원칙으로서 공유하는 신념을 의미한다. 가치를 정립할 때 주의해야 할 점은, 그것이 모든 사람의 진정한 공유가치로 표명되어야 한다는 사실이다. 전시효과는 안 된다.

목표

우리의 사명 완수를 통해 비전을 현실화시키기 위해 달성해야 할 것은 무엇인가?

조직이 달성하고자 하는 바람직한 장래의 상태를 말한다. 달성 기한 내에 달성하고자 하는 구체적이고 측정가능한 결과를 글로 표현한 것이다. 목표는 비전을 현실화시키기 위해 달성하고자 원하는 결과에 대해 서술한 것으로 장기적 목표와 단기적 목표로 나눌 수 있다. 장기적 목표는 보통 5년 내외, 단기적 목표는 1, 2년 내에 되고자 원하는 결과를 표시한다. 단기적 목표의 달성을 통해 장기적 목표가 달성될 수 있어야 한다.

장기적 목표는 판매 및 서비스의 품질향상으로 고객만족도를 증진, 고객 불만을 전력산업 분야에서 가장 낮은 수준으로 감소, 품질을 향상, 기존고객과 미래고객의 요구를 충족시킬 수 있는 충분한 생산능력을 보유, 서비스 이용률을 같은 산업분야에서 최고 수준이 되게 한다, 등이다.

단기적 목표는 일례로 00년 00월 00일까지 모든 고객만족도 조사에서 적어도 90% 이상의 고객만족 점수를 달성하겠다는 것이다.

2) 비전 작성 방법

CCM 주관부서는 조직구성원의 의견을 수렴하여 조직의 비전, 가치, 목표를 만들 책임이 있으며 그 개발 절차는 다음과 같다.

- 비전의 개발
- 가치의 개발
- 장 · 단기적 목표의 설정
- 적극적 홍보

(1) 비전의 개발

CCM 주관부서는 조직구성원에게 각자가 조직의 바람직한 미래를 상상해 보고 의견을 제시하도록 한다(여기서 미래는 최소한 5년 후를 의미한다).

- 차트에 조직구성원 각자가 이야기하는 비전을 기록한다.
- 적혀진 각각의 비전을 다음 기준에 따라 평가한다.
  - 미래에 달성 가능한가?
  - 조직이 진정으로 가고자 하는 곳을 전달하고 있는가?
  - 무엇을 해야 될지에 대한 이해를 가능하게 하는가?
  - 조직의 구성원들에게 조직이 나아가고자 하는 바를 명료하게 표현하고 있는가?
- 모든 사람들이 이해할 수 있도록 명료하고, 간결하고, 단순할 때까지 비전을 다듬고 필요할 경우 내·외부 각계의 의견을 수렴하는 절차를 가진다.

(2) 가치의 개발

가치는 사물 · 행동 · 목표 등에 내포되어 있거나 주어진다고 생각되는 쓸모 있거나 바람직하거나 소망스러운 것을 의미하는 데 조직에서의 가치를 개발하기 위한 방법을 고민하면 아래와 같다.

- 조직의 기본적 가치에 대해 브레인스토밍을 한다.
- 차트에 각자가 생각하는 조직의 가치를 기록한다.
- 적혀진 각각의 가치에 대해 다음 기준에 따라 평가한다.
  - 조직이 믿고 따르고자 하는 기본 원칙인가?
  - 정직, 신뢰, 윤리, 성실에 관한 사항을 명료하게 표현하고 있는가?
  - 적절한 조직 및 조직구성원의 행동을 가리키고 있는가?
  - 고객만족을 위한 지속적인 개선에 대해 배경이 될 수 있는 신념들인가?
- 모든 사람들이 이해할 수 있도록 명료하고, 간결하고, 단순할 때까지 가치를 다듬고 필요할 경우 중간관리자, 주주, 종업원, 노조 관계자의 의견을 수렴하는 절차를 가진다.

(3) 장 · 단기적 목표의 설정

- 미션, 비전 고객의 욕구 및 기대, 조직의 성과, 경쟁자의 성과 우선에 대한 자료를 수집한다.
- 차트에 조직구성원 각자가 생각하는 장기적 목표를 기록한다.
- 적혀진 각각의 장기적 목표에 대해 다음 기준에 따라 평가한다.
  - 도전적이며 실현가능한가?
  - 목표들 간에 상충관계는 없는가?
  - 측정을 통해 달성 여부를 알 수 있는가?
- 각각의 장기적 목표에 대해 세부적인 단기적 목표를 설정한다.
- 적혀진 각각의 단기적 목표에 대해 다음 기준에 따라 평가한다.
  - 해당되는 장기적 목표의 달성이 실현가능한가?
  - 단기적 목표들 간에 상충관계는 없는가?
  - 측정을 통해 달성여부를 알 수 있는가?
  - 숫자로 표시되었는가?
  - 달성하고자 하는 기한을 표시하고 있는가?
- 장기적, 단기적 목표를 이해하기 쉽게 다듬는다.

3 CCM 전략

CCM 비전이 정립되었다면 동 비전을 달성하기 위한 전략이 필요하다. 전략의 사전적 의미는 ① 전쟁을 전반적으로 이끌어 가는 방법이나 책략으로 전술보다 상위의 개념 ② 정치, 경제 따위의 사회적 활동을 하는 데 필요한 책략이라고 정의되어 있다.

전략이란 어떤 목표에 도달하기 위한 방법과 책략을 뜻한다. 예를 들어 아이디어 생성이라는 목표에 도달하기 위해 '얼른 떠올리기'나 '생각 그물 만들기'를 사용한다면 이것은 전략이다. 기능(skills)이 기본적으로 부분의 합은 전체라는 관점을 갖는다면, 전략은 전체란 부분의 단순 총합 이상이라는 관점을 취한다.

기업들은 생존과 성장을 위해서 그 기업만의 뛰어난 전략을 선택하고 그것을 실행하기 위해 경영전략을 수립한다. 전략이 없이는 생존이 불가능한 시대이기 때문이다. CCM 전략도 기업의 경영전략 중의 하나라고 할 수 있다. 과학 기술의 보편화로 제품 및 서비스의 품질이 거의 대동소이한 현대에는 품질의 비교우위 및 차별화를 통해 소비자의 선택을 받기란 '하늘의 별따기'처럼 상당히 어려운 일이다.

CCM 전략이란 장기적인 비전 아래 목표를 설정하고 그 목표를 달성하기 위한 행동을 결정하고 경영자원을 배분하는 것이라고 할 수 있다. 소비자중심경영을 조직적이고 체계적으로 실행하기 위해서는 CCM 중기(3년) 및 연간 전략을 수립하고 그 전략에 따른 세부계획을 수립하여 실행하는 것이 필요하다.

CCM 연간 운영계획은 전사 중기 전략과 연계되게 작성해야 하고, CCM 주관부서의 업무계획이 아니라 유관부서도 포함된 전사 차원의 소비자중심경영 목표 달성을 위한 사업계획이다. 계획 실행을 위한 필요한 예산이 반드시 포함되어야 한다. 다만, 기업의 연간 사업계획에 CCM 부분이 포함되어 있다면 별도의 CCM 연간 운영계획은 작성할 필요는 없을 것이다.

1) SWOT 분석

조직차원의 강점, 약점과 외부 환경변화에 따른 기회, 위협요인을 파악하는 SWOT 분석인 강점(Strength), 약점(Weakness), 기회(Opportunity), 위협(Threat)이 반드시 선행되어야 한다.

타사의 것을 모방은 금물이다. 그것은 실현 불가능하고 위선이라고 본다. 그 조직의 강점, 약점, 분위기, 환경변화 등을 미리 고려하여 실천할 수 있고 실현될 수 있게 설정되어야 한다.

강점(Strength)

조직의 능력 또는 특징들을 의미한다. 시장 내에서의 명성, 재무적 강점, 고품질의 제품 및 서비스, 제품개발 능력, 기업 경영 체제 변화, 웹사이트를 통한 다양한 정보 및 서비스 제공, CCM 패러다임 형성(고객 우선 지향 등, VOC 중시, 소비자상담실, CRM), 이미지, 마케팅 전략 강화(텔레마케팅, e-비즈니스, 고객접점관리, 광고, 홍보 등), 소비자안전 제일주의(제품안전 투자 증가, ISO, HACCP 등, 고객접점 서비스 강화), 대 고객 피해구제 창구 강화(고객상담실 기능 강화, 소비자 대관 업무 강화, 고객 불만 서비스 강화, 동종 업체 간의 정보 교류 및 공동 대응 방안 모색, PL 대응 시스템 구축) 등이 이에 해당된다.

약점(Weakness)

경쟁열위를 가져오는 조직의 부족한 능력 및 특징이다. 낙후된 시설, 능력이 떨어지는 작업진단, 경쟁사의 서비스 강화, 시장에서 좋지 않은 제품 및 서비스 이미지, 좁은 유통망, 낮은 생산성, 직원의 사기 저하, 저품질의 제품 및 서비스 등이 있다.

기회(Opportunity)

조직을 둘러싼 환경측면에서 볼 때 성장 또는 지속적 경쟁우위를 가져올 수 있는 잠재적 여건 변화를 의미한다. 경제적 호황, 새로운 고객집단의 출현, 시장의 확장, 경쟁사의 도산, IT 발달로 인한 정보화시대(인터넷, 매스미디어 확산), 고객의 가치관의 변화(다양한 정보 채널, 고객 의견 및 공개), 라이프스타일의 다양, 복잡화(고객 로열티 중요성 부각), 구매 패턴의 변화(고객 욕구의 다양화, 이미지, 개성 중시, 서비스만족 중시) 등이 있다.

위협(Threat)

조직을 둘러싼 환경측면에서 볼 때 성장감소 및 경쟁열위를 가져올 수 있는 잠재적 여건 변화를 의미한다. 경제적 불황, 강력한 저 원가 경쟁자의 시장진입 및 가격공세, 새로운 경제규제의 발효, 소비자의 기호 또는 습관의 변화, 기술 수준의 평준화, 언론 매체 활동 강화, 소비자 권리 의식 고양, 소비자보호 정책 강화, 소비주체의식 고취(단순보호 대상이 아닌 정당한 소비주체, 소비자안전 관심 고조, 소비자 알권리 고조), 소비자(안전)권리 강화(PL법 시행, 리콜법 강화, 환경문제, GMO 표시제 등, 정부기관 및 민간단체의 활동 강화), 언론 위기관리 시스템 구축(언론 보도에 대한 부담 증가, 이미지 실추, 주식하락, 매출 감소 등), 언론 보도에 대한 신뢰 및 민감한 반응 등이 있다.

2) CCM 전략 수립

CCM의 전략은 CCM 비전을 달성하기 위한 전략이어야 한다.

- CCM 추진 조직

  CCM을 전반적으로 관리할 수 있는 전담조직이 필요하다.

- CCM 평가시스템의 구축

  CCM 활동이 제대로 이루어지는지 추적, 관리할 수 있는 평가시스템의 구축이 필요하다.

- **지속 경영 차원의 조직문화**

회사의 비전을 달성하기 위한 CCM 전략이 일회성이 아니라 지속적이고 체계적으로 추진될 수 있게 수립되어야 한다.

- **전사적 측면**

전략은 참여형 전략으로 전 직원의 참여와 관심으로 도출되는 것이 바람직하다. CCM에 대한 전사적인 참여와 관심이 필요하며 구체적인 성과를 도출할 수 있어야 하므로 전원이 참여한다. 전원참여 원리를 적용하면 다음과 같은 직원의 업무태도를 기대할 수 있다.

- 소비자문제 해결에 대한 주인의식과 책임감 인정
- 소비자문제 개선을 위한 노력을 경주
- 문제해결 능력, 지식 및 경험의 향상을 위한 기회를 추구
- 팀 및 그룹별 지식과 경험을 자유롭게 공유
- 소비자를 위한 가치 창조에 초점을 맞춤
- 조직을 소비자에 더 널리 홍보
- 조직의 일원으로서 자부심과 긍지를 갖게 됨

- **실행될 수 있도록 구체적인 프로그램 수립**

이를 위해서는 CCM 전략 수립, 프레임 워크와 세부적인 계획 및 방법이 제시되어야 한다. 고객은 제품, 서비스, 기업의 이미지에 대한 만족도에 민감하다. 이 세 가지 요소를 결합한 CCM 목표는 매우 중요한 가치를 갖는다.

외부고객은 고객의 니즈와 기대, 결과에 따른 피드백 등에서 나타난다. 따라서 고객니즈의 유형과 정에 대한 대응인지, 새로운 구매인지, 이용정보의 제공인지, 불만 또는 컴플레인 처리인지, 문의와 상담 등 커뮤니케이션 행위 여부에 따라 목표관리와 목적성이 달라진다.

내부고객 측면으로 조직 내 불합리하거나 비효율적, 비생산적, 비 신뢰적인 장벽과 소통을 방해하는 요소를 제거할 수 있어야 한다. 특히 내부 고객만족에 의한 조직의 생산성 제고는 조직의 존재가치 이유라고 할 수 있다.

3) CCM 선포식

(1) 선포식

CCM 선포식은 서비스 이행 표준을 포함한 고객과의 약속을 대내외에 표명하는 것이다. CCM을 실천하겠다는 상징적인 의미와 함께 전 구성원에게 CCM을 도입한다는 것을 공개적으로 표명한다는 선언적 의미를 동시에 지닌다.

CCM 선포는 모든 임직원에게 CCM의 도입 및 운영을 알릴 수 있는 효과적인 방식을 활용하여 천명하도록 한다. 새롭게 접하는 제도이기 때문에 대부분 생소하고 낯설게 느껴져 직원들이 CCM 운영에 자칫 무관심할 수 있다.

선포식은 실행체계 구축 요건으로 의무화되어 있시는 않지만, 전임직원과 대내외에 특별한 계기를 마련하여 CCM 도입 사실을 직원에게 공개적으로 알리는 것이므로 주요 취지나 내용 전달에 있어 이해도를 높이는 효과를 기대할 수 있다.

CCM 선포식은 최고경영자가 강력한 CCM 추진의지를 표명하는 것이다. 기업 경영의 방향과 전략 실현에 있어 최고 의사결정권자인 최고경영자의 지속적인 독려와 지원이 뒷받침되지 않는다면 CCM은 형식적 구호에만 그칠 가능성이 높다.

최고경영자의 CCM 공표가 갖는 의의는 다음과 같다.

첫째, CCM 도입 및 운영의지를 대내외에 공표하고 둘째, 최고경영자부터 일반 임직원까지 CCM의 중요성, 실천의지, 필요성을 공감하도록 하는데 있다.

CCM 도입을 최초로 사내 · 외에 공표하는 선포식 이후에도 사내 인트라넷, 사보, 보도기사 등의 방법으로 CCM 공론화에 꾸준히 노력해야 한다.

(2) 신포식 방식

선포식 방식에는 신년회, 창립기념일, 체육대회, 등 임직원이 함께 모이는 사내 행사 활용 방식과 임원회의 내 공표방식 등이 있다. CCM 전략을 수립하고 서비스 상을 정하였다면 이제 계획단계에서는 선포문을 만드는 것이다.

선포식 식순은 CCM 추진 경과보고, CCM 선포문 발표, CCM 활동 추진 선서,

CCO 임명장 수여, 대표이사 훈시, 폐회사 등으로 진행한다.

사례

소비자중심경영(CCM) 선포식 식순

식순	시간(분)	비고
CCM 선포식 개식 선언(내빈 소개)	1	사회자
CCM 동영상	6	사회자
인사말씀	3	대표이사
축사	3	외부인사
CCM 도입 선언	3	대표이사
최고고객책임자(CCO) 임명장 수여	3	대표이사
CCM 선서	3	직원 대표자
CCM 소개	5	CCM 팀장
선포식 종료 및 기념촬영	3	사회자
계	30	

CCM 추진배경

소비자중심경영(CCM)은 기업이 수행하는 모든 활동을 소비자관점에서, 소비자중심으로 구성하고 관련 경영활동을 지속적으로 개선하는 것으로 소비자를 중심에 놓고 소비자 지향적으로 경영을 하는 것입니다. 우리는 모든 비즈니스 활동을 소비자관점에서, 소비자중심으로 재구성하고 모든 임직원으로 하여금 소비자 불만을 사전에 예방하고 소비자피해에 대해서는 신속하게 처리하여 소비자의 신뢰를 얻고 대내외적 이미지 개선 등을 바탕으로 지속적으로 기업의 가치 제고와 경쟁력을 향상시키기 위하여 CCM을 추진하게 되었습니다.

년 월 일

㈜korea

대표이사 홍 길 동

대표이사 선언문

지금 이 시점부터 우리 ㈜○○○○는 ○○○○년도 경영목표인 '소비자중심경영' 시스템구축으로 소비자불만 ○○% 감축을 통해 내부적으로 비용절감은 물론 고객의 신뢰를 제고할 뿐 아니라 ~ 조직 구성원의 의식변화와 전 부문을 소비자중심으로 혁신하여, 소비자에게 최고의 고객감동 서비스를 제공하고자 소비자 중심경영을 추진할 것임을 선언합니다.

년 월 일

㈜○○○○

대표이사 홍 길 동

임 명 장

소속 : 고객만족실

직위 : 상무

성명 : ○○○

위의 사람을 소비자중심경영

최고고객책임자(CCO)로 임명함.

○○○○년 ○월 ○일

㈜○○○○

대표이사 홍길동

4 사회적 가치

1) 사회적 가치 개념

사회적 가치란 사회 · 경제 · 환경 및 문화 등 모든 영역에서 공공의 이익과 공동체의 발전에 기여할 수 있는 가치로서 사회권을 실질화하기 위한 가치이다. 또한, 경제적 · 환경적 · 문화적 가치를 포괄하는 상위 가치로서 인권, 노동권, 안전, 사회적 약자 배려, 민주적 의사 결정과 참여의 실현 등 공동체와 사회 전체에 편익을 제공하는 가치이다(한국소비자원, 2018.5).

소비자중심경영 인증심사 가이드에는 기업의 사회적 가치 실현을 평가하는 지표는 기업의 윤리경영 실천 여부와 사회적 책임 활동 실시 여부 등을 활용하고 있으나, 윤리경영의 경우 중소기업은 제외하고 대기업과 공공기관을 대상으로 평가한다.

(1) 윤리경영

기업의 윤리경영이란 기업윤리 실천을 위한 각종 제도를 마련하고 체계를 갖추는 데 최우선의 노력을 다하는 경영활동을 의미한다. 동시에 기업이 경제적, 법적 책임 수행은 물론 윤리적 책임의 수행까지도 기본 의무로 인정하고, 주체적인 자세로 기업윤리를 준수하는 것이다.

기업의 윤리경영은 단순히 임직원의 부정부패를 통제하는 수단이나, 한때 유행하는 단어가 아니다. 기업 내의 잘못된 관행이나 비용 구조를 바로잡아 경쟁력을 향상시키고 경제적 부가가치를 새롭게 창출하는 경영활동이다. 궁극적으로 이윤을 극대화하고, 그 이윤을 통해 사회에 공헌하는데 그 목적이 있다.

윤리경영은 모든 이해 관계자의 신뢰를 통한 기업 이미지 제고는 물론 이윤 극대화에 영향을 미치고 있으며, 더 나아가 기업의 생존 문제로 이어진다. 투명경영을 통해 지속적인 신뢰를 얻는 기업은 우량기업으로 성장하는 반면, 그렇지 못한 기업은 글로벌 시장에서 뒤쳐지고 있다. 이에 따라 국제사회는 윤리경영을 강화하는 정책을 수립하고 있다.

따라서 기업은 효율적인 윤리경영 시스템을 갖출 수밖에 없으며, 윤리경영은 이제 기업 경영의 근간이 되어가고 있다.

윤리경영 평가지표는 기업이 투명하고 공정한 경영활동을 수행하고 있는지를 평가하는 것으로서 윤리경영이란 법적 책임의 준수는 물론, 사회가 요구하는 윤리적 기대를 기업의 의사결정 및 행동에 반영하는 것을 의미한다. 예를 들면, 법적 책임이 없는 경우에도 사회통념에 어긋나면 사회가 요구하는 윤리기준을 선택하는 경영방식을 말한다(HRD 용어사전).

우리나라 소비자 10명 중 8명은 상품을 구매할 때 기업의 사회적 평판에 영향을 받는다고 답한다. 1990년대 준법 경영과 윤리경영, 자선활동이 기업의 사회적 책임의 전무였다면 2000년대 이후엔 환경-사회-지배구조를 모두 아우르는 책임 경영과 사회적 책임이 요구되고 있다 마케팅도 경제적 책임은 물론 사회를 더 나은 방향으로 만들어가야 하는 게 기업의 숙명이다(최명화 · 김보라, 2021).

윤리경영 평가내용

기업이 투명하고 공정한 경영활동을 위한 윤리경영 실천 여부를 평가하는데 윤리적 사업 수행은 투명하고 공정한 경영활동 측면에서 기업과 관계된 이해관계자에 대하여 정의하고 수행하는데 이해관계자별 윤리적 사업 수행을 예시하면 다음과 같다.

- **소비자** : 성실한 정보제공, 계약 이행, 소비자안전, 적절한 피해보상, 환경 등
- **경쟁사** : 담합 배제, 비방 금지, 부당한 공동행위 금지 등
- **협력업체** : 정보 보안, 상호 합의된 거래조건 이행 등
- **임직원** : 충실한 직무수행, 정도경영 실천 서약 등

윤리경영 평가 관련 확인 사항

기업의 윤리경영 여부를 평가할 때 확인하는 사항으로는 윤리경영 관련 규정 및

매뉴얼, 윤리경영 관련 대내외 운영현황, 윤리경영 관련 개선실적, 윤리경영 관련 사회적 이슈 여부 등이다.

- 윤리경영 관련 대내외 운영 현황의 경우 대내적으로는 윤리경영 서약서, 윤리경영 관련 교육 운영 등이 있으며, 대외적으로는 ESG 관련 사항, 윤리경영 실천에 대한 대외공지(홈페이지 등), 다양한 신고 방법 및 신고처 공지여부, 신고자 익명성 보장 정도 등이다.
- 윤리경영 관련 사회적 이슈는 대외 언론기사를 확인하는 것으로 기업의 법률 준수 여부, 공정성 및 투명성 등과 관련된 기사를 말한다.

2) 사회적 책임 활동

기업의 사회적 책임(CSR)은 기업의 이해 당사자들이 기업에 기대하고 요구하는 사회적 의무들을 충족시키기 위해 수행하는 활동으로, 기업이 자발적으로 사업 영역에서 이해관계자들의 사회적 그리고 환경적 관심사들을 분석하고 수용하여 기업의 경영활동에 적극적으로 적용하는 과정을 통해 이해 당사자들과 지속적인 상호 작용을 이루는 것이라고 정의할 수 있다.

기업의 사회적 책임은 기업 경영 활동에 매우 유익한 전략 중 하나로, 기업의 비전과 목표 설정 과정에 포함시켜 적극적으로 활용할 필요가 있다. 그런데 기업의 사회적 책임에 대한 계획과 활동은 해당 기업이 가지고 있는 비전과 목적에 부합되게 운영해야 하기 때문에 기업의 비전과 목적을 세우는 과정에서부터 기업의 사회적 책임에 대한 계획을 함께 고려하고 포함시켜야 한다. 즉, 기업의 사회적 책임은 기업의 목적이나 비전과 경쟁 관계에 있는 것이 아니라, 기업의 임무 수행을 위한 상호 보완적 관계라는 것이다.

나아가 기업의 사회적 책임은 기업이 어떤 외부의 압력이나 요구에 의해 마지못해 실행하는 활동이 아니라, 기업이 자발적으로 기업과 관련된 이해관계자들이나 소비자들의 윤리적 기준과 사회적 기대에 적합하고 사회 공동의 이익 창출에 유익한 활동을 계획하고 실행하는 것이다. 기업들은 전략적인 기업의 사회적 책임 활동을 수행하는 과정에서 반드시 법률적인 요건을 충족해야 하며, 사회 구성원 모두에게 유익한 공공선(公共善)의 달성을 목표로 두어야 한다. 예를 들어, 많은 나라에서 기업들이 사회 전체의 이익에 반하는 활동을 하지 못하도록 법률로 규제하고 있는데, 이러한 법률적 요건을 기업이 충실히 지키는 것이 기업의 사회적 책임을 수행하는 기본이 된다는 것이다.

기업이 사회적 책임을 인식하고 수행하기 위해 고려해야 하는 중요한 세 가지 요소는 바로 '사람에 대한 관심', '환경에 대한 관심', 그리고 '이윤에 대한 관심'이다.

기업이 사회적 책임을 인식하는 데 가장 먼저 고려해야 할 사항은 바로 '사람에 대한 관심'이다. 기업의 고객도 그리고 직원도 사람이기 때문이다. 이것은 기업과 관련된 이해 당사자들이 기업에 어떤 사회적 책임을 요구하고 있는지에 대한 분석과 이해가 필요하다는 것이다.

다음은 기업이 사회적 책임을 인식하는 데 고려해야 할 것은 '환경에 대한 관심'으로, 기업이 환경에 어떤 영향을 미치는지에 관한 관심이다. 제품이나 상품을 생산하면서 환경에 영향을 미치는 점, 그리고 생산된 제품이 사용과 폐기 과정에 환경에 어떠한 영향을 미치는지에 관한 신중한 검토가 요구된다. 자연환경 속에서 기업이 사회 전체 이익에 기여할 수 있는 방안을 찾아 실행하는 것을 말한다.

마지막으로 '이윤에 대한 관심'이다. 기업은 이윤 추구를 목표로 하는 조직이다. 따라서 기업이 어떠한 기업의 사회적 책임 활동을 계획하고 수행할 것인가를 고민할 때 반드시 기업의 이윤 추구와 연관성을 고려해야 한다는 것이다.

사회적 책임 활동 평가 내용

기업의 사회적 책임 활동 실천 여부를 평가하는 것으로 사회적 책임 활동이란 경제적, 환경적 측면에서 공공의 이익과 사회 발전에 기여하는 기업의 자발적 책임활동을 말한다. 기업의 사회적 책임 활동 범위를 예시하면 다음과 같다.

- **인권** : 소비자기본권 보장, 취약계층 소비자 배려 등
- **책임윤리** : 사회적 책임 경영 확산, CCM 활성화 등

- **환경** : 온실가스 감축 및 에너지 절약, 녹색제품 구매 확대 등
- **참여** : 경영 및 사업 전반 참여 확대, 정보공개 확대 등

사회적 책임 활동 평가 관련 확인 사항

단순한 봉사활동이 아니라 기업의 특성을 반영한 사회공헌 활동을 의미하지만 중소기업의 경우 봉사 활동 이외의 사회 공헌 활동을 제시하는데 어려움이 있음을 감안하여 평가한다.

확인사항으로는 사회적 책임 활동 관련 규정 또는 매뉴얼, 사회적 책임 활동 계획 및 이행 실적 등으로 ESG 관련 사항, 계획서, 결과보고서 등이다.

3) 소비자안전 확보 활동

소비자안전이란 기업이 제공하여 소비자가 사용 또는 이용하는 상품이나 서비스로 인해 소비자에게 노출될 수 있는 위해나 위험으로 부상, 질병, 재산적 손실의 위험성을 최소화하는 것을 말한다. 안전사고 예방, 안전이슈 모니터링, 개인정보 보호 등이 소비자안전을 확보하기 위한 활동으로 들 수 있다.

소비자제품 안전은 소비자가 제품이나 서비스를 구매/사용/처분하는 과정에서 제품으로부터 위해나 위험을 입지 않은 상태 혹은 여러 위험/위해요인으로부터 위해가 발생하지 않도록 조치된 상태(허경옥, 2010; 김도년, 2017)를 의미한다.

위해(hazard)란 제품 및 서비스의 사용으로 생명을 잃거나 신체적 손상이 발생한 사고를 말하며, 위험(risk)는 위해에 이르지는 않았으나 제품 및 서비스에 의해 신체적 상해나 사고 등의 위해가 발생할 가능성이 있는 것을 의미한다.

(1) 소비자 안전의 중요성

소비자안전은 소비자정책의 핵심적인 정책으로 소비자기본법에서 소비자의 제1 권리임을 명시하고 있다. 소비자안전 문제는 결함상품으로부터 자국민의 생명/신체상의 위해를 방지하고자 하는 것이다. 즉, 결함제품에 대한 리콜 등으로 기업 활동

및 경제에 미치는 영향이 매우 크다. 정부는 소비자안전 정책(안전기준 강화 등)을 통하여 자국 기업/소비자 보호, 기술개발 및 품질개선을 유도함으로써 기업, 국가 경쟁력을 제고할 수 있다.

(2) 소비자제품 안전 규제

안전규제 체계는 품목과 분야별로 소관 부처와 관계 법령이 산재하여 있는 구조이다. 즉 제품에 따라 규제부서는 다음과 같다.

- 소비자안전/보호 전반(공정거래위원회)
- 제품, 어린이제품(산업통상자원부),
- 생활화학제품(위해우려제품)(환경부)
- 식품, 의료기기, 화장품, 위생용품(식품의약품안전처)
- 자동차(국토교통부)

사전규제

- 영업 규제(허가/등록/신고), 품목 또는 제품별 규제(인증, 허가, 원료/물질/성분 기준)
- 판매업자등의 표시 · 정보제공 의무

사후 규제

- 시판 후 조사/검사, 위해우려제품에 대한 리콜/행정처분 및 벌칙 등

기업은 ESG 경영으로 실천하기 위해 경영활동 전반에 걸쳐 위험상황 및 수준을 파악하고 대외 소비자 위해정보 등을 수집 · 분석 · 평가하여 안전사고 예방 등 활동을 통해 소비자안전을 도모해야 한다.

기업의 개인정보 보호의 중요성은 개인정보 유출사고가 발생하면 소비자의 신뢰 상실은 물론, 기업의 이미지 저하와 소송 등에 휘말려 송부 비용이나 손해배상 등이 발생하여 기업 자산의 손실을 가져 오게 된다. 따라서 기업은 고객의 개인정보

에 대한 선량한 관리자로서의 역할과 의무를 다해야 한다.

(3) 소비자안전 확보 활동

안전사고 예방, 안전이슈 모니터링 등 소비자안전을 확보하기 위한 계획 수립 및 이행여부 등을 평가한다. 소비자안전 보장의 범위는 상품 사용 및 소비 과정 중에 발생할 수 있는 신체적, 재산적 위해 및 손해를 대비하고 보장하는 활동을 말하며 예시하자면 다음과 같다.

관련 법규를 준수해야 하는데, 전기생활용품안전법, 어린이제품법, 화학물질 등록 및 평가 등에 관한 법률, 화장품법, 위생용품관리법, 식품안전기본법, 제조물책임법 등이 그것이다. 그 외 개인정보 보호, 소비자피해 예방 정보 사이트 운영, HACCP, PIMS(개인정보관리체계) 등 관련 인증 취득 등을 들 수 있다.

(4) 소비자안전 확보 활동 평가

소비자안전 확보 활동 평가지표는 소비자안전을 확보하기 위한 사전예방 활동에 중점을 두고 있으며, 소비자불만 사전예방 활동 평가지표는 긴급하거나 잠재적인 소비자 관련 문제(안전 포함)가 발생했을 때 적절히 대응하기 위한 사후관리 측면이 강하다고 할 수 있다.

안전 확인 사항은 소비자안전 관련 규정과 소비자안전을 보장하기 위한 계획 수립 및 실적 등이다. 이를 위해 제품안전관리규정, 개인정보보호규정 등을 확인한다.

소비자안전을 보장하기 위한 계획을 수립하고 실적은 ESG관련 사항, 결과보고서 등을 확인한다. 대내적으로 상품과 곤련된 안전 이슈 모니터링, 관련 인증 취득, 관련 안전교육, 개인정보보호 관리체계 등을 그리고 대외적으로 소비자 대상 안전정보 제공, 캠페인, 홍보 등을 확인하는 것이다.

4) 협력업체와 상생경영

협력업체와의 상생협력 지표는 대기업에만 해당하는 지표로서 중소기업과 공공기관은 해당사항이 없다.

상생협력을 위해 「독점규제 및 공정거래에 관한 법률」에서는 대·중소기업 간에 시장지배적 지위의 남용과 과도한 경제력의 집중을 방지하고 부당한 공동행위 및 불공정 행위를 규제한다. 「하도급거래 공정화에 관한 법률」에서는 공정한 하도급 거래 질서를 확립하기 위해서 원사업자·수급사업자 간에 대등한 지위에서 상호 보완하여 균형 있는 발전을 시키는 방법을 제시한다. 키워드는 부당한 거래가 되지 않도록 방향을 제시하는 것이다. 부당한 거래와 독점을 하지 말라는 것에 그치는 것이 아니라 결국은 상생협력을 위해서 나아가야 한다는 방향성을 제시하고 있다.

상생협력은 ESG 경영을 실천하기 위해 대기업과 중소기업간, 중소기업 상호간 또는 위탁기업과 수탁기업 간에 기술, 인력, 자금, 구매, 판로 등에서 서로의 이익 증진을 위해서 하는 모든 공동의 활동을 말한다. 대·중소기업 간 상생협력 관계를 공고히 하여 대·중소기업의 경쟁력을 높이고, 양극화를 해소하는 것이다.

(1) 협력업체와의 상생협력

소비자의 권익 증진을 위해 협력업체와의 상생협업 계획 및 실적의 유무를 평가하는 것으로 협력업체에 대한 CCM 인증 지원 활동(교육, 비용, 코칭 등), 인증받은 협력업체에 대한 인센티브 등 지원방안은 실적에서 제외하고 가점에서 평가한다.

상생협업 활동은 소비자권익 증진을 위한 활동으로 제한하여 평가하고, 소비자불민의 예방 및 감소를 위한 활동·지원 등이 해당되는데 예시를 하면 다음과 같다.

- 협력업체와 연관된 VOC 분석을 통한 품질/서비스 개선 활동, 개선을 위한 회의, 자문, 교육, 기술, 자금, 인센티브 등 지원

(2) 협력업체와의 상생협력 평가

협력업체에 대한 지원은 '불법파견', '위장도급' 이슈와 관련하여 논란의 여지가 있으므로, 기업 내부적으로 관련 사안이 '불법파견', '위장도급'에 해당하는지 판단해야 한다.

확인사항은 상생협업 관련 규정, 상생 협약서, 소비자권익 증진을 위한 상생협업 계획 수립 및 이행 실적 등으로 ESG 관련 자료, 계획서, 결과보고서 등이 이에 해당한다. 이와 관련한 내용을 CCM 재평가 시 가점으로 인정될 수 있다.

참고문헌

김도년(2017), 미국 소비자제품안전법제의 체계와 시사점, 법학연구. 충북대학교 법학연구소.

김법연 · 권헌영(2017), 제품안전관리 법 · 제도의 현황과 개선과제, 경제규제와 법, 서울대학교 공익산업법센터.

김준호(2001), 고객만족 경영평가 모형에 관한 연구, 산업경영연구 31, 청주대학교 산업경영연구소.

김태영(2014), 소비자중심경영, 진샘미디어.

두산백과, HRD 용어사전.

최명화 · 김보라(2021), 지금 팔리는 것들의 비밀, 리더스북.

최성재 · 남기민(2000), 사회복지행정론, 나남신서.

한국소비자원(2018), 사회적 가치 실현.

허경옥(2010), 소비자학의 기초, 교문사.

CHAPTER

06

CCM 체계

Contents

비즈니스 측면에서 체계(시스템)란, 하나의 제품을 생산해서 최종 소비자에게까지 이르게 하고, 나아가 고객들을 그 제품이나 기업의 팬(fan)으로 만들어 나가기까지의 일련의 흐름을 의미한다. CCM 체계는 조직관리, 자원관리, 교육관리 및 문서관리로 구성된다. 조직관리는 최고고객책임자의 임명과 권한, 전사협조체제 그리고 내부직원의 동기부여 측면을 들 수 있다.

자원관리는 자원관리 부분은 인적 자원, 물적 자원, 예산 편성 등으로 나눈다. 교육관리 부분은 CCM 실현을 위한 임·직원 교육, 최고경영자를 포함한 임원의 CCM 교육, 소비자응대 직원의 전문성 향상 교육 등이 있다. 문서관리 부분은 CCM 관련 규정 및 문서 관리, CCM 운영매뉴얼의 작성 및 관리 등으로 구분하는데 소비자와의 약속인 약관 등 관련 규정을 포함한다.

CCM은 소비자의 니즈나 요구를 파악하여 이를 충족시키기 위한 제품, 상품, 서비스를 만드는 기획 단계부터 소비자를 참여시키고 이를 통해 소비자권리 보호는 물론 소비자만족까지 추구하는 경영을 의미한다. CCM을 하기 위해서는 다양한 경영자원의 배분과 실행이 요구되며 여기에는 조직, 인적·물적자원, 교육, 매뉴얼 등이 포함된다. CCM 시스템의 주요 관점은 CCM 실현을 위한 소비자 관련 내·외의 협조체계를 어떻게 관리하고 있는지를 확인한다.

1 조직관리

소비자부문 최고책임자/최고고객책임자(이하 'CCO')는 최고경영자(이하 'CEO')로부터 CCM의 구체적인 운영, 실천의 책임과 권한을 부여받은 CCM 총괄책임자이다. CCM 부문의 최고경영자라는 의미에서 CEO의 권한과 책임을 CCO에게 위임하고 이를 내부 규정 및 CCM 운영매뉴얼에 명시한다. CCO는 주로 CCM 주관 부서를 총괄하는 임원으로 임명하며, 기업 규모에 따라 실무 책임자를 임명하기도 한다. 시설관리공단이나 중소기업의 경우 기업의 규모나 여건에 따라 CEO가 CCO를 겸임하는 기업도 있다. 일정한 정도의 조직을 갖춘 기업이라면 CEO는 경영 전반을, CCO는 CCM을 전담하는 것이 바람직하다고 할 수 있다.

CCO의 직책 또는 직위는 전사 조직도에서 확인할 수 있어야 하고, CCO의 권한과 책임은 직제 규정과 위임전결 규정, 그리고 CCM 운영매뉴얼 등에 명시되어야 한다. 또한 CCO는 임원회의, 경영진회의 등에 참여하여 의견을 제시할 수 있어야 하며, CCM 운영의 주요 의사결정권자로서의 권한을 행사할 수 있어야 한다.

CCM 실현을 위한 소비자 관련 조직이 조직 내에서 전략적 중요성이 강화되는 것은 매우 중요한 부분이다. 따라서 소비자 관련 조직의 예산 집행 및 위임에 관한 사항이 규정에 명시되어 있어야 하며, 관련 성과는 정기적으로 관리되어야 한다. 아울러, 소비자 관련 조직의 담당자 만족을 위한 지원 프로그램도 확보할 필요가 있다.

조직관리 부분은 그 하위의 영역에 최고고객책임자의 임명과 권한, 전사협조 체계, 내부 직원 만족으로 구분한다.

1) 최고고객책임자(CCO)

최고고객책임자(CCO)는 대외적으로 기업을 대표하고 대내적으로는 이사회의 결의를 집행하며, 회사 업무에 관한 결정과 집행을 담당하는 등 대표이사와 유사한 지위 · 권한을 갖는다.

기업의 모든 권한이 CEO에 집중될 경우 독재형 경영구조를 낳을 수도 있다는 것이(점이) 문제점으로 지적되기도 한다. 즉 경륜이 부족한 CEO가 기술과 사업모델 개발에서부터 재무 · 인사 · 마케팅에 관한 권한까지 독점하게 되면 객관적인 판단에 문제가 생길 수 있고, 심지어 기업 이미지에 심각한 영향을 줄 수 있는 중대한 오류까지 범하게 된다는 것이다.

그렇기 때문에 2000년 이후 세계 각국의 기업들에서는 CEO의 권한을 보충 또는 견제하기 위한 차원에서 CEO와 임원들의 역할을 분담해 최고재무관리자(CFO), 최고정보보호책임자(CPO), 최고운영책임자(COO), 최고고객책임자(CCO) 등의 새로운 직책을 신설하는 등 경영구조 개편을 꾀하고 있다.

최고경영자(CEO)가 소비자부문 최고고객책임자(CCO)를 겸임하는 기업도 있으나 겸직이 별도로 임명하는 것보다 더 좋다고 일률적으로 말하기는 곤란하고 기업의 규모, 여건 및 특성에 맞게 운영하는 것이 적절하다.

소비자부문 최고책임자/최고고객책임자(CCO)는 최고경영자를 대리하여 CCM의 구체적인 운영, 실천의 책임과 권한을 부여받은 CCM 총괄책임자다. 따라서, 최고고객책임자는 사내에서 소비자중심경영을 총괄 운영하기에 적절한 위치에 있는 임원으로 임명하고 적절한 권한과 책임을 부여한다. CCO는 부여받은 권한을 실질적으로 이행해야 하는데 이는 기업의 규모에 따라서 실무 책임자를 CCO로 임명하기도 한다.

(1) CCO의 역할

최고경영자는 모든 비즈니스 활동을 소비자 중심적으로 재구성하고 관련 경영활동을 지속적으로 개선하며, CCM 운영의 실질적인 책임과 권한을 가진 최고고객책임자(CCO, Chief Customer Officer)를 임명한다. CCO의 임명은 새로운 인력을 채용하는 것이 아니라, 소비자 관련 업무를 수행해 온 기존 임직원 업무의 재규정화를 의미한다.

CCO는 소비자중심경영 과정에서 얻어지는 소비자정보를 신속하고 효과적으로 총괄할 수 있고 임직원들이 적극적으로 CCM 활동에 참여하도록 독려하거나 활동에 적극적이지 않은 직원들을 통제할 수 있는 임원급 이상의 고위 직급자로 임명하는 것이 좋다.

임명 결정은 CCO가 CCM 운영에 있어 사내 임직원 및 관련 부서를 효과적으로 관할할 수 있도록 임원회의 등에서 공식적으로 이뤄져야 할 것이며, 사내 모든 구성원은 최고고객책임자 임명 사실과 CCO의 책임 및 역할을 명확히 알고 있어야 한다. 인사이동이나 교체 시에는 CCM 업무의 연속성 및 일관성을 위해 신속한 재임명이 필요하다.

CCO의 역할은 최고경영자를 대리하여 CCM의 구체적인 운영, 실천의 책임과 권한을 부여받은 CCM 총괄책임자이다. CCO는 CCM 사무국과 고객상담실의 운영현황을 월 1회 이상 보고받아 CEO에게 기업의 CCM 현황과 문제점을 정기적으로 알려야 한다. 그에 그치지 않고, 소비자의 취향이나 본 제품과 서비스에 대한 기대감 등 소비자의 목소리와 기대감을 경영과 생산, 유통에 직접 반영될 수 있도록 조치를 취해야 한다. 또 기업 경영에 영향을 미칠 우려가 있는 중대하고 긴급한 소비자 불만 발생의 경우, 최고경영자에게 즉각 보고하고 관련 부서에 조치 및 예방 사항을 지시할 수 있어야 한다.

소비자가 회사에 대해 무엇을 요구하거나 불만을 표시하고 나면 고객은 기업의 신속한 대응을 기다린다. 이에 적절하게 대응하기 위해 기업 내부의 신속한 의사결정이 전제되어야 한다. CCO는 고객상담실 실무자와 CEO 간에 이르는 복잡한 커뮤니케이션 단계를 줄이고 중간자 역할을 통해 CEO가 신속한 의사결정을 할 수 있도록 노력해야 한다.

(2) CCO의 권한과 책임

CEO는 CCM의 효율적 실행을 위해 CCO에게 계층별, 업무별로 적절한 권한과 책임을 부여한다. CCM은 기업의 모든 임직원이 CCM에 동참하여 예방 활동을 함께 진행하는 통합관리시스템이므로 고객상담실과 내부통제체제 범위에 포함되는 모든 임직원의 권한과 책임을 담당업무에 따라 규정해 두는 것이 필요하다.

CCO는 CCM 운영의 총괄책임자이다. 소비자불만을 중립적 입장에서 관리하고 그 성과를 수시 점검, 평가할 수 있도록 고객상담실과 내부관리체제를 구축해야 한다. 그리고 전 임직원의 CCM 의식 고취와 업무별 예방 활동 인지 및 실행을 위해 업무 표준을 규정화하고, 교육 계획수립을 지시해야 한다.

CCO는 CCM 운영과 관련하여 기업 내 부서를 CCM 주관부서와 CCM 유관부서로 구분, 각 부서별 역할과 책임을 부여하고 부서별 활동을 주기적으로 점검해야 한다.

CCM 주관부서는 기업에 집중되는 고객의 소리(VOC)를 해결하기 위한 경영 자원과 프로세스 구축한다. 소비자 불만의 기록과 관리, 관련 부서의 예방 활동 관리, 소비자 불만의 위기관리 등의 권한과 책임을 갖게 된다. 그리고 사내 임직원에게 정기적으로 자율관리 교육을 진행해 CCM의 취지와 필요성, 업무별 소비자 불만 관리 관련 준수 절차, 역할과 책임을 인식시킨다.

만일 CCO 및 CCM과 관련한 내부 임직원의 적절한 권한과 책임이 부여되지 않았거나 충분한 재정적 지원이 이뤄지지 않아 실질적인 활동이 없는 경우에는 요건이 충족되었다고 볼 수 없다. CCO의 권한과 책임은 다음과 같다.

CCO의 권한과 책임

- CCM 운영 조직을 총괄 운영하며 부서별 적절한 역할과 책임을 부여
- VOC 프로그램을 운영
- 소비자 관련 비즈니스 과제를 경영에 반영하여 개선
- 사내 CCM의 활동계획 수립, 시행 및 조정 감독
- CCM 매뉴얼의 제정, 개정
- CCM과 관련된 제반업무 지원, 지침 이행 상태를 점검
- CCM 관련자를 지도 및 교육
- 소비자피해 발생 등 긴급사태 발생 시 수행 총괄
- 제품 및 서비스 제공과 관련하여 소비자만족 유지 및 개선
- 소비자 불만 처리의 기본 방침 수립
- 최고경영층에 중대하고 긴급한 사안 직결보고
- 소비자 관련 제3기관의 정보 습득 및 관계 유지
- 전사 위기대응 전략 수립 및 보고 업무를 총괄
- 포상 및 징계의 주관

사례 CCO 임명 사례

실제 기업의 사례를 보면 다양하다. 업무를 총괄하는 기획홍보실장이 CCM의 주요 의사결정권자인 CCO로서 VOC의 신속한 해결 및 예방을 추진하는 사례도 있고, 모든 정보에 접근이 가능한 경영전략본부장을 CCO로 임명해 CCM 운영체계의 실행력을 확보한 사례도 있다. CCO를 실질적인 경영상 주요 의사결정권자인 상무이사로 임명하고, CCM 운영매뉴얼에 권한과 책임을 명확하게 규정하면서, CCO 산하에 CCM 운영위원회를 설치하여 전사적인 CCM 운영을 총괄하고, 분기별 VOC 공유회의, 분기별 품질이슈회의 등을 운영하는 사례도 있다. 또한, CCM을 도입하면서 고객중심의 원활한 업무 추진 및 경영 전반에 관한 일관된 전략을 추진하기 위해 CEO가 CCO를 겸직하는 경우도 있다. 기업의 성격과 규모 그리고 회사의 여건에 따라 다양한 방식의 최고고객책임자 제도를 운영하고 있다.

(2) 소비자 관련조직

소비자 관련조직이란 콜센터, 고객상담실, CCM팀, 고객센터, 고객지원실 등으로 명칭은 다양하게 표현되고 있다. CCM을 위한 소비자 관련 조직은 CCO를 중심으로 구성되는데, 회사 내부 조직뿐만 아니라 외부 용역업체 소비자 관련 전담 조직까지 포함하여 운영한다. CCM 실현을 위한 인적·물적 자원에서 물적 자원은 전산시스템, 소비자 관련 업무매뉴얼, 소비자응대 프로세스 등을 말한다.

사례 **소비자관련 조직**

실제 소비자관련 조직에 관련된 사례를 보면, CCO 산하에 CCM 운영위원회를 설치하여 전사적인 CCM 운영을 총괄하고, 분기별 VOC 공유회의, 분기별 품질 이슈회의 등을 운영하는 사례도 있고, CCO 직속 조직을 신설해 CCM 기획 및 전략 수립, CCM 관련 회의체 운영, 고객만족도 조사, 소비자불만 사전예방시스템 구축 등의 업무를 주관하면서, 경영지원부가 예산, 홍보, 동기부여프로그램, 홈페이지 관리 등을 지원하고, 감사팀이 윤리경영 및 고객 불만 처리를 지원하는 등 CCM운영체계를 구축한 사례도 있다. 또한, CCM의 효율적 추진과 실천 이행 관리를 위한 주관부서(기획예산팀)와 사업별 유관부서와의 역할과 책임, 기능에 대한 분담 등을 통해 체계적으로 추진 및 관리되는 사례도 있다. 반면, CCO, CCM 주관부서, 근로자대표, CS 리더 등으로 CCM 운영위원회를 구성해 매월 정기회의를 개최하여 '고객편의성 향상을 위한 홈페이지 VOC개선, 찾아가는 고객서비스 순회교육, 고객응대업무매뉴얼 수립' 등을 추진한 사례도 있다.

전담조직은 업무 분야의 전문 인력을 배치하여 소비자관련 정보를 수집하고 분석하여 대응할 수 있는 질적 수준을 향상시킨다. 또한 소비자 동향과 불만 등 요구사항을 조기에 발견하고 신속하게 시정하기 위한 내부 시스템을 구축한다. 특히, 소비자의 피해나 불만에 관한 사후구제 활동이 사전예방 관리로 지속적으로 연결될 수 있도록 설계되었는지 점검한다.

2) 전사 협조체계

CCM에서 내부관리체제는 CCM을 위한 사내 네트워크와 관련 규정 등을 의미한다. 임직원의 소비자 불만 관리와 소비자의 요구를 반영하여 경영을 개선한 실적은 엄격히 평가하여 우수 사례에 대해 적절한 보상을 해주어야 한다. 반면, 관련 규정을 위반하여 문제를 유발하거나 소비자 불만 관리를 소홀히 하는 임직원은 기업이 스스로 용인하지 않는다는 풍토 조성 차원의 제재 조치를 할 수 있는 객관적인 제도적 장치를 마련한다.

내부관리체제 구축은 불만의 재발 방지뿐 아니라, 사전예방과 나아가 기업의 성장을 위한 중요한 요소이다. 내부관리체제가 원활히 운영되려면 CCM 구축 및 유지 과정에서 최소 연 2회 이상의 정기 모니터링과 평가가 실시되어야 한다.

모니터링은 CCM 담당부서에서 실시하는 내부 모니터링과 불만 처리에 직접 개입되어 있지 않은 감사팀 또는 제3자의 외부 모니터링으로 구성하는 것이 바람직하며, 내부 모니터링에서 외부 모니터링을 확대 진행하도록 한다. 모니터링은 최소 연2회 이상 진행하며 CCM 평가기준 혹은 내부에서 별도로 마련한 구체화된 객관적 기준에 따라 실시한다. 고객관련 부서와 타 부서간의 의사소통은 다음과 같다.

- 소비자 불만과 피해에 대한 내용의 문서화
- 위기관리 대처
- 정기적인 피드백(일간, 주간, 월간)
- 소비자의 요구사항 및 직원이 생각했을 때 개선될 필요가 있는 부분의 소통
- 동일한 사안으로 소비자 불만이 여러 차례 접수될 경우 해결방안 고민
- 관련 부서의 보고 의무화(원인 규명 및 대책의 진척 상황)
- 관련 부서의 최고책임자 대동 경영회의 개최 및 참석(정기, 수시)

CCM의 체계 구축과 효과적 운영을 위한 Control Tower 역할을 수행하는 주관부서와 협업을 위한 유관부서의 협조가 유기적으로 이루어져야 한다.

주관부서는 대기업의 경우에는 주로 고객지원팀, 고객만족팀, CCM팀, CS팀 등 전담 조직에서, 공기업 및 중소기업의 경우에는 기획경영팀, 경영기획팀, 혁신기획

팀, 기획예산팀 등 기획부서에서 담당한다.

유관부서는 영업, 품질, 마케팅, R&D, 경영지원, 생산, 물류, 법무, 인사, 행정 등 기업 내의 모든 부서가 포함된다고 볼 수 있다.

| 주관부서와 유관 부서 구분 |

구분	주관 부서	유관 부서
정의	CCM 추진 부서	CCM 지원 조직 윤리경영/사회적 책임 관련 조직 협력업체 상생협력 관련 조직 등
예시	CS, VOC팀, CCM팀, 고객상담실 등	영업, 품질, 마케팅, R&D, 경영지원, 생산, 물류, 법무팀 등

CCM 주관부서와 유관부서는 전사 조직도에서 확인할 수 있어야 하며, 부서별 역할과 책임, 업무분장 내용 등이 CCM 운영매뉴얼에 규정해야 한다. CCM 운영을 위한 주관부서와 유관부서의 유기적인 업무 협조 실적은 회의체와 회의록에서 확인할 수 있어야 한다.

CCM 회의체는 기업 규모와 특성, 조직문화에 따라 CEO 최고경영자 주관의 CCM 추진위원회, CCO 주관의 CCM 실무위원회, 임원회의, VOC/클레임 회의, 품질 대책 회의, 개선 과제 발굴을 위한 TFT 등 다양하게 운영한다. 회의체 명칭보다는 내용이 더욱 중요하므로, 다른 회의체에서 CCM 협의 및 공유 안건으로 명확히 포함하여 진행할 수도 있다. 업무보고(현황, 추진계획 등) 형태의 회의자료는 의미가 없으며, 회의자료(또는 회의록)에는 전기 회의 결과에 대한 피드백(회의록의 향후 추진계획에 대한 진행사항 등), 논의 내용, 후속조치 결과 등이 포함되어야 한다.

3) 내부 직원 만족

CCM 운영계획을 수립하면 각 부서별 목표가 생기고, 내부 직원이 목표 달성

(KPI)을 위해 노력하도록 동기를 부여할 필요가 있다. 직원 만족도 제고를 위한 프로그램을 운영하고 지속적으로 개선하는 것이 CCM의 출발이라 할 수 있다. CCM 활성화를 위해 지원과 보상 프로그램을 기획·운영하여야 하며 임직원이 만족할 수 있도록 지속적으로 개선해야 한다. 일반적으로 목표 달성 정도를 직원의 인사평가에 반영하지만, 보다 지속적인 관심 유도를 위해 CCM 우수 부서 및 직원 포상, 해외연수, 포상 휴가, 인사고과에 가점 부여뿐만 아니라 내부 캠페인, 슬로건 공모 이벤트 등을 추진하기도 한다.

CCM 활성화를 위한 소비자 접점 직원 대상 동기부여 프로그램(우수 직원 포상, 근로환경 개선 등)도 운영해야 한다. 소비자 접점 직원이란, 업무 과정에서 소비자와 직접적인 접촉이 많은 조직에 속한 직원을 말하는데, 주로 소비자상담실(콜센터 포함), A/S부서, 판매점/영업점 등에 속한 직원을 말하며, CCM 주관부서도 이에 포함할 수 있다. 소비자 접점 직원을 대상으로 하는 동기부여 프로그램에는 특별수당 지급, 우수직원 포상, 해외연수, 포상 휴가, 인사고과에 가점 부여 뿐만 아니라 힐링 프로그램, 심리 상담, 애로사항/고충 해결 등의 지원, 내부 캠페인, 이벤트 등을 통한 독려, 휴게 시설 조성 등 근로환경 개선 등이 포함된다. 다만, 콜센터, A/S 조직을 아웃소싱한 경우에는 도급 이슈 때문에 위탁업체(콜센터, A/S조직 등)에게 자사 직원 대상의 포상 제도 등을 운영하라고 요구할 수 없으며, 위탁업체 직원에 대해 직접 지원하는 것도 불가능하다는 한계가 있다.

사례 내부고객 만족사례

육아휴직기간 확대(1년에서 3년), 가족돌봄제도(90일에서 1년), 자기개발 휴직제도(1년), 한 직급 특별승진제도 등 다른 (공)기업과 차별할 수 있는 직원 대상 지원 프로그램을 시행하는 사례가 있고, 삼성노동사 힐링프로그램, 벤치마킹 우수사례 경진대회 및 우수 기획보고서 경진대회 등 직원 동기부여 프로그램을 운영하면서, 소비자 접점 직원의 근속수당 지급, 복지포인트 확대 등 근무환경 및 업무 시스템을 지속적으로 개선해 나가는 사례도 있다. '가족사랑 실천 프로그램, 신체·정신 건강관리프로그램, 생애경력설계프로그램' 등 다양한 동기부여 프로그램 및 CCM활성화를 위해 CCM슬로건 공모, 선진지 견학, 포상제도를 운영하기도 한다. 또한, 근무시간유연제, 육아휴직제, 가족사랑의 날 등 지원제도를 운영하고, '소통한 DAY' 등을 통해 CEO가 직원의 의견을 수렴하는 사례도 있다.

공공기관이나 일정 규모 이상되는 기업에서는 직원의 아이디어와 회사의 업무몰입도 높이기 위해 그리고 궁극적으로는 고객가치와 회사의 성장을 위해 제안제도를 운영하고 있다. 제안제도의 경우 형식적으로만 운영하는 경우가 많지만, 일부기업에서는 제품개발과 서비스 개선 그리고 원가 절감을 위해 적극적으로 활용하고 있다.

제품개발의 경우 특허를 획득하거나 개발된 제품이 상품화되어 매출을 내거나 또는 원가 절감을 통해 수익이 발생하면 그 수익의 일정부분을 직원에게 포상금으로 지급하는 경우도 있다. 이렇게 함으로써 좋은 아이디어를 내부자원화하고 유능한 직원의 이탈을 방지하는 효과가 있다. 동기부여는 적정한 보상시스템이 뒷받침되어야 효과를 낼 수 있다.

제안제도를 활성화함으로써 직원들이 업무에 대해 또 대고객 대응에 대해 보다 진지하게 대응하고자 하는 동기가 부여된다. 성공적인 제안은 이것이 개선의 효과가 있으면 소비자는 물론 기업과 제안한 직원에게도 좋은 1석 3조의 효과를 거둘 수 있는 장점이 있다.

그러므로 '제안할 것이 없다, 귀찮다, 몇 년 해봤는데 별것 없더라'고 뒷전으로 미루지 말고 자꾸 하다보면 좋은 안이 나올 수 있다. 현장에서 소비자와 마주하는 담당자 머리 속에 많은 아이디어가 있음을 명심하자.

2 자원관리

CCM 추진위원회 산하에 소비자 불만 처리 전담조직을 두고 실질적인 소비자 불만 치리가 효율적으로 이루어지도록 필요한 인적·물적 자원을 할당한다. 그 전담 조직은 소비자 요구사항과 동향을 발견하고 신속한 시정과 정보를 활용하기 위한 내부 시스템을 구축하고 신제품 출시나 새로운 제도 시행 시 반드시 사전에 스크린 할 수 있도록 한다. 또한 전담 조직에는 소비자 및 소비자정보를 다룰 수 있는 전문 인력을 배치하여 정보의 수집과 가공 분석 등 업무의 질적 수준을 향상시킨다.

1) 인적 자원 관리

(1) 소비자 관련 인적 자원

소비자관련 업무를 하는 직원은 소비자업무에 관한 이해도와 사람에 관한 이해의 폭이 넓어야 한다. 담당 직원은 고객으로 둔 다양한 사람들과 대면하고 문제와 갈등을 해결해야 한다. 이들은 남녀노소, 사회적 신분, 직업에 따른 매우 다양하고 또 평정심을 유지하는 사람보다는 화가 난사람, 흥분한 사람 등을 대하기 때문에 소비자를 대면하기 위한 직업적 지식과 인격을 갖추어야 하는 것이 필수적이다.

나이가 사람에 따라 대응하는 요령을 터득하고, 상대방(소비자)의 심리를 이해하고 보듬어 줄 수 있는 역량과 인성을 지녀야 한다.

(2) 고객상담실의 역할

- Top Management를 지탱하는 정부 Staff 부서

  고객으로부터 직접 받는 정보, 특히 고객이 지적하거나 요구한 내용은 고객의 다양한 Needs를 반영하고 예측할 수 있는 기준점이 되므로 이를 분석하고 CEO나 CCO에게 정기적으로 보고하여 고객 지향적 정책 수립과 경영의지를 각 부문으로 전달 할 수 있도록 지원한다.

■ 소비자에게 회사를 대표

고객상담실은 상담과 클레임 대응뿐 아니라 시대 흐름과 함께 일어나는 다양한 소비자 문제에 대해 회사를 대표하고 소비자와 대화를 유지해 가는 역할을 담당한다.

■ 고객과의 신뢰관계 형성

고객과 1:1 커뮤니케이션이 가능한 상담실에서 상담과 클레임을 어떻게 조치하느냐에 따라 고객을 잃기도 하고 강한 신뢰를 얻을 수도 있다. 또한 고객과의 대화를 통해 얻은 정보를 보다 바르고, 빠르게 사내에 전달하는 체계를 어떻게 만드느냐에 따라 소비자정보 개발의 중요한 장이 된다.

■ Risk Management

최근 정보유통 속도의 급속한 확산에 따라 소비자의 위기관리가 강조되고 있다. 소비자클레임의 집단화 양상으로 Risk 관리의 중요성은 어느 때 보다 높아졌다. 소비자위기 관리를 적절하게 하지 못하면 기업에게 치명적인 손해를 끼치게 되므로 고객 클레임을 처음 접하는 상담실은 Ownership을 갖고 그 Risk 관리에 매우 민감하게 다뤄야 한다.

다음 인적자원의 역할별 자격조건 등에 대해 살펴보자.

고객상담실장의 역할과 자격

고객상담실 업무 총괄, 사업계획 대 실적관리, 고객의 불만과 요구사항을 체계화하여 경영진과 유관부서에 전달한다. 또 고객 클레임을 지원하고 업무능력 향상을 위한 교육 참여, 사내 교육 계획에 참여, 비상 및 긴급업무에 따른 업무수행 및 전파 등의 업무를 수행한다. 상담실장은 접수된 상담을 처리하는 단순 업무보다는 소비자의 동향, 불편사항, 요구사항 등을 수집, 분석해서 이를 자료로 활용하는 방안을 찾아야 한다. 즉 소비자의 가치있는 정보를 활용하는 방안을 적극 모색하고 실제 활용할 수 있어야 한다.

상담실장은 인간에 대한 이해와 배려 등의 인성뿐 아니라 회사내에서 소비자의 목소리를 대변하고 조정할 수 있는 능력이 있어야 한다. 또 상담실 구성원의 애로사항이 해결하는 문제해결 능력뿐 아니라 직원의 어려움을 이해하고 격려할 수 있는 품성을 갖추어야 한다. 따라서 소비자전문상담사 자격을 소지하고 상담관련 업무를 10년 이상 하는 것을 원칙으로 한다.

슈퍼바이저 역할 및 자격조건

고객상담실 관련 일체의 업무 총괄한다. 소비자정보를 모으고 이를 유형별로 분석하여 유관부서에 전달할 뿐 아니라, 유의미한 소비자정보를 모아 특이점을 찾아 경영에 활용할 수 있도록 가공하여 전달한다.

* 자격조건 : 소비자전문상담사 자격소지자 또는 상담실 관리 3년 이상 근무자

QA(Quality Assurance) 역할 및 자격조건

역할은 고객상담실 업무의 상담 품질관리를 한다. 자격조건은 소비자전문상담사 자격소비자 또는 상담실 관리 3년 이상 근무자로 하는 것이 적당하다.

교육담당자 역할 및 자격조건

역할은 교육훈련 계획 및 실시, 신입사원 OJT, 부진자 교육, 교재작성 및 매뉴얼 관리, 교육결과 보고한다. 자격조건은 소비자전문상담사 자격소지자 또는 상담실 관리 3년 이상 근무자로 한다.

CCM에 필요한 인적자원의 수요가 적절한지 주기적으로 파악한다. 소비자에게 제공하여야 할 서비스, 사업 및 시장 환경변화, 법적 요구사항, 제질지 특성, 내부 중점 혁신 과제 등 다양한 변화에 따라 인적자원을 배치해야 한다. 인력관리계획에 따라 CCM 주관부서 및 유관부서의 인력 현황을 수시로 점검하고, 평균상담 건수 및 응답률 등에 따라 인력을 배치해야 한다. 또한, 소비자전문상담사, CS리더스(CS관리사) 등 전문자격증 보유 인력의 확보를 위한 노력도 필요하다.

사례 **상담실의 구성원**

고객상담실에 근무하는 직원을 모두 회사에서 일하는 직원의 배우자로 채용하여 운영하는 모식품회사가 있는데, 이것도 부정적인 효과보다는 긍정적인 효과가 많다는 관리자의 말에 공감하게 된다. 즉, 신분 자체가 계약직이나 임시직이 아닌 정규직원으로 가족회사라는 소속감도 갖게 되기 때문에 좀 더 조직 충성도가 높다고 한다.

나아가 상담이나 콜센터 업무를 외주에 주는 경우가 많은데 소비자중심경영을 위해서는 상담 및 고객센터를 직영체제로 운영할 것을 권한다.

(3) 상담서비스 역량제고

소비자를 직접적으로 응대하는 전문상담사의 역량을 관리하기 위해 분기별로 외부전문기관을 통해 상담 서비스의 수준을 지속적으로 체크하고 개선점을 파악하여 피드백을 한 후 실제 상담업무에 반영한다.

신제품 출시 전에 반드시 제품개발 부서와 협의하여 제품 정보를 학습 고객에게 올바른 제품 정보를 카운슬링 하기 위한 학습을 한다. 우리 회사의 제품과 서비스에 대해 완전하게 이해하고 대응해야 한다.

고객의 소비 현장에서는 기업이 미처 생각하지 못하거나 예상하지 못한 사례나 사건들이 발생하기 마련이다. 이를 명심하고 고객(소비자)의 소리를 주의를 기울여 들어서 내부적으로 공유할 필요가 있다. 이때 '우리 제품이나 서비스는 절대 그와 같은 문제가 발생할 수 없다'는 식의 답변을 하지 않도록 조심한다.

대고객 상담서비스의 수준을 향상하기 위해 QAA[5]를 별도로 운영하여 내부 상담원의 대고객 서비스 수준 정도를 정기적으로 체크, 보고, 피드백하여 지속적인 관리를 한다. QAA는 객관적인 평가를 위해 체크리스트를 사전에 공유하여 그 공

5) QAA란 Quality Assurance Analyst의 약자로 텔레마케팅에서 상담원들의 모니터링에 대한 평가와 관리, 코칭을 전담하는 전문요원을 말한다. 즉, 콜센터에서 고객과 상담원이 통화하는 내용을 모니터링하여 통화품질을 향상시킬 수 있도록 하는 전문가를 QAA라고 하는 것이다.

정성을 관리한다. 상담업무 등 고객을 대응하는 직원은 정기적으로 교육을 받아야 한다. 고객에 관한 논문이나 자료를 보고 공부하고, 최근 소비트렌드, 상담(인간)심리 등의 학습을 통해 자신의 상담역량을 키워 변화하는 사회에 대응한다.

상담원의 전문성을 강화하기 위해 소비자전문상담사 시험에 응시하고 지속적인 학습을 통해 역량을 강화해 나간다.

해외 우수 사례 벤치마킹

해외 우수 업체의 벤치마킹을 위해 반기별로 외부 기관과 연계하여 학습한 후 사내 피드백하여 업무에 반영한다.

판매사원 역량 강화

현장 판매사원의 대고객 응대 강화를 위해 고객응대 매뉴얼을 제작하여 공급하고 필요시 교육을 진행한다. 또 반대로 고객을 대응하는 직원은 현장 판매사원의 교육에도 참가할 필요가 있다. 제품을 판매하는 현장 상황을 이해해야 사후에 불만이나 요구사항에도 적절하게 대응할 수 있기 때문이다.

2) 물적 자원 관리

CCM에 필요한 물적 자원은 시설과 환경이다. 이와 같은 시설과 자원은 주기적(최소 1년 단위)으로 파악하고 제품과 비즈니스 특성에 따라 검토하여 사업계획에 반영하여 소비자의 기대에 만족할 수 있는 서비스 제공을 위한 환경과 설비시스템 등을 갖춘다. 물적 자원이란, CCM 실행을 위해 투입되는 유형 자원을 총칭하는데, PC, VOC 관리시스템, CTI(Computer Telephony Integration), 인트라넷 등 소비자 응대 설비뿐만 아니라 사무 환경, 휴게 공간, 고객접견실 등 소비자 응대 환경 등도 포함된다.

(1) 고객상담실의 시설 환경

상담에 따른 CTI 콜 시스템을 운영한다. IP 기반의 PBX(private branch exchange) 구내 자동 전화 교환 설비와 상담 프로그램과 연동된 자동 다이얼 지원시스템, 상담전용프로그램, 서버 항온 항습 체계 등을 구축하고 이중화 무정전 전원장치 UPS(uninterruptible power supply) 등을 갖춘다. 이외에 상담사의 편의를 위한 전용휴게실, 다용도실, 게시판 운영, 교육장 등 인프라를 설치하여 지원한다.

(2) 환경의 유지 및 개선

시설환경 관련 점검 및 개선은 상담사 고충처리제도 운영에 따른 시설환경 개선 요구가 있을 경우 개·보수 및 신규를 검토하여 피드백하여야 한다.

전산기기 장비에 대한 정기적인 점검 및 백업을 유지하여야 하며, 모니터링 및 점검 결과에 따라 추가 장비 증설 및 신규 도입을 검토하여야 한다.

제도변경, 상담 전산 프로그램 수정 요청이 있을 경우 전산개발 담당부서와 협의하여 개선 및 신규 개발을 의뢰하여야 한다.

3) 예산 관리

CCM의 효과적인 운영을 위한 소요예산에 관한 내용이다. 예산은 사업계획서 등에 편성, 확보하고 관련 항목에 집행된 실적을 관리해야 한다. CCM 운영 예산에는 소비자 응대 직원의 동기부여를 위한 예산 및 교육비 등이 포함되는데, VOC 관리시스템, CTI 등 업무 전산화 도입 및 개선비용, 업무 환경 개선비용 및 VOC 분석을 통해 생산 공정 설비 개선 시 해당 비용 뿐 만 아니라, 소비자불만 처리 비용, 소비자불만 사전예방 비용 등이 포함된다. CCM 추진을 위한 연간 사업계획서 상에 반영된 예산 계획과 집행 실적을 관리해야 한다.

그리고 CCM 인증을 위한 심사 신청비용 및 선포식 등에 관한 비용도 관련 예산으로 들 수 있다. CCM 관련 예산은 많고 적음이 중요한 것이 아니라, 관련 예산 항목을 설정하여 운영하고 있는지의 여부가 중요하다.

3 교육 관리

CCM을 위하여 정기적인 교육훈련 계획을 수립하고 시행해야 한다. 정기적인 교육훈련 계획에는 최고경영자 및 임원의 CCM 관련 교육을 포함한다. 이들의 적극적인 참여는 CCM 운영성과에 큰 영향을 미칠 수 있다. CCM 실현을 위해 임직원에 대한 연간 교육 계획(소비자중심경영 개념 교육 포함)을 수립하고, 실행해야 하며, 교육에는 CCM 개념 교육이 반드시 포함되어야 한다. CCM을 별도로 교육하거나 직무교육, 법정 교육 등에 해당 교과목을 포함하여 구성할 수 있고, 외부기관에서 주관하는 교육에 참여하는 것도 인정되며, 온라인 또는 오프라인 교육을 모두 가능하다.

소비자 관련 분야의 전문성 제고를 위한 교육지원 프로그램은 임직원의 자발적인 참여 분위기를 조성하고 우대하는 프로그램이어야 한다. 소비자 응대 직원의 전문성 향상을 위한 교육이 필요한데, 일반 상담원, 슈퍼바이저, 교육 강사, 팀장 등의 직급별 수준 교육, 소비자관련법, 소비자 응대 스킬, 설득 · 협상 등의 계층별 맞춤 교육, 소비자전문상담사, CS강사, CS리더스 등의 공인자격증 취득 교육, 원활한 상담 · A/S를 위한 상품 관련 교육 등이 포함된다. 조직의 규모가 일정규모 이상이라면 자체 강사를 육성하여 운영하는 것도 생각할 만하다.

CCO는 CCM이 전사적으로 정착되고 전임직원이 CCM을 효과적으로 수행할 수 있도록 지속적, 체계적으로 교육을 실시한다. CCM 관련 교육훈련에 대해 필요를 알아야 하는데 효과적인 교육훈련이 되기 위해서는 먼저 다음 질문을 제기해 보는 것이 필요하다.

- 시장과 소비자는 어떻게 변화하고 있는가?
- 우리 제품은 어떤 변화가 있는가?
- 누구를 교육하고 훈련시켜야 할 것인가?
- 어떤 교육훈련 방법을 사용할 것인가?

- 교육훈련이 효과적인지에 대해 어떻게 알 수 있는가?

1) 교육 계획

CCM에 대한 인식 제고는 매뉴얼의 배포만으로는 부족하므로 전사적으로 정착되도록 지속적이고 체계적인 CCM 교육을 실시해야 한다. CCM 교육의 주안점은 임직원들이 담당 분야에서 소비자 불만을 유발할 수 있는 구체적인 행위와 그 예방 방안, 소비자 불만 발생 시 신속하게 대응하는 방안 등을 알리는 것에 있다.

교육은 CCM에 대한 총체적 이해 및 필요성, 목표, 기본원칙, 프로그램 운영 등의 내용이 포함되어야 하며, 계층별·능력별·부서별(소비자 불만 이슈가 많은 부서와 적은 부서)로 차별화하여 차등 교육하는 것이 바람직하다. 또한 소비자와 직접 접촉하여 업무를 수행하는 임직원들에게는 집중적인 특별 교육 프로그램을 마련하여 해당 제품이나 서비스별로 소비자 불만 사항의 인지 능력이나 처리 능력을 제고해야 한다. 단, 해당 내용의 교육이 이미 실시되고 있다면 항목별로 세부 내용을 참작해 부족한 점을 보완하여 운용하도록 한다. 교육훈련의 바람직한 흐름은 다음과 같다.

- 교육훈련 요구의 평가
- 교육훈련 목표의 결정
- 교육훈련 내용의 결정
- 교육훈련 방법
- 교육훈련 실시
- 교육훈련의 자체평가
- 교육훈련의 효과평가

교육훈련 체계

교육훈련 계획수립은 전략과제와 연계하여 매년 수립하여 운영한다. 연간 고객만족 조사결과 및 주요 Issue를 연계하여 교육훈련 계획을 수립하여 운영한다.

교육훈련의 대상

CCM 추진을 위해서는 CCM 교육은 전 직원이 받아야 한다. CCM 교육을 계층별로 경영층, 관리자층, 사원층 등을 구분하여 교육하면 오히려 벽을 쌓는 것으로 역효과가 날 수 있다. CCM 교육은 쉬운 용어로 통일하고 경영자부터 현장 직원까지 한자리에 모여서 교육받으면서 서로 정보도 교환할 수 있는 교육 프로그램으로 만들어져야 한다.

2) 교육 실행

교육내용은 일반적인 상담과 고객에 대응에 관한 내용을 포함하여 새롭게 도입되는 제도, 고객 동향 그리고 까다로운 고객 대응하기 등 난이도가 높은 교육을 시행한다. 그리고 우리 회사 제품의 특징과 사용 방법, 비상시 조치요령 등 실무에서 필요한 내용을 중심으로 교육한다. 교육내용이 사전 예방을 위한 직무 표준과 연결되어 있어야 한다. 예를 들어 고객상담실 직원의 경우 전화응대 스킬 향상과 같이 해당 직무와 직접적인 연관이 있는 내용으로 구성되어야 한다. 해당 부문에서 발생하는 불만 사례 및 불만처리 방법, 응대요령, 소비자중심사고 등의 내용을 교육해야 한다.

교육방법은 집합 교육과 온라인 교육을 병행할 수도 있고, 내부 교육 이외에 외부 단체에서 실시하는 교육이나 세미나, 간담회 등도 적극 활용하는 것이 좋다. 좀 더 교육 효과를 높이기 위해서는 승진 승급에 따른 교육이나 사내 직무교육 과정에 해당 내용을 포함하여, 모든 임직원이 일정 시간 이상의 교육을 반드시 이수하도록 제도화한다. 교육운영 형태는 교육과정별 집합교육, 온라인 교육, 동영상교육, 외부위탁 교육 등의 형태로 운영한다. 교육 형태는 강의식보다는 경험해보는 사례연구, 현장 체험연구(OJT), 방법 및 기법 훈련이 필요하다. 지식, 기술, 태도에 대한 교육도 필요하다.

소비자 불만 관련 교육체계는 임직원의 지식과 기술은 기업의 성공에 중요한 요소로 간주된다. 즉, 기업의 경쟁력을 높이려면 임직원의 지식과 기술을 끊임없이 발전시켜야 한다. 본 영역에서는 소비자 불만과 관련하여 임직원들에게 필요한 지식과 기술이 무엇인지 체계적으로 분석하고 그에 따라 교육체계가 수립되었음을 확인해야 한다. 아울러, 소비자 불만 전담부서의 전문역량을 검토하고 그에 따른 교육이 지속적으로 이루어졌는지에 대해서도 밝힐 것을 요구한다. 마지막으로 교육체계가 소비자 불만 관련 전담부서만이 아니라 유관부서까지 연계되어 있는지의 근거도 확보할 필요가 있다.

교육훈련의 내용은 CCM 개념에 관한 교육훈련, 실행을 위한 기법에 관한 교육훈련, 리더십에 관한 교육훈련, 교육훈련 후의 평가 등이 있다.

CCM 개념에 관한 교육훈련

- 사명, 비전, 가치, 목표에 대한 이해
- CCM의 개념과 배경에 대한 전임직원의 이해
- 현재 조직은 어떠하며 왜 CCM을 실행해야 하는가에 대한 이해

실행을 위한 기법에 관한 교육훈련

- 흐름도, 파레토 도표, 원인결과 도표, 관리도, 히스토그램, 체크 시트
- 통계적 품질관리, ISO 9000, 품질기능 전개, 말콤 볼드리지(Malcolm Baldrige) 상 평가 기준, 벤치마킹, 리엔지니어링
- 문제해결 기법, 인과 분석, 성과의 측정, 프로세스 개선

리더십에 관한 교육훈련

- ESG, 리더십과 고객만족, 권한위양에 따른 리더의 역할, 전략적 품질 계획의 수립, 높은 조직성과를 내는 조직의 구축방법
- 경영층(CEO, CCO 등)은 외부기관(대학 등) 최고경영자 및 조찬간담회 등의 교육에 참여함으로써 환경변화에 적응할 필요

경영층 대상 교육

기업의 최고경영자 및 임원에 대한 CCM 관련 교육도 중요하다. CCM 개념 및 마인드 교육 뿐만 아니라 소비트렌드, 정부의 소비자 관련 정책 방향, 위기 대응 및 시장 환경 변화에 따른 소비자의 변화, 기업의 대응 등도 포함된다.

3) 교육 평가

CCO는 해당 부문에서 적절하게 사전 예방과 사후 구제를 위한 교육이 실시되고 있는지 감독해야 한다. 해당 부문에서는 교육실시 후 피교육자에 대해 설문을 실시하여 만족도를 조사하고 개선점 등을 점검하고 객관적으로 참석 여부를 확인할 수 있는 자료를 보관한다.

교육 시행 후의 평가가 더 중요하다. 교육훈련 자체평가는 교육훈련 시간, 교육훈련 지출금액, 교육훈련 내용의 만족도 등을 측정한다.

교육훈련 효과로는 교육훈련 시간과 매출액 증가, 고객의 만족도 제고, 사고의 감소, 고객의 대기시간 감소, 비용의 절감, 이직률 감소 등 여러 가지 요소를 평가하는 것이 바람직하다. 이외에도 커크패트릭(Kirkpatrick)의 4단계 평가는 다음과 같다.

- **반응도 평가** : 교육내용이나 강사, 교육진행자, 교육환경 및 시설 등 교육 전반에 대한 교육생의 의견 및 건의사항 등을 파악하여, 향후 프로그램 개선을 위한 자료 수집을 목적으로 실시되는 평가
- **내용 완전 습득 평가** : 교육 전·중·후 교육생의 교육내용 숙지정도 및 내용 이해 정도, 학습목표 달성 정도를 평가
- **현업 적용도 평가(행동의 변화)** : 교육생이 현업에서 교육받은 내용을 실제 적용하는지의 여부를 평가
- **경영 기여도 평가(품질결과)** : 교육이 궁극적으로 기업 조직에 어떤 공헌을 했는가를 평가

이외에도 교육장 운영은 교육 목적에 부합하는 이론 및 현장 실습 위주의 교육장, 인원의 규모별 다양한 규모의 교육장을 운영한다.

❙ CCM 교육 프로그램(예시1) ❙

구분	기초(Basic)	응용(Application)	전문가(Expert)
대상	• 전임직원 • 협력회사 임직원	• CCM 리더 • 고객 불만 관리자 • CCM 실무자	• CCM 총괄 매니저 • 사내 강사 • 최고경영진
과정명	• 기본교육과정 • CCM 기초과정 • CCM 체험교육 과정 • 소비자 관련법 교육	• 고객 불만 실무자과정 • CCM 리더 과정 • CCM 실무자 과정	• CCM 전문가 과정 • 신임/보직 관리자 과정
내용	• CS 예절교육 • 불만고객 응대 요령 • CCM 기초 • CCM 체험 교육	• CCM 서비스 개선 • VOC 개선 • 클레임처리 역량강화 • 악성 클레임처리 및 협상능력	• CCM 리더십 • 소비자 지향적 정책 수립
주기	• 월별, 분기별, 매년	• 년 1회 이상	• 년1회, 수시
방법	• 집합교육 • ON/OFF LINE 교육	• 강의/사례	• 강의/사례

❙ CCM 교육프로그램 예시2 ❙

구분	임직원 공통	대상별 교육
교육 내용	소비자중심경영 개념 교육, 소비자관련 마인드 교육 등	추진 조직별 소비자중심경영 역할 수행에 요구되는 전문성 배양 교육
예시	소비자중심경영 개념 및 마인드 교육, 소비자 관련 법 등	(고객) VOC 운영관리, 고객 응대 등 (QA) 소비자안전, 품질관리 등 (마케팅) 소비트렌드, 소비자분석 기법 등

사례 CCM 교육 사례

CCM 교육 부분에서는 취약한 점이 많이 보인다. 예를 들면, CCM 연간 교육 계획이 수립되어 있으나, 일반적 개념이나 기관 운영상 필수적인 CCM 관련 교육과정을 구성하여 운영하고 있어 전반적으로 CCM 교육 프로그램의 품질 향상 및 콘텐츠 다양성을 확보할 필요가 있다.

CCM 개념 교육에 품질관리, 의사소통 등 특화된 전문교육 프로그램을 계획해 보다 양질의 CCM 교육을 추진할 필요가 있다. 또한, 근무 과정 중에 업무교육, 리더십교육, 개인정보교육, 농산물 안전관리교육(필수교육 포함) 등 CCM 담당자의 관련 교육은 적절하게 진행되었으나, 전사적 차원의 CCM 확산을 위한 교육 확대와 다양한 교육매체를 활용하는 교육이 지속적으로 추진되어야 하며, 생산조직 및 유통조직까지 CCM 관련 교육을 추진해야 하는 사례도 있다.

대부분 기업의 경우 전체적인 소비자 응대를 위한 실제적인 교육훈련 시간은 여전히 부족하다고 판단되는데, 교육 컨텐츠의 개발과 공유를 통해 CCM 인증을 위한 현장 리더는 물론 직원들의 교육 체계를 강화하고 전체적인 목표시간을 확대할 필요가 있다.

교육은 CCM 필요성과 의의, CS와의 차별성, 마케팅 기본 정신으로서의 고객지향성 개념과 사례 등에 대한 교육이 필요하며, 예산도 CCM 교육을 위한 실행예산이 따로 편성되어야 할 것이다. CCM 개념, 소비자관련 법규, VOC 운영관리, 소비트렌드, 소비자 분석 기법 등 CCM 관련 교육 내용을 다양화하고 CCM 리더는 물론 현장 직원들의 교육 체계를 강화할 필요가 있다.

사내 CCM 교육과 관련한 예산은 사실상 직무교육에 해당하여 CCM 관련 내용이 교육내용에 포함되지 않는 경우가 있으므로 관련 직무교육에 CCM 관련 내용을 추가하거나 해당 예산은 별도로 관리하는 등의 개선이 필요하다.

4 문서 관리

1) 문서 개요

CCM 관련 문서관리 체계를 구축해야 한다. 임직원이 CCM을 실천하기 위한 CCM 매뉴얼과 사내 표준을 수립하고 각자 업무 위치에서 항상 업무에 활용한다. 이는 소비자 관련 규정, 법령, 약관 등을 포함한다.

| 소비자중심경영 관련 규정 및 문서 구분 |

구분	규정	문서/기록
내용	소비자중심경영 관련 정의된 활동의 세부 실행 규정(지침)	소비자중심경영 관련 기안문, 각종 대장, 회의자료 등 기록물(전자기록물 포함)
예시	(사내)위임전결 규정, VOC 운영규정, 소비자응대 매뉴얼 등 (대외)소비자분쟁해결기준 등	각종 결재서류, 소비자불만 처리 대장 등 각종 대장, 회의자료, 회의록 등

기업의 CCM 운영 지침서인 CCM 운영매뉴얼을 체계적으로 작성하고, 지속적으로 관리해야 한다. CCM 운영매뉴얼의 제・개정이력(검토, 승인 등)을 관리하고, CCM 운영매뉴얼을 임직원이 공유 및 활용할 수 있어야 한다. CCM 운영매뉴얼은 CCM 운영의 실행 가이드라인이 될 수 있게 작성해야 한다. ① 소비자중심경영 개념 설명 ② 업무 범위와 대상 조직 정의 ③ 업무 프로세스 및 역할과 책임 정의 ④ 성과 관리 목표 정의 등은 반드시 포함되어야 한다.

2) CCM 운영매뉴얼

기업에서의 모든 업무에는 원칙이 정해져 있듯이 CCM 운영매뉴얼 작성에도 일정한 원칙이 존재한다. 시장 환경과 기업의 성격에 따라 변화 가능한 운영매뉴얼이지만 올바른 운영매뉴얼 작성을 위해 작성요령과 유의사항 등을 알아본다. CCM

운영매뉴얼이란 사내의 모든 소비자 관련 내용을 규정한 문서이다.

운영매뉴얼에는 CCM 평가기준의 내용이 포함되어 있어야 한다. CCM의 목적, 필요성, 적용범위, 용어의 정의, 기본원칙과 각 부서의 역할과 책임, CCM 체계 관리, 사후 구제 및 사전 예방 관련 내용과 성과관리 등이 규정되어 있어야 한다.

(1) CCM 운영매뉴얼의 필요성

교본, 안내서, 사용설명서를 의미하며 지침, 가이드, 핸드북의 명칭으로도 쓰인다. 업무매뉴얼은 2인 이상이 동일 목표를 달성하기 위해 공통의 방법이나 순서에 의하여 업무를 수행할 수 있도록 표준화한 업무수행의 지침서이다.

운영매뉴얼의 목적은 업무처리방식, 절차의 표준화를 통한 생산성 향상을 도모하기 위함이다. 운영매뉴얼이 효율적으로 작성되기 위해서는 동일 직무에 대한 개인별 업무처리 방식의 차이와 직무전환, 이직 등에 따른 필요 인력확보 곤란, 특정인의 다수 업무수행에 따른 업무처리 속도 지연을 해결하는 방법으로 현행업무처리방식의 가시화와 업무처리절차와 방법의 표준화, 업무처리방식에 대한 지속적인 개선이 이루어져서 결국 업무속도 향상과 업무 품질향상을 가져오고자 함이다.

우수한 운영매뉴얼의 특징은 적합성, 평이성, 정확성, 일관성, 검색성, 해결법을 갖추고 있고, 매뉴얼의 구성요소는 서론, 업무개요, 단계별, 기능별 점검사항, 성공 및 실패요인 분석, 서식과 템플릿(template), 기타 참고자료, Q&A 등으로 이루어져 있다.

운영매뉴얼 작성 시 검토사항은 업무의 개요를 앞장에 기재, 업무를 새로 담당하는 사람의 입장에서 기재, 업무의 특성에 맞게 작성, 급소를 찔러서 작성, 번호체계를 통일, 시각적 자료 활용, 문체의 통일을 한다.

운영매뉴얼 작성의 포인트는 양식에 쓰기 전에 초안을 작성하며 신입사원 입장에서 작성하는데 업무에 능통한 베테랑일수록 무의식중에 자세한 것을 누락시키는 경향이 있고 처음 부서에 배치받은 신입사원의 기분이 되어 써나가면 누구라도 알 수 있는 운영매뉴얼이 될 수 있다. 전문용어 및 약어는 반드시 해설을 기재하는데 업무의 전문용어는 반드시 처음 나온 시점에서 해설을 하고 "이하 ○○○로 약함"

이라는 문구 기입 후 약칭을 사용한다. 그리고 업무의 목적, 수행해야 할 세부업무 항목, 시기, 수행방법, 업무관련자, 발생장소, 전후부서, 소요시간 등을 구체적으로 작성한다.

CCM 운영매뉴얼의 작성방법, 활용에 대하여 알아본다.

CCM 운영매뉴얼 목적은 CCM을 운영하기로 함에 따라 고객불만 예방 및 신속한 사후 구제를 통해 고객의 신뢰를 얻고, 고객 불만 발생으로 예상되는 유무형의 피해와 비용을 사전에 예방 또는 감소시켜 밖으로는 고객 불만을 적극적으로 해결하는 이미지를 제고하고 서비스 수준 향상을 목적으로 한다.

운영매뉴얼에는 CCM 사업의 목표와 현실 정책이 살아있으며 규모경영 실현, 사업지속성 보장, 경영효율성 증대, 브랜드 정체성 확립, 관리 통일성 제고, 브랜드 경쟁력 강화, 업무 일관성 유지, 브랜드 차별성을 통하여 고객 가치 증대를 구현한다.

(2) 운영매뉴얼 적용대상 및 범위

당사의 모든 부서와 임직원에게 적용되며, 당사의 모든 임직원은 일상적인 업무와 관련하여 본 지침서에 규정된 사항을 반드시 준수하여야 한다. 회사의 모든 제품의 개발, 구매, 생산, 유통 및 서비스 등의 단계에서 발생할 수 있는 고객 불만 요인을 사전 예방하고, 발생된 고객불만을 사후 구제하며, 프로그램의 지속적인 개선에 대한 전반적인 활동에 걸쳐 적용된다. 다만, CCM에서 요구하는 사항 중 당사 제품 및 서비스와 관련되지 않는 요구사항이 포함되어 있는 경우 합당한 적용 사유를 명시하여 제외할 수 있다.

운영매뉴얼은 서비스 상향 평준화를 위해 반드시 필요하다. 하지만 CCM 운영매뉴얼만 만들고 활용하지 않으면 무용지물이다. CCM 매뉴얼에는 당연히 순차적 접점보다는 예외적 접점에 대한 서비스 표준이 더 많이 담겨야 한다. 서비스 표준이 접점별로 모두 설정되면 이제 편집 작업을 해야 한다. 서비스 표준 앞부분에 접점 직원의 역할에 대하여 제시해 주거나 기본적인 응대 요령을 설명해주면 좋다. 그런 다음 이해를 돕기 위해 삽화나 애니메이션 등 가독성을 높일 수 있는 보조 자료를 삽입하면 금상첨화이다.

(3) 운영매뉴얼 작성

CCM 운영을 위한 소비자 불만 및 내부 준수 사항을 기록한 실무지침서로서 매뉴얼을 이해하기 쉽게 작성한다. 매뉴얼은 기존의 각 부서별 업무매뉴얼과 사규, 실무지침서 등에서 소비자 불만 처리 및 예방과 관계된 내용을 각각 발췌하여 소비자 불만 처리와 관계된 각 주체별 구체적인 역할과 책임, 행동지침 위주로 작성한다.

운영매뉴얼은 고객의 입장에서 생각한다. 운영매뉴얼을 사용하는 사람은 고객과의 접점에 있는 사람들이기 때문에 우선 고객의 입장에서 제작된 매뉴얼이어야 한다. 예를 들면 상점에서의 접객 서비스 가운데에도 '고객에게 인사를 하지 않으면 어떻게 할까'라는 것을 명확하게 해 두시 않으면 안 된다.

운영매뉴얼 제작 방법은 운영매뉴얼을 책 제본 형태로 많이 만드는데 이는 결코 바람직하지 않다. 운영매뉴얼은 끊임없이 업그레이드되기 때문에 책 제본 형태보다는 3공 바인더 형태가 좋다. 업그레이드된 내용을 개정될 때마다 삽입하기만 하면 되기 때문이다. 접점직원들이 서비스 표준화에 익숙해지면 그 다음은 '감성서비스' 단계로 넘어가야 한다. 이 과정에서 CCM을 위한 직원들의 실질적인 서비스 노하우가 조직 내에 지식으로 축적되어 독자적인 서비스 이미지를 구축해나간다.

핸드북은 매뉴얼 내용이 많아 휴대하기 불편하면 포켓용으로 제작해서 배포하는 것도 좋은 방법이다.

(4) 운영매뉴얼 내용

운영매뉴얼의 내용은 사내 각 부서와 관련되므로 작성 시에 TFT가 공동 참여해야 하며, 유관 부서와 내용을 수시로 소율하고 기존 사규 내 소비자 불만 관련 내용을 검토하여 매뉴얼에 반영하고 통합한다. 매뉴얼은 소비자 불만 처리 주무부서, 처리 절차, 처리 기간, 처리 기준 등을 구체적으로 명시하며 CCM 개념, CCM 운영(사전 예방과 사후 구제), 유지, 개선 활동으로 구성한다.

운영매뉴얼은 운영과 관련된 모든 업무가 환경 변화에 따라 수정 및 보완되어야 하고 문서보관 및 기록 관리에 따라 적절하게 승인되고 보존되어야 한다. CCM 운영매뉴얼은 고객불만 처리부서, 절차, 기간, 기준 등을 구체적으로 명시하여 CCM의 개념, 운영, 유지 및 촉진 개선 활동을 구체적으로 제시해야 한다.

- 운영매뉴얼은 CCM 운영을 위한 고객 불만처리 내부 준수 사항을 기록, 고객불만 처리와 관계된 각 주제별 구체적인 역할과 책임, 행동지침 위주로 작성한다.
- CCO는 운영매뉴얼이 정확한 정보를 수록하고 있고 적절하게 배포되고 있는가를 감독하여야 한다.
- CCM 운영매뉴얼은 전사 배포를 통해 임직원이 열람할 수 있도록 하여야 한다.

운영매뉴얼은 CCM 업무의 순조로운 활동, CCM 업무의 체계적 습득, 지속적인 CCM 운영이 그 목적이다. 이 세 가지가 모두 원활하게 이루어지기 위해서는 조직별 역할과 책임의 명시가 중요하다.

CCM 운영매뉴얼은 조직의 CCM 시스템을 기술한 문서로서 CCM을 효과적으로 실행하기 위해 운영매뉴얼에 포함되어야 할 전형적인 내용은 다음과 같으며 기업의 실정에 맞게 제작되어야 한다.

- CCM 목적, 효력 및 적용 대상
- 용어의 정의
- 최고경영자의 확고한 의지가 담긴 경영방침 및 운영 원칙의 천명
- 최고고객책임자의 역할과 책임
- 운영조직의 역할과 책임
- 고객 불만의 사전 예방과 관련된 기업의 업무와 처리방식
- 고객 불만의 사후 구제와 관련된 기업의 업무와 처리방식
- 긴급사태 시 대응방안
- 소비자피해 발생 시 보상 체계
- 기업의 CCM 방침에 반하여 발생한 위법행위의 결과와 적절한 제재 조치의 당위성에 관한 설명
- 교육 실시를 위한 제반 업무

- 운영 평가 및 내부 감시와 관련된 기업의 업무와 처리 방식

3) 운영매뉴얼 활용

운영매뉴얼의 용도는 조직의 CCM 시스템이 적합하다는 것을 실증하기 위해 품질정책, 업무절차, 처리원칙에 대해 조직 내에서 의사소통을 도모하기 위해서다.

운영매뉴얼의 활용도를 높이기 위해서는 그 내용을 현장에 적용 가능하게 구성하거나 모니터링을 통해 반드시 활용하도록 하는 방법이 있다.

CCM을 운영함에 있어 자체적인 표준을 설정하고, 그 표준을 매뉴얼화해서 접점 직원에게 전파하고, CCM 교육을 통해 롤플레잉 함으로써 체계화시킬 수 있다. 자체적인 표준화의 첫 단계가 서비스 매뉴얼인 만큼 매우 중요하다고 할 수 있다.

❙ CCM 운영매뉴얼 구성 ❙

목 차	
I. 소비자중심경영 개요	
1. 목적	2. 적용범위
3. 용어의 정의	4. 소비자중심경영의 Framework
II. CCM 시스템	
1. 리더십	
1.1 최고경영자의 리더십	1.2 CCM 전략
1.3 사회적 가치 실현	
2. CCM 체계	
2.1 조직 관리	2.2 자원 관리
2.3 교육 관리	2.4 문서 관리
3. CCM 운영	
3.1 소비자정보제공	3.2 소비자불만 예방
3.3 VOC 운영	
4. 성과관리	
4.1 CCM 운영 성과	4.2 유지 개선
〈관련규정〉	

기업들 사례

CCM 운영매뉴얼은 지속적으로 개정·관리해야 하며, 용어의 정리, 규정 형식에 맞지 않는 내용, 일부 문장의 끊김 등에 대한 세심한 정비가 필요하다. 구체적으로는 CCM 위상에 걸맞게 용어의 정의, CCO의 임명 규정, CCM 주관부서 규정, 소비자 관련 법률 규정 등 전체적으로 기업의 실정에 적합한 구체적 매뉴얼화 제작 및 활용이 필요하며, 또한 규정과 매뉴얼을 임직원들이 찾아보기 쉽게 통합 관리해야 할 것이다.

그리고 매뉴얼을 만들면서 CEO의 결재를 받지도 않고 실무자가 만들어 그냥 운영하는 경우도 있다.

참고문헌

김태영(2014), 소비자중심경영, 진샘미디어.

도널드 L. 커크패트릭, 이석재·정재창·이재영(2004), 인사평가와 코칭 기술 : 부하직원의 능력을 최고로 끌어올리는 성과향상 프로그램 : 선진기업 사례 연구, 김앤북스.

박남구·임원호(2019), 말콤 볼드리지(Malcolm Baldrige)의 품질경영 및 평가모델에 관한 연구, 혁신기업연구, 사회혁신기업연구원.

CHAPTER

07

CCM 운영

Contents

CCM 운영은 실제로 소비자중심경영을 실행에 옮기는 영역으로 경영방침의 실천, CCM 전략 실행, 안전사고 예방 등의 활동을 체계적으로 실행하는 영역이다. 이는 조직 및 자원 관리, 교육 등의 CCM 체계를 바탕으로 활동이 이루어지게 된다. CCM 운영은 소비자정보 제공, 소비자불만 사전 예방, VOC의 운영 절차 등 크게 세 파트로 나누어진다. CCM 운영의 결과로 성과관리도 이루어지는 것이기 때문에 CCM 운영 부분은 CCM 실천의 핵심 파트이다.

1 소비자 정보 제공

소비자 정보는 고객이 소비생활을 실천하면서 궁금해하거나 알고 있어야 하는 모든 정보를 말한다. 고객은 물품이나 서비스의 구매를 위하여 필요한 정보를 탐색하며 구매 결정 후에도 제품이나 서비스의 이용에 필요한 정보를 끊임없이 필요로 한다.

기업은 고객이 알고 싶어 하는 정보를 필요하고도 충분하게 제공하여야 하며, 제공된 정보가 소비자들에게 유용하며 효과성이 있는지를 확인하는 노력도 병행해야 한다.

소비자 정보 제공은 소비자의 의사결정에서 불확실성을 감소시키고 소비자에게 유용하고 유의성 있는 가치를 지니는 정보를 통합적으로 탐색, 수집, 가공, 창출, 공유, 이용하는 일련의 활동으로 온라인/오프라인을 이용하여 제공하며 그 결과로 소비자들에게 의미 있는 지식으로 전달해 주는 체계이다.

소비자 정보시스템은 변화하는 경영, 마케팅, 시장 환경에 능동적으로 대응하고 고객 애호도를 높이기 위해 분산된 소비자정보들을 효율적으로 통합·관리하는 기법이다.

소비자 정보 제공은 올바르고 안전한 소비생활을 지원하는데 목적이 있다. 이를 위해 기업은 소비자의 다양한 욕구를 세세적으로 수집할 뿐 아니라, 관련 정보를 제공하기 위한 소비자 소통 채널도 마련해야 한다. 또 제공한 정보에 대하여 효과성을 측정하고 피드백한 결과를 공유하여 고객이 필요로 하는 정보를 언제든 확인할 수 있고, 고객 응대 창구를 통해 최상의 편의성을 제공할 수 있도록 인프라를 갖추어 운영한다. 소비자 관련 정보수집 및 정보제공을 위한 채널은 온라인, 오프라인 창구로 다양하게 운영하여 이용자의 접근이 용이해야 한다.

1) 소비자 정보채널

기업이 고객의 소비활동을 돕고 문제점을 해결하고 지원하기 위해서는 양방향 소통이 중요하다. 정보의 채널을 개설하고 운영하는 것은 기업이 고객에게 필요한 정보를 제공하는 기능과 함께 고객이 기업에 제공하는 고객의 소리를 체계적으로 수집하고 분석하여 제품이나 서비스의 개선, 신제품 개발 등에 활용하려는 경영자산화 노력이다.

이러한 측면에서 소비자정보를 제공하고 활용하기 위한 다양한 채널 구축은 CCM을 제대로 운영하기 위한 중요한 활동이다. 소비자와 직간접적으로 소통하기 위한 채널을 마련하는 것과 커뮤니케이션 효과 및 효율성을 파악하는 것 그리고 수집된 고객 관련 정보를 기업 내부에서 활용하는 시스템을 체계적으로 구축하는 것은 기업내 CCM 활동의 핵심 요소라고 할 수 있다.

최근 인터넷, SNS 등 온라인 매체의 발달로 고객과의 소통이 실시간으로 이루어지고, 동영상 등을 활용한 제품 설치 및 사용 방법, 문제해결 지원 등이 간편하게 이루어지고 있다. 고객이 제공한 정보의 활용 측면에서도 시스템의 구축 정도에 따라 고객의 요구도 및 장점과 문제점 등 파악이 신속하게 이루어질 수 있어 개선 활동에도 유용하게 활용할 수 있다.

| 소비자 정보 제공 방법 |

구분	온라인	오프라인
대면	화상 대화	고객상담실, 서비스센터, 판매접점 등
비대면	홈페이지 고객센터, 모바일(앱, 문자 메시지), 블로그, 유튜브, SNS (페이스북 등), 언론매체(TV, 신문, 인터넷) 등	우편, 팩스 등

사례 신용카드사의 정보채널

신용카드회사는 다양한 고객층을 확보하고 있고, 고객이 회사와 소통하는데 불편함이 없도록 다양한 정보제공 채널을 운영하고 있다. 전화 상담창구 외에도 홈페이지(Talk 상담, 온라인 상담 등), APP, SNS, 블로그, 유튜브뿐만 아니라 장애인을 위한 보이는 ARS, 말로 하는 ARS, 외국인을 고려한 외국어 응대 서비스, 해외에서도 이용 가능한 전화 등 고객 편의를 고려한 소통 채널을 다양하게 운영하고 있다.

2) 소비자 정보 내용

소비자에게 정보제공은 카탈로그, 상품설명 팸플릿, 취급설명서, 광고, 홈페이지 등을 통하여 이루어지며, 소비자에게 정보를 제공하는 수단으로서 제품과 서비스의 일부라고 할 수 있다. 기업이 제공하는 정보는 제품이나 서비스의 합리적인 선택이나 구입 과정을 도울 뿐 아니라, 올바르고 안전한 사용 방법을 안내해 주는 수단이다. 부정확한 정보는 소비자로 하여금 제품이나 서비스를 잘못 선택하게 하여 사업자와 소비자 간에 분쟁의 빌미가 되기도 한다. 또 오사용 등 문제가 발생하여, 그 해결에 막대한 비용과 시간이 소요되기도 한다. 이를 피하기 위해 소비자 관점에서 사전 체크하는 것이 매우 중요하다. 정확한 소비자 정보제공을 위한 주요 점검 항목은 다음과 같다.

관련 법규, 법령, 사회적 규범의 준수 여부

소비자에게 제공하는 정보가 관련 법규 법령, 업계, 단체의 자율적 지침 등에 저촉되지 않는지, 사회적 규범을 따르고 있는지 등을 정확하게 명시한다.

소비자가 알아보기 쉽도록 제공

글자는 크고 읽기 쉽게 할 것, 전문 용어의 사용은 최대한 자제하고, 일상적인 어휘를 사용할 것, 그림, 기호 등 시각적인 요소를 활용하고 구성이나 편집에도 신경을 써서 어린이, 고령자, 장애인을 고려한다.

어린이, 고령자, 장애인의 안전성 배려

일반적인 상식선에서 충분히 알수 있는 내용이라도 어린이나 고령자 그리고 장애인의 경우 인식이나 주의 수준이 낮기 때문에 이와 같은 점을 고려하여 제공정보의 글자크기를 조절하거나 안전과 관련이 있는 정보는 특히 부각함으로써 주의를 기울일 수 있도록 제공해야 한다.

환경보호, 에너지 절약

환경이 보존되고 에너지가 절약되는 방향으로 사용 방법, 폐기 방법을 기재한다.

부작용, 위험 등 경고 표시

이들 표시는 비교적 큰 글자, 다른 글꼴을 사용하거나 기호나 색을 사용해 부각시키고 필요한 사항은 중요한 순서대로 하고, 위험의 종류를 설명한다.

제조일자, 유통기한, 소비기한 표시

공산품의 경우 제조일자를 표기하고 식품의 경우는 유통기한이나 소비기한 등에 대해서도 반드시 표기하여야 한다.

소비자 불만 상담 접수창구는 눈에 띄는 곳에 표시

부서명, 전화번호, 주소 등을 소비자가 알아보기 쉽게 명확히 기재한다.

허위, 과장 표시 광고

과대 허위 표현이 되지 않도록 공정거래 관련 법규나 관계기관의 지침을 참고한다.

성분 및 안전정보(제품특성, 유형 등)를 제공한다.

제조원, 판매원, 바코드

소비자에게 정보를 제공하는 방법은 다음과 같다.

정보 제공 방법

- 소비자가 제품의 사용전·후 필요한 정보를 제품에 표시하고 사용방법, 주의사항, 영양정보 등 부가적인 정보는 제품 포장 용기에 표기한다. 조립 방법, 취급상 주의사항, 제품 안전과 관련한 정보 등은 별도 설명서에 상세하게 안내한다.
- 온·오프라인 등 다양한 방법을 활용하여 고객이 정보를 활용하도록 지원한다.
- 제품, 서비스, 배달 시스템 등에 관해 직접 제공하기 어려운 정보는 기업 홈페이지 등을 통해 정보를 제공한다. 필요시 동영상을 활용하여 정보를 제공한다.
- 광고 및 카탈로그, 상품설명 팸플릿, 취급설명서 등 홍보 인쇄물을 이용하여 정보를 제공한다.

3) 소비자 불만 접수창구

소비자가 제품이나 서비스의 이용과 관련하여 문의를 하거나 품질 불량 또는 계약의 불이행 등과 관련한 소비자 불만이 있는 경우 고객은 매우 쉽게 기업과 소통할 수 있어야 한다. 기업은 이러한 소비자의 문의나 불만처리, 제안, 칭찬 등 고객의 소리를 접수할 수는 다양한 창구를 운영해야 한다.

불만 등 고객의 소리에 대한 처리 절차를 소비자가 알기 쉽도록 공지하고 소비자 불만을 신속하게 처리할 수 있도록 시스템을 구축해야 한다. 홈페이지 등에 제품의 A/S 장소, 운영 시간 등도 알기 쉽도록 안내한다.

소비자가 고객의 소리를 쉽게 접수할 수 있도록 절차를 간소화하고, 전화, 온라인, 대면 접수창구 운영 등 이용의 편리성도 충분히 고려되어야 한다.

고객센터는 기업이 제공하는 제품이나 서비스에 대한 고객의 반응이 집적되는 매우 중요한 곳이다. 대기업 심사 중에 기업 대표에게 인터뷰를 진행하면서 기업에서 가장 중요하게 생각하는 부서가 어디라고 생각하는지 질문한 적이 있다. 그 당시 CEO는 우리 제품에 대한 정보와 고객의 반응이 모이는 고객담당 부서가 가장 중요한 부서라고 답하여 상당히 인상 깊었던 기억이 아직도 남아 있다. 이 기업의 고객 담당 임원은 실제로 고객센터 가까이에서 근무하고 있었다.

고객의 의견을 중요하게 생각하고 이를 기업 경영에 반영하려고 노력하는 기업, 고객을 중시하는 기업이라면 고객과의 소통을 위한 업무를 담당하는 고객담당부서와 고객센터의 고객 소통 시스템 투자를 적극적으로 실시해야 한다.

사례 자포스(Zappos.com)의 경우

세계적인 고객중심경영 기업 중 하나이고, 신발, 의류 등을 판매하는 미국의 전자 상거래 업체인 자포스(Zappos.com)는 고객들이 1년 365일, 24시간 언제든 고객충성도팀에 전화(1-800-927-7671)를 할 수 있도록 운영하고 있다. 전화가 어려운 고객을 위하여 챗(Text CHAT 1-833-927-7879)을 통하여도 대화를 할 수 있도록 운영한다. 이외에도 이메일, FAQ 등 다양한 채널을 통하여 고객이 궁금한 것을 문의하고 반품이나 환불 등을 매우 쉽게 할 수 있도록 지원하고 있다.

자포스 기업은 고객의 소중한 의견을 1년 365일 기다리며 기쁘고 의미있게 받아들인다. 고객과 소통을 통하여 '행복 배달'(Delivering Happiness)이라는 기업의 존재 이유를 이루어 나가고, 이를 경영의 궁극적 목적 달성을 위한 가장 중요한 자산으로 활용하고 있다. 우리나라에도 진정으로 고객을 위하는 자포스 같은 기업이 CCM 인증을 통해서 많이 생겨나길 기대해 본다.

2 소비자불만 사전 예방

소비자는 만족스러운 제품이나 서비스를 제공하는 기업을 선택한다. 고객이 불만족하는 요인이 있다면 이를 신속하게 개선하고, 같은 문제점이 재발하지 않도록 노력해야 한다. 기업도 제품의 결함으로 리콜(Recall) 등 사후관리를 하는 것보다 사전 예방 활동을 철저하게 하는 것이 훨씬 비용이 적게 들어간다. 기업 브랜드에 대한 이미지 관리, 충성도 높은 고객의 확보 측면에서도 소비자불만의 사전 예방 활동이 기업의 성장에 더 많은 도움이 된다.

기업을 경영하다 보면 뜻하지 않은 원인으로 기업에 위기가 닥치기도 한다. 고객과 관련한 위기를 제대로 대응하지 못하여 기업이 파산하는 경우도 발생한다. 위기의 정도에 따라 신속한 리콜 조치나 대고객 사과 등이 필요한 경우가 발생하는데, 이런 경우를 대비하여 기업 내부의 의사결정시스템, 사후 조치 매뉴얼 등 위기관리 대책도 사전에 마련하고, 수시로 대응 점검을 실시하는 등 만반의 준비가 되어 있어야 한다.

사례 문제 발생시 대응사례

99개의 징검다리를 잘 건너가다가 마지막 한 개에서 미끄러지는 사례를 흔히 볼 수 있다. 과거 도요타의 리콜 사태 등을 볼 때 소비자 불만을 방치하거나 외면하는 경우 얼마나 심각한 경영 위기를 맞이할 수 있는지 보았다. 고객의 소리 분석 반영 등 소비자 불만을 원천적으로 차단하기 위한 사전 예방 활동이 매우 중요하다. 물론, 소비자 불만이 발생한 경우는 이를 신속하게 해결하기 위한 다양한 제도와 활동이 요구된다.

소비자 불만은 단순히 불만을 해결한다는 소극적 차원을 넘어서 근원적인 문제 해결을 통하여 완전한 제품을 소비자에게 전달하겠다는 대응 체계로 관리하는 전략적 중요성을 부여하는 것이 필요하다.

프로세스의 사전적 의미는 일이 처리되는 경로나 공정, 어떤 특정한 결과를 이루기 위해 취해지는 일련의 행동들이다. 다른 의미로는 하나 이상의 입력을 받아들여 고객에게 가치 있는 결과를 제공하는 행동들의 집합이다. 기업의 프로세스는 자연스러운 활동으로 사람, 자원 등을 입력해서 경영성과라는 출력을 얻어내는 과정이다.

핵심 프로세스란 보완해야 하는 경쟁우위 요소에 영향을 주거나 고위 경영진이 확보, 강화, 확장하려는 경쟁우위 요소에 영향을 주는 프로세스를 말한다. 핵심 프로세스는 고객의 요구사항을 달성하고 기업의 방침과 목표를 이루기 위한 필수 불가결한 프로세스를 의미한다.

지원 프로세스란 수주, 설계, 프로젝트 준비 및 수행 등의 프로세스를 지원하고 일상적인 운영을 지원하기 위하여 수행되는 프로세스이다. 지원 프로세스에는 경리, 회계, 재무 및 일반관리와 행정적인 업무 프로세스를 포함한다.

소비자 불만을 사전에 예방하기 위한 프로세스가 어느 정도인지 평가하기 위하여, 소비자 불만이나 요구사항이 발생한 경우 이를 얼마나 효율적이고, 신속하며 효과적으로 처리하는지, 더 나아가 소비자 요구사항을 통해 무엇을 전략적으로 개선하였는지 등을 평가한다.

기업의 비즈니스 흐름은 P-D-C-A(Plan, Do, Check, Action)으로 이루어지며, 이 모든 과정에 고객의 요구가 반영되고 지원 프로세스가 기능을 하게 된다. 고객의 요구 및 기대를 충족시킬 수 있도록 프로세스를 지속적으로 개선해 나가야 한다.

프로세스 개선을 위한 6단계 절차는 다음과 같다.

1단계, 해결해야 할 문제를 정의한다.

2단계, 프로세스의 흐름도를 그린다.

3단계, 현행 프로세스를 평가한다.

4단계, 근본 원인을 분석한다.

5단계, 새로운 프로세스를 도출한다.

6단계, 프로세스 결과를 평가한다.

1) 소비자불만 사전 예방

소비자 불만 관리 프로세스는 주요 경쟁 우선순위인 '원가'와 '시간'에 지대한 영향을 미친다. 따라서 소비자 불만 관리 프로세스를 어떻게 설계하느냐는 기업 경쟁력의 중요한 요소라고 볼 수 있으며 소비자 불만 프로세스가 전달되어지는 절차나 메커니즘 또는 활동의 흐름을 의미한다.

소비자 불만에 대한 분석과 그에 따른 예방 활동은 반드시 체계적이고 구체적이어야 한다. 소비자가 상품, 서비스 구매 시 반드시 알아야 할 사항에 대하여 사전고지를 충분히 하고 있는지 여부를 확인한다.

(1) 예방 활동의 필요성

소비자 불만을 근원적으로 해결하기 위해서는 문제가 발생하기 전에 원인을 사전에 제거해야 한다. 소비자 불만 사전 예방을 위한 경영시스템 구축이나 구체적인 예방 활동은 소비자 불만으로 이어질 가능성을 줄임으로써 회사의 이미지를 향상시킬 수 있다. 나아가 소비자가 합리적인 선택과 소비 행동을 할 수 있는 여건을 조성해주고 동시에 소비자 스스로 문제를 예방할 수 있도록 지원한다.

(2) 소비자 불만 예방을 위한 시스템 구축

기업은 소비자 불만을 예방하고 소비자의 요구사항에 관한 정보를 수집하기 위해 다음과 같은 소비자 불만 예방 경영시스템을 구축한다.

첫째, 소비자 불만 예방을 위한 부서별 역할을 정하고, 불만 예방 책임자를 선정해 그 책임과 권한을 명확하게 한다.

둘째, 제품과 서비스의 품질관리, 안전, 정보제공, 계약체결의 명확화, 소비자 교육, 환경보호, 개인정보 보호 그리고 긴급사태시 대응 등과 같은 사전 예방 활동을 실시한다.

셋째, 예방 활동의 적절한 유지와 운영을 정기적으로 점검하고, 소비자 불만과 요구사항에 대해 경영시스템을 평가하고 개선방안을 마련한다.

(3) 소비자불만 사전 예방 활동

소비자 불만이란 제품이나 서비스, 계약 등 주된 거래목적이나 이것의 제공과 관련된 기업의 활동이 소비자의 기대를 충족시키지 못한 것을 말한다. 자사 제품에 관한 광고 홍보, 표시 등 정보제공은 물론, 운송, 판매, 주문과 같은 유통 그리고 사용 중에 발생한 소비자의 불만족 사항이 소비자 불만이다. 그리고 상품에 관한 문의, 상담, 건의 과정 중에 응대자의 불친절, 업무 지연, 상담 미흡, 부정확한 정보 제공 등으로 발생한 소비자의 불만족도 해당한다. 이러한 소비자 불만은 소비자의 정신적, 물질적 피해를 포함하는 개념이다.

회사는 이러한 소비자 불만이 발생하지 않도록 제조 생산 품질 부문, 연구 개발 부문, 물류 유통 부문, 원부자재 부문, 광고 홍보 부문, CS 부문 등 전 영역에서 사전 예방 활동을 세밀하게 실시하여야 한다.

소비자응대 과정에서도 고객의 관점에서 접근하고 주의 깊게 대응할 것이 요구된다.

사전 예방 프로세스 체크리스트는 다음과 같다.

- 고객 편의적 측면에서 제공, 확대 가능한 범위인가?
- 고객의 용어로 변경, 개선 가능한가?
- 고객의 요구, 제안내용에 부합하는가?
- 정보기술을 활용 시스템화 할 수 있는가?
- 고객과 공유하는 채널이 확보되어 커뮤니케이션 가능한가?
- 발생 빈도 면에서 반복적으로 발생되는 원인 제거가 가능한가?
- 발생 주기 면에서 반복적으로 발생되는 원인 제거가 가능한가?
- 고객의 정보 보안 및 안전이 확보되는 방향으로 개선 가능한가?
- 고객에게 제공되는 활동의 결과 및 성과에 대한 측정, 모니터링이 가능한가?
- 위기 상황 및 비상 상황에 대한 대응 체계를 수립할 수 있는가?

| 사전 예방 영역 구분 |

구분	담당부서	주요 역할
상품개발	연구개발팀, 지제팀, 연구소	• 제품 안전성 및 관련 법규 고려, VOC 분석 자료 • 제품 개발 및 개선에 반영, PL 사고 사례방지책, 공정 반영
원부자재	자재팀, 연구소, 품질보증팀	• 원부자재 안전성 확보(등급화 관리) • 협력업체 작업 표준관리
제조/생산	제조파트, 생산부문	• 시방서에 따른 제조 생산 • 품질관리 공정관리
제품안전	중앙연구소, 품질보증팀	• 주의사항 표기방법 및 내용 표시마크 작성 부착 위치 등, PL사고 예방을 위한 사전예방
제도/계약	영업부문, 홍보팀	• 계약조건 고객설명, 변경에 대한 사전고지 및 중요 내용 별도 표시
개인정보 보호	홍보팀, 고객상담실	• 개인정보 분실, 도난, 누출, 변조, 훼손 방지를 위한 기술적 관리적 정책 점검, 개인정보 보호
소비자정보제공	연구개발팀, 영업부문, 홍보부문, 고객상담실	• 관련 법규 준수, 고객이 쉽게 인지 할 수 있게 표현, 정기적인 정보관리 및 업데이트
환경보호	자재팀, 연구소, 품질보증팀	• 협력업체 환경영향 최소화, 환경 친화적 제품개발 환경을 배려한 폐수처리 공법 적용
긴급사태 대응	위기관리 TFT	• 부서별 위기관리 체계 구축

위의 사항 실행, 측정, 조치는 다음과 같다.

- **실행**: 세부 개선 계획은 CCO를 포함하여 실행한다.
- **측정**: 세부 개선 계획에 대한 모니터링을 한다.
- **조치**: 개선 모니터링 활동에 대한 결과를 CCM 위원회를 통해 공유하고 불만

사전 예방 활동의 유효성을 분석하여 필요한 경우 반복적 예비 훈련실시, 언론 홍보, 고객 공지 등의 사전 예방 조치를 실시한다.

2) 사전 예방

(1) 상품 기획

상품을 기획하고 설계 시 디자인, 품질, 성능, 구조, 안전성 등 다양한 검토를 하게 되는데, 기획 당시부터 품질 등 하자의 문제가 발생하지 않도록 고려되어야 한다. 이전 유사한 제품에서 고객들이 제기한 불만, 장점, 제안 등 고객의 경험을 반영하고 고객의 소비행태까지도 고려하여 제품기획이 이루어져야 한다.

소비자의 불만은 예상치도 못한 다양한 영역에서 발생한다. 제품기획부터 고객의 안전과 사용 편리성, 제품의 소비 환경, 고객 이용 행태, A/S 문제를 비롯하여 사용 후 처분 문제와 환경의 영향까지도 고려하여 완전한 제품이 만들어지고 고객의 불만을 최소화하도록 노력한다.

제품의 완성도를 넘어 사소한 고객 클레임을 줄이고 소비자가 만족하는 제품을 고객에게 제공하기 위해서는 우리가 제공하는 상품에 대해 철저하게 고객의 눈으로 바라보는 것이다. 고객이 진정으로 원하는 것은 무엇일까?

(2) 시제품에 관한 고객 반응

상품을 기획하거나 개선할 때는 소비자를 직접 참여시키거나 소비자의 의견을 다양하게 반영하도록 노력한다. 특히 신제품을 시장에 출하하기 전, 후에 다양한 종류의 조사를 실시하여 고객의 반응을 살피는 노력이 필요하다. 시장에서 판매 중인 상품에 대하여도 고객의 소리(VOC)나 고객 설문조사 등을 실시하여 고객의 요구와 개선점을 찾고 고객의 불만이 발생하지 않도록 사전 예방 활동을 꾸준하게 진행하여야 한다. 이러한 조사는 소비자 패널을 활용하기도 하고 온/오프라인을 통해 다양하게 실시할 수 있다.

① 패널조사(모니터링)

조사를 위하여 소비자나 점포를 일정 기간 동안 유지하는 고정 패널로 반복적인 응답을 하는 순수패널과 수집되는 정보를 달리하는 혼합패널 등으로 운영한다.

② FGI(Focus Group Interviews)

참여자가 주어진 주제에 대하여 다양한 의견을 제시하고 토론을 실시한다. 온라인으로도 활용이 가능하다.

③ 참여관찰

특징 제품의 소비, 이용행태에 대하여 직접 관찰하거나 카메라를 설치하여 관찰하는 방법이다.

④ HUT(Home Usage Test)

신제품을 먼저 일부 가정에서 일정한 기간 동안 이용하게 하여 문제점, 개선점 등에 대하여 설문 조사하는 방법이다.

(3) 제품 안전 표시

제품의 안전한 사용을 위하여 소비자가 알아야 할 사항에 대하여 적절하게 정보를 제공한다. 경고 표시의 경우 제품에는 적절한 취급설명이나 위험에 대한 경고 및 위험의 회피 방법에 대한 지시 등이 표시되어 있어야 한다. 현재의 기술 수준으로 해결하기 힘든 위험성이 있다면 '지시경고 사항'에 반드시 포함되어야 한다. 경고 표시 구성 점검 항목과 부착 위치에 대한 구체적인 내용은 다음과 같다.

- 광고, 취급설명서, 경고문 등의 표현은 일관성이 있는가?
- 광고 내용에 오해의 소지가 있는 표현이 없는가?
- 사용자의 안전을 보증하는 표현이 되어 있는가?
- 부작용이나 사고를 피할 수 있는 경고 라벨이 첨부되어 있는가?
- 사용자의 지식, 교육 수준을 고려한 표현이 되어 있는가?

- 경고 수준을 알기 쉽게 표현하고 있는가?
- 도안하는 경우 적절한 도안인가?
- 활자의 크기, 색은 적정한가?
- 경고 수준의 부착 위치는 적절한가, 간결하며 누락 되지 않고 있는가?
- 사용 방법이 쉽게 읽을 수 있도록 기재되어 있는가?
- 눈에 들어오는 장소, 눈에 띄기 쉬운 장소, 보기 쉬운 장소에 표시되어 있는가?

표시와 광고

- "표시"란 사업자 또는 사업자단체("사업자등")가 상품 또는 용역에 관한 자기 또는 다른 사업자 등에 관한 사항과 자기 또는 다른 사업자 등의 상품 등의 내용, 거래 조건, 그 밖에 그 거래에 관한 사항을 소비자에게 알리기 위하여 상품의 용기·포장(첨부물과 내용물을 포함한다), 사업장 등의 게시물 또는 상품권·회원권·분양권 등 상품 등에 관한 권리를 나타내는 증서에 쓰거나 붙인 문자·도형과 상품의 특성을 나타내는 용기·포장을 말한다(표시·광고의 공정화에 관한 법률 제2조 제1호).
- "광고"란 사업자 등이 상품 또는 용역에 관한 자기 또는 다른 사업자 등에 관한 사항과 자기 또는 다른 사업자 등의 상품 등의 내용, 거래 조건, 그 밖에 그 거래에 관한 사항을 신문·인터넷신문, 정기간행물, 방송, 전기통신, 그 밖에 대통령령으로 정하는 방법으로 소비자에게 널리 알리거나 제시하는 것을 말한다(표시·광고의 공정화에 관한 법률 제2조 제2호).

(4) 개인정보 보호

고객과 접촉하고 마케팅을 하다 보면 많은 개인정보를 수집하고 관리할 수밖에 없다. 담당자는 고객의 개인정보를 귀중하게 생각하고 프라이버시를 철저히 보호해야 한다. 개인정보는 적절하게 수집, 관리되고 명시된 이용 목적의 범위 내에서만 취급되어야 한다. 또 개인정보보호를 위한 안전장치가 취해져야 하며 명시된 제3자 이외 인원은 접근을 차단한다.

- 고객의 정보수집은 필요한 최소한의 정보를 수집한다.
- 고객의 개인 식별이 가능한 개인정보를 수집하는 때에는 반드시 고객의 동의를 받아야 한다.
- 개인정보는 고객의 동의 없이 목적 외의 이용이나 제3자에게 제공할 수 없다.

다음의 경우에는 고객의 동의를 받아 예외로 할 수 있다.

- 배송업무상 배송업체에게 배송에 필요한 최소한의 이용자의 정보(성명, 주소, 전화번호)를 알려주는 경우
- 통계작성, 학술연구 또는 시장조사를 위하여 필요한 경우로서 특정 개인을 식별할 수 없는 형태로 제공하는 경우
- 재화 등의 거래에 따른 대금 정산을 위하여 필요한 경우
- 도용 방지를 위하여 본인 확인에 필요한 경우
- 법률의 규정 또는 법률에 의하여 필요한 불가피한 사유가 있는 경우
  - 온라인 가입 고객의 개인정보 유출을 방지하기 위하여 개인정보 보호 정책을 명시한다.
  - 개인정보 보호 정책은 정부의 법률 및 지침의 변경과 회사 정책의 변화 시 약관에 반영하여 변경한다. 또한 고객은 자신의 개인정보에 대해 열람 및 오류 정정 요구를 할 수 있으며 해지 및 삭제를 요청할 수 있다.
  - 세부적인 개인정보 보호는 개인정보보호법, 전자상거래 등에서의 소비자보호에 관한 법률, 약관의 규제에 관한 법률, 전자거래기본법, 전자서명법, 방문판매 등에 관한 법률, 소비자기본법 등 관련 법률에 의거하여 개인정보를 보호한다.

(5) 환경보호

기후 온난화, 탄소배출 등 환경과 관련된 문제는 기업의 비재무적 성과를 중시하는 ESG 경영과 직접적인 관련이 있다. 상품의 제조와 소비 과정에 있어서 환경을 배려하여 환경 부하가 적은 제품과 제품 폐기 시까지 환경보호를 고려해야 한다.

생산자책임 재활용 제도

- 신제품 포장재 선정 시, 재활용이 용이한 포장재를 선정한다.
- 법규에 적합한 재활용 관련 업무 수행한다.

에너지 절약 및 합리화 운영

- 에너지 절약 및 온실가스 배출 감소를 위한 자발적 협약을 체결하여 기후변화 협약에 능동적으로 대응한다.
- 폐기 배출 가스의 열 회수를 위한 설비를 도입 운영한다.
- 폐수 배출수의 열 회수 설비 도입 운영한다.
- 공조 설비의 온도를 관리한다.
- 에너지 절약 정책에 부응하는 공조 설비 운영
- 수전설비 역률 개선설비 설비 설치한다.
- 역률개선을 통한 원가를 절감한다.

(6) 협력회사 관계

상생은 현대 자본주의 시장에서 중요한 화두이다. 시장에서 대·중소기업 동반성장을 위하여 상생협력이 필요하다. 중소협력사의 CCM 체계 구축 지원 및 마인드 향상으로 고객만족도를 높이고, 소비자와 분쟁 발생 시 신속 정확하게 해결하여 소비자 신뢰를 제고하고 대외 이미지 개선을 적극적으로 지원한다. CCM 관련하여 도출된 개선 방향에 대해 세부 추진계획의 수립 및 실행, 추진 결과에 대한 모니터링 등을 협력회사와 공유하고 소비자 문제가 발생하지 않도록 함께 노력한다.

고객서비스 향상을 위한 제도와 프로세스 향상 방안을 논의하고, 회사 경영 목표의 공유, 교육, 업무처리 애로사항 의견 수렴, 간담회 등 소통을 통해 회사의 주요 가치를 공유한다. 협력회사의 관계는 사업의 일부로서 관리되어야 한다.

CCM 멘토 기업은 대·중소기업 상생협력과 동반성장을 강화하고 CCM 활동을 수행한다. 멘토 기업의 발전 원동력은 중소기업에 있으며, 미래 성장 전략의 핵심은 중소협력사와의 동반성장에 있다고 보고 이들과 이익과 성장을 공유하는 선순환 고리를 통해 지속 성장 가능한 사업모델을 만들어 가도록 노력해 나가야 한다. 멘토 기업과 중소협력사들이 고객 만족을 기반으로 함께 성장할 수 있도록 중소협력사들의 CCM 인증을 지원하는 활동은 동반성장의 대표적인 모범 사례이다.

이 같은 성과는 멘토 기업이 중소협력사들의 고객만족 역량을 실제로 높일 수 있는 방안을 고민하고 실행한 것에서 기인한다. CCM 멘토 기업은 오랜 기간 대기업이 축적해 온 고객 만족 노하우를 중소협력사에 전수한다는 의미가 있다.

CCM 체계 구축과 운영, 평가 준비, 워크숍, 상담원 고객 응대 능력 향상 교육 등을 제공하는 것은 물론 각 협력회사별로 맞춤 컨설팅과 평가 비용 등을 지원하는 것도 필요하다.

사례 멘토 기업의 역할

CCM 인증을 통해 CCM의 중요성을 전사적으로 공유하게 되었으며 소비자문제를 스스로 찾아 해결하려는 의지를 제고하게 되었다. 협력사에 대한 정기 교육 실시 및 목표 공유, 협력사들이 정기적인 정보보와 고객서비스 사례 공유 모임을 자발적으로 결성하여 운영하기도 한다. 멘토 기업은 협력사의 CCM 체계 구축을 바탕으로 성과를 낼 수 있는 성과지표를 개발하는 등 다양한 지원 통해 동반성장을 지원할 수 있다.

3) 위기관리 프로세스

위기관리 시스템은 조직의 위기에 대처해 조직에 바람직하지 못한 결과를 최소화하기 위하여 신속한 조치를 취하는 일련의 행위를 말한다. 즉, 위험 요소를 확인하고 측정 · 통제를 통해 최소한의 비용으로 불이익을 최소화하는 활동 전반을 의미한다. 이와 같은 위기관리는 대부분의 기업이 필요로 하지만 특히, 소비자의 안전/보건상 안전이 중시될 수 있는 공산품, 식품, 의약품을 취급하는 사업자는 반드시 고려해야 한다.

위기관리의 목적은 잠재적인 사고 발생 시 인력 및 시간을 효율적으로 운영하여 효과적이고 신속한 방법으로 사태를 수습, 처리하는 것이다. 그래서 인명과 재산의 피해를 최소화하고 그 위기가 언론에 보도되어 기업의 존립을 위협하고 이미지에 막대한 피해를 입힐 우려가 있는 상황이 도래한 경우 커뮤니케이션 절차를 세부적으로 규정하는 것이다.

(1) 위기관리 조치 및 절차

- 자사 관련 유해 정보의 발생 접수에서부터 처리에 이르기까지 개선안 도출 및 재발 방지를 위해 협의체를 구성하여 운영한다.
- 위기관리 관련 협의체 운영은 월1회 정기 운영하되, 긴급한 사항 도출 시 수시로 운영한다. 위원회는 각 실무진 담당으로 구성하되, 긴급한 사항의 경우 의사결정권자인 관리자 및 임원으로 구성되며 즉각 최고경영자에게 보고한다.
- 이슈 발생 시, 전사 공통적인 대응 메시지를 만들어 교육한 후 일 단위로 이슈에 대한 고객의 반응 정도를 체크하여 유관부서에 대응한다.

위기관리 범위는 발생 가능한 고객의 안전사고에 대비한 계획 수립 및 대응 방법과 후속 조치 업무에 적용한다. 위기관리 체계도를 제시하면 다음과 같다.

▌위기관리 조직 체계도▐

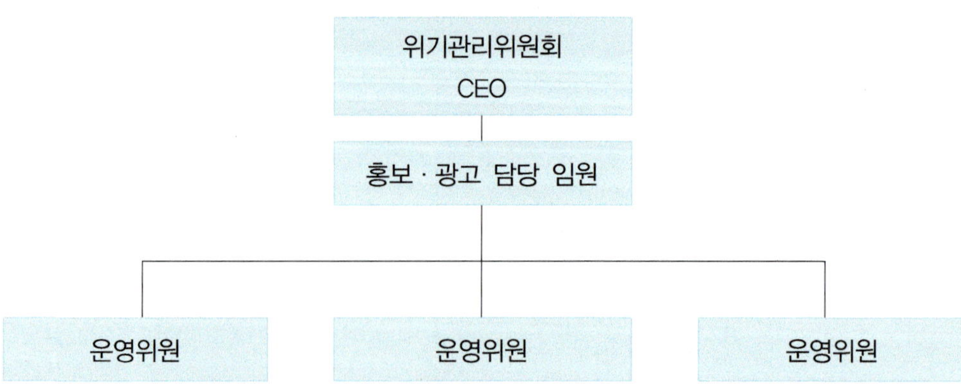

- 대표이사
  - 임원회의 소집 진행
  - 비상사태 대응 처리 관련 절차 및 책임자 결정 승인
- 위기관리팀장
  - 사고 발생팀 임원으로 정함
  - 비상사태 대응 절차 수립
- 홍보팀장
  - 대외 커뮤니케이션 담당 책임
  - 대내외 대변인(언론 창구의 단일화)
  - Press room 마련 및 제공
- 고객만족팀
  - 인터넷, 온오프라인의 답변 및 응대, 방문 고객 및 가족 응대
- 기타
  - 기업의 위기 상황에 따른 법률 검토 작업을 수행하는 법률지원 담당과 위기관리 전문가를 위기관리 커뮤니케이션 팀에 포함시킬 수 있다.

| 담당별 역할과 책임 |

구성	내용	비고
홍보팀	이슈관리 총괄	이슈관리 종괄 운영
기획팀	기업 전반 잠재 이슈 관리 전사 사업 연속성 계획 관리	
법무팀	공정거래위원회 외 주요 정부 기관	
기획팀	마케팅 진반 브랜드, 보넬, 광고, WEB 이슈	
고객만족팀	NGO, 소비자, 유통업계 이슈	
대외협력팀	식품의약품안전처 외 주요 정부기관 주요 협회 및 학회	

(2) 위기 상황별 대응 태세

위기의 심각성에 따른 1, 2, 3단계별 대응 태세에 따른 인력, 장비 동원을 포함한다.

| 위기상황별 대응 |

구분	판단 기준	대응태세 (인력 및 장비동원 포함)
주의 (1단계) Yellow	• 대형위기로 확산될 개연성이 낮은 상황	• 유관기관과의 협조체제 점검 • 현장 위기관리에 역량 집중하고 위기관리 커뮤니케이션팀은 업무 • 'Stand-by'(이미지 회복 등 미래전략을 중심으로 준비)
경계 (2단계) Orange	• 초기대응에 실패하여 대형위기로 확산 될 개연성이 높은 상황	• 위기관리 커뮤니케이션 대비계획 점검 • 조직 내부에 위기 경보 발령 • 위기관리 커뮤니케이션팀 개별업무실시
심각 (3단계) Red	• 위기가 이미 광범위한 지역으로 전파되어 대규모의 인적 · 물적 피해가 발생한 심각한 상황	• 전사 차원의 즉각적 대응 태세 돌입(가용인원과 물자 총동원) • 위기관리 커뮤니케이션팀 즉각적 업무개시, 팀의 증원 요청에 대해 각 부서에서는 절대적으로 협조

(3) 긴급사태 대응

소비자의 건강과 안전에 영향을 미치는 긴급사태가 발생한 경우, 사업자의 대응 또는 우선되는 가치를 명확하게 한다. 소비자에 대한 적절한 대응, 소비자에게 필요하고 알기 쉬운 설명 등 긴급 시에 있어서 초기대응이 중요하다. 긴급사태 발생 시 '긴급상황조치 매뉴얼'에 의거하여 소비자행동요령을 배포하고 결함제품의 수거를 위한 리콜(recall) 등 조치를 시행한다.

제품의 안전성 관련 정보를 조기에 수집, 평가하고 적절하게 대응 및 관리함으로써 제품 관련 위기 상황 발생을 방지하고 피해를 최소화한다.

▎긴급사태 대응 프로세스▐

구분	프로세스	내용
수집	• 안전정보 수집 • 정보의 수집, 전달	• 위기, 안전성 관련 정보의 수집
조사/분석	• 분석 연구팀 • 안전성 연구팀	• 관련 자료 조사 • 위험요인 분석
보고	• 위기 평가서 작성, 보고	• 위기 평가서 작성 및 관계자 보고
평가	• 정보의 평가 및 방안 수립	• 수집한 안전성 정보의 평가
실행	• 세부 관리 방안 결정 및 실행	• 세부 관리 방안의 결정 및 실행
종결	• 종결 및 보관	• 활동의 종결 및 자료의 보관

(4) 후속 조치 등

- 위기관리 결과의 공표와 평가

위기상황 종료 시 외부로 공표해야 할 중요 항목들, 결과발표 채널과 수단, 위기관리 과정의 평가를 거친다.

- 매뉴얼 점검 및 수정 보완

추가 위기 상황 예방을 위한 커뮤니케이션 전략 보완을 한다.

- 매뉴얼 교육 및 워크숍 시행

주요 직급별로 위기관리 커뮤니케이션 매뉴얼 교육 및 워크숍 실행을 공동주제, 주요부서의 장, 위기관리 커뮤니케이션팀, 일반조직원에 대하여 시행한다.

사례 위기관리 매뉴얼 활용을 위한 10대 준칙

① 본 매뉴얼의 위기 상황 외에도 기업에서 발생 가능한 위기를 미리 정의해 종류별로 명시해 둔다.

② 위기 상황을 해결해 나가는 위기관리 커뮤니케이션 목표를 명확히 설정해 둔다.

③ 기업의 특성과 상황에 맞게 여러 가지 위기 시나리오를 가상한 위기관리 커뮤니케이션 매뉴얼을 구축한다.

④ 매뉴얼 관리 및 위기관리 커뮤니케이션 담당자를 지정하여 변동사항을 체크하고 수시로 보완한다.

⑤ 담당자별 행동 요령과 업무 분담에 대한 정확하고 구체적인 설명을 준비한다.

⑥ 위기관리 유형과 특성을 이해하고 중요도에 따른 세부 관리 리스트를 작성한다.

⑦ 위기관리 커뮤니케이션 기본 원칙인 신속성과 투명성을 잊지 않는다.

⑧ 커뮤니케이션 대응 시 정보제공 창구를 일원화하고 일관된 메시지나 정보를 전달한다.

⑨ 작성 완료된 위기관리 커뮤니케이션 매뉴얼은 내부 검토를 거친 후 실제 훈련을 통해 숙달되어야 한다.

⑩ 위기 상황 종결 시에는 반드시 위기관리 커뮤니케이션 매뉴얼 및 계획을 수정 보완하여 동일한 위기 상황이 재발하지 않도록 한다.

| 위기관리 매뉴얼 구성 |

목 차
제1장 총론 1. 매뉴얼의 목적 2. 위기의 정의 및 발생원인 가. 위기의 정의 나. 위기 유발 물질의 정의 다. 위기의 발생원인 3. 위기관리 커뮤니케이션의 목표 4. 조직의 정의와 구성 가. 조직의 정의 나. 위기관리 커뮤니케이션 팀 구성 5. 위기 상황에 따른 대응 태세 가. 단계별 대응 태세 (인력 및 장비 동원 포함)

제2장 위기관리 커뮤니케이션 조치 및 절차

1. 리스크 판단 및 사고 접수와 보고 · 전파
   가. 수질오염 사고의 발생 상황(예시)
   나. 위기의 접수 및 보고 · 전파
      (1) 위기의 접수
      (2) 위기의 보고 및 전파
2. 위기관리 대상 판단
   가. 관리대상 분류의 목적
   나. 관리대상의 분류
      (1) 비 언론
      (2) 언론
3. 위기관리 커뮤니케이션 팀 세부업무
4. 커뮤니케이션 실행전략
   가. 커뮤니케이션 기본 원칙(전시 차원)
   나. 관리 대상별 커뮤니케이션 원칙과 실제 전략
      (1) 비 언론 대응 전략
      (2) 언론 대응 전략
         ① 언론 대응 일반원칙과 전략
         ② 인터뷰, 기자회견, 브리핑 등 대 언론 전략 실행
         ③ 매체별 전략 특성

제3장 후속조치 및 기타

1. 위기관리 결과의 공표와 평가
   가. 수질오염상황 종료 시 외부로 공표해야 할 중요 항목들(예시)
   나. 결과발표 채널과 수단
   다. 위기관리 과정의 평가
2. 매뉴얼 점검 및 수정보완
   가. 추가 위기상황 예방을 위한 커뮤니케이션 전략 보완
3. 매뉴얼 교육 및 워크숍 시행

부록 (각종 서식 및 지침)

출처 : 대한상공회의소, 2006.

3 VOC 운영

고객의 소리(VOC, Voice of Customer 이하 VOC)란 기업의 경영활동에 있어서 고객들이 제품, 서비스의 이용과 관련하여 기업에게 반응하는 각종 문의, 불만, 제안/건의, 칭찬 등의 모든 정보를 말한다. 고객의 소리를 단순히 고객이 기업을 귀찮게 하는 잔소리 정도로 치부하여 고객들이 등 돌리게 하는 우를 범해서는 안 된다. 고객의 소리는 기업이 나아가야 할 방향을 알려주는 큰 경영자산이기 때문이다. 일본 츠타야 서점의 창업자 마스다 무네아키는 “해답은 항상 고객에게 있다. 고객이 아닌 다른 곳에서 가져온 해답은 결국 독선적 의견일 뿐이다”라고 했다. 고객의 소리 이상의 경영 아이디어는 없다.

VOC 시스템은 기업으로 들어오는 다양한 고객의 소리를 체계적으로 수집, 저장, 평가/분석하여 기업의 경영활동에 활용하고, 다시 더 나은 제품과 서비스를 고객에게 환류(Feed back)해 줌으로써 궁극적으로 고객의 소리에 근거한 경영활동 체계를 갖추는 것을 말한다. 이는 고객의 소리에 귀 기울여 중요한 정보는 신속하게 관련 부문에 제공하여 고객의 만족도 향상을 위한 동기를 찾고, 불만 사항은 신속하게 개선하여 기업 전반에 걸친 경영개선 활동을 통해서 고객서비스의 질을 높이자는 것이다.

VOC를 활용하여 고객에게 진정한 가치를 제공하고 만족도를 높여 브랜드 이미지를 강화하고 충성 고객을 늘려 지속가능한 경쟁력으로 기업의 성장을 도모할 수 있다. 고객의 경험에 기반하여 문제점을 인식하고 더 나은 디자인, 성능, 가격, 안전성, 서비스를 갖춘 제품을 고객의 손에 넘겨준다면 이러한 노력에 감동한 고객은 충성 고객으로 남게 될 것이다. 충성 고객은 본인이 느낀 크고 작은 감동을 친구, 친척 등 주변의 사람들에게 전파하게 될 것이고 이러한 입소문은 나비효과가 되어 확고한 고객층을 확보하는 계기가 될 것이다. CCM을 통하여 이러한 기업이 지속적으로 시장에 출현하기를 기대해 본다.

VOC는 경영자산인데, 이를 경영에 반영하여야 의미가 있다. VOC를 체계적으로 수집하고 활용하기 위해서는 구체적인 시스템과 채널이 존재해야 한다. VOC를 전반적으로 분석 활용하여 이를 기업이 제공하는 제품이나 서비스의 가치를 향상시키고, 고객권리 보호와 불만 처리에 반영하기 위해서는 시스템적 운영이 필수적이다. VOC는 기업이 제공하는 제품이나 서비스에 대한 고객의 반응이기 때문에 실시간으로 수집된 정보를 통계화하고 활용할 수 있도록 시스템을 잘 갖추는 것이 중요하다. 또 다른 측면으로는 고객에게 그들의 구매 선택에 도움을 주는 적절한 정보를 제공해야 한다는 점이다.

CCM 인증에서는 VOC를 수집, 처리, 분석, 활용하는 시스템이나 체계가 어떻게 구축이 되었는지 그리고 VOC를 경영진이나 직원들이 공유하는 정도와 방법, 실제 경영활동에 반영된 내용을 평가한다.

VOC에는 고객 접점인 고객 응대, 영업, 사무, 배송 등 활동에서 사원이 수집한 고객의 생생한 소리가 등록되어 있다. 이 VOC는 실제화되어 있는 불만, 클레임, 의견, 요구, 제안뿐 아니라 산재되어 있는 고객의 진심 어린 소리도 포함되어 있다.

VOC가 문의, 불만 등 개별적 사안의 경우 신속한 응대를 통하여 문제를 해소하여 고객이 다른 브랜드로 떠나지 않도록 조치하는 것이 필요하다. 통합적인 정보분석을 통하여 재발 방지 대책이나 고객 응대 정책의 변경, 고객만족도 향상 등 고객가치 제고를 위한 대안 마련, 신제품 개발 참고, 소비자 정보제공 등 기업의 CCM 운영 전반에 필요한 기초 자료로 충분히 활용되어야 한다.

▌VOC 운영 절차▐

1단계 수집	2단계 처리	3단계 분석/평가	4단계 활용

1) VOC 운영기준

(1) VOC 운영 조직

VOC가 다양한 채널을 통하여 수집되면 내용을 살펴 VOC 대응팀이 바로 응대하여 처리하거나 사안에 따라 다른 부서에 넘겨 처리하도록 요청이 필요하다. VOC가 기업에 접수되는 순간부터 어떤 부서에서 담당하고, 처리하는 절차는 어떻게 할 것인지, VOC의 분류는 어떤 기준으로 할 것인지, VOC 처리 종료는 사안에 따라 몇 일내로 할 것인지, VOC를 언제 분석하여 전 부서에 공유하고 고객의 서비스를 개선하기 위한 대책을 수립 실행할 것인지 등 VOC의 운영과 관련하여 기업 내부에서 신중히 검토하고 결정해야 할 일이 많다.

사례 고객에 관한 CEO의 관심

기업의 중요한 경영자산인 VOC에 대하여 CEO를 비롯하여 임원진의 지속적인 관심은 매우 중요하다. 어느 대기업을 심사할 당시 CEO가 고객센터에 오전에 같이 근무하며 고객을 응대하기도 하고, 임원을 비롯하여 간부급 직원들이 순차적으로 돌아가면서 고객을 직접 응대하도록 하여 기업 제공하는 제품의 품질, 서비스에 대한 고객의 반응을 느끼고 업무에 반영하도록 조치하여 전 직원에게 VOC의 중요성을 강조하는 경우도 있다.

또 다른 기업 심사에서는 생산 현장에 근무하는 직원들을 본사의 고객센터에서 고객의 반응을 체험하도록 했더니 고객의 다양한 의견에 놀라움을 금치 못하며 지금까지보다 훨씬 더 좋은 제품을 생산하기 위해 노력하겠다고 다짐을 하더라는 경험담을 들은 바 있다. 이와 같이 고객의 소리는 전 직원이 공유하고 우리 기업의 서비스 수준을 평가할 수 있는 귀중한 자원이어야 한다. 잠깐 스쳐 지나가는 성가신 민원 정도로 생각해서는 절대 안 된다.

고객입장에서 생각해보자. 재산적 손실로 인한 경우는 당연히 문제를 제기하고 정당한 손실보상 등을 요구할 수 있다. 이 경우에도 제품에 하자가 없었다면 정신적, 물질적 손해를 볼 일이 없고 그저 소비자의 일상을 살아가면 되는 것이다. 하자 문제를 일으킨 기업이 있었기에 고객이 시간을 내고 감정을 소모하며 적정한 보상을 받을 때까지 온갖 신경을 곤두세운다. 단순한 문의도 마찬가지다. 고객은 기꺼이 시간을 내어 글을 쓰거나 상담실에 전화를 하는 것이다.

제품이나 서비스와 관련하여 고객이 시간과 노력을 들여 제기한 문제, 건의, 문의 등은 기업 입장에서는 매우 귀중한 자산이다. 어느 누가 그런 귀중한 정보를 시간을 내어 제공하겠는가? 그 사람들은 바로 우리 기업의 고객들이다. 고객 없이 존재하는 기업이 있을까? 물론 일부 블랙컨슈머라고 칭하는 이용자도 존재한다. 하지만 절대다수의 고객은 선의의 의도를 가진 사람들이다.

이러한 귀중한 자료를 기업은 어떻게 활용할 수 있을까? 기업의 특성에 맞는 VOC 운영 기준을 만들고 전체 부서가 이에 따르는 것이다.

우선 조직 VOC 운영조직 체계를 구성하여야 한다. 고객 담당 부서가 전담부서가 되고 간단한 문의나 건의 등을 처리하는 조직이다. 그 외 제품의 품질이나 안전, 표시, 서비스 등 전담부서에서 처리가 어려운 경우에는 유관부서를 담당 업무별로 지정하고 책임자까지 정해야 한다. VOC 처리조직을 전담 조직과 현업 담당으로 구성하여 각 구성 조직의 역할과 책임에 따라 VOC를 관리한다.

여기서 중요한 것은 VOC 처리 시스템을 잘 갖추는 것이다. VOC가 많지 않은 중소기업이야 엑셀을 이용하거나 간단한 전산시스템으로도 수집, 분석 활용할 수 있다. VOC가 많은 대기업 등은 VOC 통합 운영 시스템을 갖추어 실시간 VOC 현황 파악이 가능하고 바로 통계처리도 가능한 시스템을 구축하여야 한다. 고객 상담이 많은 기업은 STT(Speech To Text) 시스템을 도입하고 고객 상담 내역을 빅데이터화하여 체계적으로 분석 활용하고 있다.

VOC의 중요성을 인지한다면 기업에서는 VOC 시스템의 고도화를 위한 투자에 인색해서는 안 된다. 고객의 소리를 담당하는 직원은 충분히 인지하고 있는데 이런 절실함이 CEO에게까지 잘 전달되지 않는 안타까움도 있다. CEO의 VOC에 관심도를 이를 통해서도 어느 정도 알 수 있다.

사례 고객의 소리를 귀 담아 듣는 기업

어느 식품 대기업은 경우 VOC의 중요성을 인식하고 시스템을 잘 갖추고 있었는데, 고객의 전화를 받아 생산공장, 유통기한, 생산라인 등을 입력하면 바로 통계처리가 가능하고 중요 VOC에 대한 인지를 하고 식별이 가능하다. 이러한 통계는 바로 생산 현장에서도 확인이 가능하여 중요한 사안의 경우 공장 생산라인의 즉시 중지까지도 가능하도록 고객의 소리와 생산 현장이 바로 연결되어 있었다. 동 기업은 중요 VOC가 생긴 경우 섬 지역을 제외하고는 전국 어디든 거의 2시간 이내에 고객을 만나러 갈 수 있도록 즉각적인 대응 시스템을 구축하고 운영하고 있다.

VOC 역할과 책임

조직	역할과 책임
CCO	• VOC 접수, 처리, 공유 및 피드백에 관한 최종 의사결정을 진행 • 중요 사안의 경우 CEO 보고 및 조치 방안 결정
고객상담실	• VOC 접수채널, 대응 및 처리 표준, 분석방법에 대한 제도, 규정을 운영 • 타 VOC 처리 조직과의 커뮤니케이션 대응 표준안 마련 • 고객상담실은 모든 VOC의 1차 대응과 데이터 처리를 담당 • 고객상담실 현장 및 유선을 통해 고객 접점에서 VOC 처리를 담당
부문조직	• VOC 업무 담당자는 고객상담실로부터 이관 처리된 VOC에 대해 대응 • 공동 처리되어야 하는 불만 VOC에 대한 처리를 전담

VOC 채널 대응 기준

대응유형	담당 조직	대응 기준
자체 처리	고객상담실	응대 스크립트에 따른 대응
이관 처리	부문별 조직(업무 VOC 담당자)	업무별 처리규정에 의한 대응
공동 처리	CCM 추진위원회, 부문조직 VOC 담당자	현장 협의를 통한 대응

(2) VOC 유형, 중요도별 분류

VOC는 기업의 특성에 따라 다양하게 발생한다. 중요도를 적색, 황색, 녹색으로 나누어 분류하기도 하고, S급, A급, B급, C급 등으로 분류하기도 한다. 리콜의 실시 등 소비자의 안전과 관련한 문제이거나 다량의 고객 불만이 접수되어 개별 소비자 중심보다는 전체적인 기업 차원에서 대응해야 하는 문제가 중요도에서 우선 순위가 된다.

개별 접수 건에 대한 데이터는 중요한 불만 사건을 제외하고 중요하게 취급되지 않을 수 있다. 그러나 유사한 데이터가 군집을 이루면 의미 있는 데이터가 된다. 관련 데이터의 누적을 통하여 정보로서의 가치를 갖게 된다. 데이터 자체는 단순한 사실에 불과하지만 데이터의 누적과 특정한 의미가 부여될 때 정보로서의 기능을 할 수 있기 때문이다. 정보란 '의사결정을 하는 데 유용한 일련의 처리 또는 가공된 데이터'라고 정의된다.

개별 데이터를 정보화 시키기 위하여 유형별 분류 기준을 만들어 집적한다. 기업이 제공하는 제품이나 서비스를 정보탐색, 구입 결정, 구입, 사용상의 특성, A/S 등 소비자 여정(Consumer Journey Map)을 고려하여 유형을 분류한다. 이후 유사한 유형은 합치고 추가로 데이터 수집이 필요한 항목은 신설한다. VOC의 중요도와 유형의 분류는 신제품이나 새로운 서비스의 제공에 따라 수시로 검토되어야 한다.

VOC를 잘 활용하기 위해서는 코드체계를 갖추고 통계 자료화할 수 있어야 한다. 중요도별, 유형별, 제품군별 분류체계를 어떻게 하고 코드화해 나갈지에 대한 심도 있는 검토가 필요한 부분이다.

제품의 품질 불만으로 다른 기업 제품을 찾아 떠난 고객에게 새롭게 개선한 신제품을 보내 기존 제품과 비교하여 확실하게 좋아졌다는 인식을 심어 주어 떠난 고객을 다시 우리 기업의 고객으로 확보한 경우도 있다. VOC의 유형별, 중요도별 관리가 가능했기에 다른 기업으로 떠난 기존고객을 다시 우리 기업의 고객으로 만든 사례이다.

(3) VOC 운영 절차

기업의 규모나 업종, 판매 방법에 따라 고객 접점은 다양하다. VOC를 효과적으로 수집 활용하기 위해서는 기업의 특성에 맞는 운영 절차를 만들어야 한다. 1차 접수된 사안은 어디에서 처리할 것인지? 1차 접점에서 처리가 어려운 경우 어느 부서의 담당자가 처리를 할 것인지? 접수된 고객의 소리는 최초 접수된 후 몇 시간, 몇 일 이내에 고객과 접촉을 해야 하는지? VOC 중요도별로 최종 처리 일정을 어떻게 정할 것인지? 긴급하고 중요한 VOC 처리는 어떻게 해야 하는지 등 VOC의 접수, 처리, 분석, 활용 등 운영에 대한 절차를 규정하고 공유해야 한다.

(4) VOC 관리지표

① 변화하는 고객의 니즈를 파악하고 VOC를 활용한 경영성과 개선을 측정하기 위하여 VOC 관리지표를 설정하여 주기적으로 분석 관리한다.

② VOC 관련 주요 관리지표

- 고객 만족도: 불만 VOC로 접수 처리된 모든 건에 대하여 답변 처리 후 우편, 이메일, 문자 등을 통하여 만족도를 조사한다. 만족도의 추세를 점검하여 근본적인 개선방안을 찾는다.
- VOC 처리 기간 준수율: 불만 VOC 처리에 소요된 처리기간 중 별도 규정된 처리 기간을 초과한 건의 비율을 관리한다(준수율 = (1－초과율)×100).
- 불만 수용률: 불만 VOC 중 고객이 요구한 사항을 수용(일부 수용 포함)한 건이 차지하는 비율을 관리한다.
- 불만 민원 점유율: 전체 VOC 중 고객 불만 VOC가 차지하는 비율의 기간별 변화(전기 대비 증가 또는 감소)를 정기적으로 관리한다.
- 제안 수용률: 제안 VOC 중 고객이 요구한 사항을 수용(일부 수용 포함)한 비율을 관리한다.
- 동일 클레임 재발률
- 클레임 활용 비율: 신제품 또는 제품 개선에 반영, 고객 서비스 정책 변경 등

③ 관리지표의 점검 및 활용

- 관리지표에 대하여는 격주 또는 월간으로 VOC를 점검하여 전 부서가 공유한다. 고객 만족도 및 처리기간 준수율 등 관리지표별 조직 업적 평가지표(KPI)로 관리한다.
- VOC를 활용한 경영성과의 개선을 위하여 내부 평가 등에 고객관점의 VOC 관리지표를 설정하여 주기적으로 관리한다.

2) VOC 수집

VOC의 종류는 칭찬, 클레임, 고객의견(제안), 문의, 상담, 안전/품질 등으로 크게 6가지로 구분될 수 있는데, 기업의 특성에 따라 재분류하기도 한다. 소비자 관점에서 다양하고 접근이 쉬운 VOC 수집 채널을 확보하고 있는가를 확인한다. 여기서 중요한 것은 기업과 관련된 고객의 의견이 모두 수집되고 있는지를 철저하게 검증하는 것이다.

| VOC의 종류 |

VOC 종류	주요 내용
칭찬	• 고객이 만족한 현상 • 높은 평가를 받은 현상
클레임	• 당사 제품, 서비스, 사람에 관한 고객 불만, 부정적인 면 • 청구 오류, 배송 실수, 대응 및 나쁜 태도
문의	• 고객에게 회답이 필요한 것
상담	• 고객 관심사 및 고객 주변 환경 • 법 규제 및 전략 변경에 따른 고객 동향과 시장 환경 등
안전/품질	• 제품의 안전과 관련된 정보 • 품질에 관한 여러가지 정보
고객 의견(제안)	• 당사제품, 서비스, 사람에 관한 고객 요구, Needs • 당사에 대한 고객 기대 중 부정적이지 않은 지적

수집 단계는 전화, 인터넷(홈페이지 등), 방문, 접점부서 등을 통해 이루어지며 비대면 접점 및 대면 접점 소비자 불만처리 수집 채널 운영 현황을 검토한다.

VOC를 기업활동에 활용하기 위해서는 단순히 고객이 말한 사실 뿐 아니라 해당 고객의 소리 경위, 환경 등 고객의 소리 배경이 중요하다. VOC를 듣는 창구는 주로 콜센터, 공식 홈페이지, CS조사, 각종 시장조사 등이 있다. 고객의 댓글 분석도 중요하다. 여기서 중요하게 고려되어야 하는 요소 중 하나는 콜센터 등 고객센터를 사내조직으로 운영할 것인지, 아니면 외부에 아웃 소싱을 할 것인지에 대한 결정이다. 어느 결정을 하든 장단점이 있다.

사례 **토스뱅크의 경우**

VOC의 중요성을 인지하는 기업은 가급적 사내 조직으로 운영하려고 한다. 그래야만 정보를 즉시 활용할 수 있고, 긴급한 대응이 가능하며, 생생한 고객의 소리를 직접 듣고 소비자로부터 통찰력을 얻고 경영에 반영이 가능하기 때문이다. 대표적인 사례가 토스뱅크이다. 토스는 고객의 경험을 수호하고 고객에게 미친 만족감을 주기 위해 기존 상담조직을 분사하여 금융상담계열사인 ㈜토스씨엑스(Toss CX)를 2021. 4. 설립했다. 뱅크, 증권 등 주요 계열사의 고객상담, VOC 관리, 고객경험 활용, 서비스 개선 등을 통해서 최고의 고객 감동서비스를 제공하기 위하여 노력하고 있다.

3) VOC 처리

VOC 처리는 상담, 제안, 불만 등으로 분류 및 분석해서 처리 결과를 고객에게까지 피드백하는 것이다. 인터넷의 발달로 고객들은 실시간 응대 및 처리를 기대한다. VOC 처리 시스템 영역은 VOC 처리 시스템의 확립 및 그에 따른 체계적인 관리가 이루어지고 있는지를 관련 근거에 따라 검토해야 하며 VOC 처리 관련 관리 시스템은 정기적으로 개선(up date)되어야 한다.

VOC 처리 결과는 시스템에 기록 관리되어야 하며, 한국소비자원, 정부기관,

1372 소비자상담센터 등 외부기관에서 접수되는 VOC에 대하여도 코드를 부여하고 별도로 관리하며, 처리 기한 내에 불만(민원)을 해결하고 해당 기관에 답신하도록 조치해야 한다.

4) VOC 분석 및 활용

VOC 분석 및 활용 결과를 모든 구성원들에게 공유 및 전파하는 활동을 해야 한다. VOC 분석하고 그 결과를 전사적으로 공유하는 시스템 및 제도적 장치에 대하여 검토한다. 결과의 전사 공유 절차(프로세스)및 현황 등의 내용을 확인한다.

VOC의 분석 주기는 일간, 주간 단위 등 가능한 짧은 주기로 이루어져야 하고 유관부서 또는 전 부서에 수시로 공유되어야 한다. 주요 VOC 동향에 대하여 CEO가 출근하여 PC를 켜면 전날 접수된 VOC 현황이 첫 화면으로 바로 나타나도록 하는 기업도 있다.

VOC 활용은 고객의 정보를 기업이 경영 자산화하는 단계로 기업의 입장에서는 가장 중요한 자산이다. VOC 처리 및 활용은 VOC의 수집에서부터 분석 및 활용, 결과의 공유 등과 같은 VOC 전반의 절차를 기반으로 검토되는 부분이다.

VOC의 전략적 활용은 구체적인 절차와 관리체계에 따라 시행되어야 하고 소비자 정보 및 VOC 관리, 반영 체계를 검토한다. VOC 관리지표에 대해 체계적이고 상시적인 모니터링 및 피드백이 이루어지며 중요도별, 유형별 내용과 분석 결과를 확인한다.

VOC는 분석을 통하여 경영활동에 반영될 때 가치가 있다. 고객의 경험에 비추어 우리 기업의 어떤 면에 대한 개선을 요구하는지를 파악하고 소소한 부분이라고 하더라도 적극적으로 활용하려는 의지가 있어야 한다. 고객의 다양한 경험을 기반으로 얻은 소비자통찰력(Consumer Insight)을 활용하는 능력이 곧 기업의 경쟁력이다. VOC를 통하여 제품, 서비스 등 기업이 고객에게 제공하는 내용에 대한 개선 실적을 별도로 보고하고 사내 공유하며 자료화하여 관리한다.

우리 기업이 제공하는 제품, 서비스에 대하여 현시점에서 고객들은 어떤 반응을 하는지, 어떤 생각을 하고 있는지 궁금하지 않은가? 이를 확인하는 방법은 단 한 가지 고객에게 직접 물어보거나 확인하는 방법이다. 우리 제품, 서비스를 이용하는 고객에게 지속적으로 만족도를 파악하고 개선점을 찾기 위한 노력은 계속되어야 한다. 경영의 해답은 고객이 가지고 있기 때문이다.

(1) 모니터링

모니터링이란 계획과 서비스 실천 결과 사이의 불일치를 지적하는 것으로 더욱 심각한 문제들에 직면하는 것을 방지하고 서비스 방향성을 수정·결정하는 것이다. 모니터링은 정책평가에서 프로그램이 처음의 설계대로 운용되고 있는가, 그리고 당초의 대상 집단에 혜택이 돌아가도록 집행되는가를 평가하는 형성적 평가의 한 기법을 말한다. 즉 모니터링은 프로그램이 적절한 집단을 대상으로 하고 있는가, 그리고 설계대로 집행되고 있는가를 확인하기 위한 정책평가를 말한다.

모니터링의 주요 관점은 CCM 성과관리 지표에 대한 체계적이고 상시적인 모니터링이 이루어지고 있는지를 확인하는 것이다. 아울러, 소비자의견을 CCM에 직·

▌모니터링 내용▐

주기	감사 종류	감사 내용
구축 직후	초기 내부 모니터링	• 구축된 실행체계의 내용 점검, 문제점 파악
	초기 외부 모니터링	• 자기 선언 내용의 신빙성을 높이기 위해 외부 모니터링 실시
6개월 후	제2차 내부 모니터링	• 운영 중인 실행체계의 내용 점검, 문제점 파악
1년 후	제2차 내부 모니터링	• 실행체계 운영 실적 모니터링 • CCM 도입의 효과 검증(빈발 불만의 감소, 예방 조치 및 관리 체제의 개선 등) • 자율관리 교육 실적 및 성과 모니터링
	제2차 외부 모니터링	• 실행체계 운영 실적 모니터링 • 관련 규정의 준수 및 관리 실적 점검, 평가 • 사내 신빙성 확보의 효과

간접적으로 반영하기 위한 모니터링 체계 확립 여부를 검토하여야 한다. 내부 모니터링은 CCM 담당부서, 외부 모니터링은 감사팀 등 제3자 외부 모니터링이다.

(2) 고객만족도 조사

- **조사 방법론** : 개별 면접 조사로 거점별 인터셉트 방식으로 영업소 이용, 비용지불, 민원제기 등에 관여하는 정도가 높다고 판단되는 고객들이 가장 많이 다니는 시설이나 장소(대형 마트나 시장) 주변에 면접원을 배치하여 조사한다.
- **조사 실시** : 주관처
- **조사 용역기관** : 여론조사전문기관 위탁 또는 자체 조사
- **조사주기 및 대상** : 수시, 1회/분기, 년
- **조사대상** : 이용 고객

▌고객만족도 내 · 외부조사▐

구분	대상	주기	조사기관	조사방법
고객서비스 해피콜	고객서비스를 받은 고객	주간, 월	고객만족센터	전화
서비스 결과 해피콜	서비스를 받은 고객	주간, 월	고객만족센터	전화
해피콜	신규 고객	주간, 월	고객만족센터	전화
현업상담 해피콜	VOC 접수 대상 중 현업담당자 이관, 상담을 받은 고객	주간, 월	고객만족센터	전화
고객만족 행사 해피콜	고객만족행사 서비스를 받은 고객	주간, 월	고객만족센터	전화
대리점 만족도	대리점 직원	반기	업무담당	전화/설문지
외부고객 만족도	조사시점기준 최근 6개월 이내 서비스를 받은 고객	월, 분기, 년	외부설문조사 용역	전화
기업이미지	소비자	분기, 년	외부설문조사 용역	전화
파트너사 만족도	협력업체 직원	분기, 년	외부설문조사 용역	설문지

| 고객만족도 조사 결과 피드백 및 결과 공유(예시) |

<table>
<tr><th>구분</th><th>조사결과 보고</th><th>주기</th><th>보고주체</th><th>관련KPI</th><th>피드백</th></tr>
<tr><td>고객서비스
해피콜</td><td rowspan="2">고객서비스센
터 모니터링
결과 보고</td><td>주간, 월</td><td>CS팀</td><td>고객불만족
건수(비율)</td><td rowspan="2">• 고객서비스센터
공유 및 개선방안
도출
• 불만유발자재발
방지 대책 작성
• 불만유발자 사내
강사 교육 실시</td></tr>
<tr><td>안전점검결과
해피콜</td><td>주간, 월</td><td>CS팀</td><td>고객불만족
건수</td></tr>
<tr><td>내관시공업체
해피콜(예시)</td><td>공급 전 고객
만족도 조사
결과 보고</td><td>분기</td><td>에너지
서비스팀</td><td>공급전
고객만족도
조시</td><td>• 내관시공업체 평가
반영 및 홈페이지
공고</td></tr>
<tr><td>현업상담
해피콜</td><td>고객서비스센
터 모니터링
결과 보고</td><td>주간, 월</td><td>CS팀</td><td>CSI 점수</td><td>• 현업공유 및 개선
방안도출</td></tr>
<tr><td>고객만족행사
해피콜</td><td>고객만족행사
결과 보고</td><td>주간, 월</td><td>고객지원팀</td><td>CSI 점수</td><td>• 행사결과 공유 및
개선방안 도출</td></tr>
<tr><td>충전소
만족도(예시)</td><td>만족도 보고</td><td>월간,
분기</td><td>고객지원팀</td><td>CSI 점수</td><td>• 불편사항 확인 및
개선방안 도출</td></tr>
<tr><td>외부고객
만족도</td><td rowspan="3">고객만족도
총 조사
결과보고</td><td rowspan="3">월</td><td rowspan="3">혁신기획팀</td><td rowspan="3">CSI
총조사
점수</td><td>• 조사결과 전사
공유
• 고객만족도 향상
방안 도출 및 개선
사항 도출
• 경영계획반영</td></tr>
<tr><td>기업이미지</td><td>• 실적분석결과 전사
공유
• 개선방안 도출</td></tr>
<tr><td>파트너사
만족도</td><td>• 파트너사 관련팀
공유
• 개선 방안 도출</td></tr>
</table>

사례 순 고객추천지수

HP코리아는 고객만족도 조사를 순 고객추천지수(NPS, Net Promoter Score)를 활용하여 이용 고객의 만족도를 평가하고 있다. 설문 항목은 기업마다 달리 할 수 있겠지만, 우리 회사를 친구나 주변 사람에게 추천하시겠습니까? 우리 기업의 서비스를 다시 이용하시겠습니까? 우리 기업의 제품/서비스에 대한 전반적인 만족도는 몇 점을 주시겠습니까? 등의 설문을 이용할 수 있다. 좀 더 구체적으로 만족도가 낮은 경우 그 이유를 기록해 달라고 할 수도 있다.

0에서 10점까지 중에서 9, 10점은 적극적 추천 고객수, 7, 8점은 중립, 0에서 6점까지는 비추천으로 하여 점수를 산정한다.

NPS = 적극적 추천 고객 비율 – 비추천 고객비율

미국 기업 평균은 5-10점, 최고기업은 50-80점 정도 분포이다.

사례 VOC 해결 역량

마켓컬리는 새벽배송이라는 전혀 새로운 전략으로 새로운 시장을 개척하여 최근 몇 년간 비약적으로 성장하고 있는 기업이다. 고객의 욕구에 맞는 서비스 제공과 진정성 있는 고객의 가치 추구, 그리고 VOC를 해결하기 위하여 조직의 모든 역량을 집중하는 관행이 핵심 성공 요인이다.

상품기획자인 MD의 KPI가 '매출'이 아니고 '상품 품질'과 'VOC 해결 역량'이다. 고객의 VOC를 소중히 여기고 해결하기 위하여 노력하는 기업이 결국은 고객의 선택을 받는 기업이 된다(김난도, 2020).

사례 터키항공의 고객만족도 조사

터키항공은 비행기가 목적지에 도착하기 1시간 전에 기내의 스크린을 통하여 터키항공을 이용하며 느낀 고객의 만족도를 바로 조사하고 있다. 조사항목은 기내 승무원의 친절도, 도움 정도, 언어 소통, 기내식의 맛, 메뉴 구성, 음료의 다양성, 기내 화장실 청결도, 전반적 서비스 만족도 등 11개 정도인데, 이를 구체적으로 측정하고 있다. 이렇게 측정된 만족도는 노선별로 분석하여 더 질 높은 서비스 제공을 위한 피드백 자료로 활용된다. 만족도 분석 결과로 서비스를 개선하고, 또 다시 운항 노선별 만족도를 측정하고 피드백하여 지속적으로 이용 고객의 만족도를 향상시키는데 활용한다. 서비스에 대한 고객의 평가와 개선 활동을 실시하여 기업이 제공하는 제품 품질과 서비스를 향상시키기 위한 노력은 고객의 마음을 얻어야 하는 기업입장에서 가장 우선해야 할 업무 가운데 하나이지 않을까? 단발성이 아닌 지속적인 만족도 평가와 개선 활동이 충성고객을 확대하는 경영활동의 핵심이다.

5) VOC 관리 절차

VOC는 소비자가 제품을 사용하는 과정에서 제품이나 서비스의 하자 또는 결함으로 인하여 소비자 생명, 신체상 안전의 침해 및 재산상 손해 또는 부당한 가격이나 거래조건, 불공정한 거래 방법 등으로 인해 소비자가 입는 경제적 손해 등을 포함한다. 소비자기본법, 전자상거래 관련 법령, 식품위생법 등 관련 개별 법령을 준수하고 고객으로부터 VOC 발생 시 신속, 정확하게 처리하여 고객 불만 사항을 최소화하고 원활한 대처로 고객에게 신뢰감을 주며 또한 재발 방지 대책을 수립하여 제품의 품질 향상을 극대화한다.

VOC 운영현황

VOC를 효율적으로 관리하기 위하여 어떻게 운영되고 있는지를 확인하게 된다. VOC 발생 시 체계적으로 그 분류가 이루어지고 아울러 소비자 불만의 현황이 체계적으로 관리되고 있음을 설명해야 한다.

VOC 처리

VOC를 처리하기 위한 프로세스 즉, 과정을 들여다보는 것이다. 실제 그 프로세스가 규정화되어 있어야 하며, 또한 VOC가 처리되는 상황을 상세하고 구체적으로 관리 및 피드백해야 한다. 아울러, 진행되는 과정에 대해 소비자가 쉽게 알 수 있도록 시스템화하는 것이 중요하다.

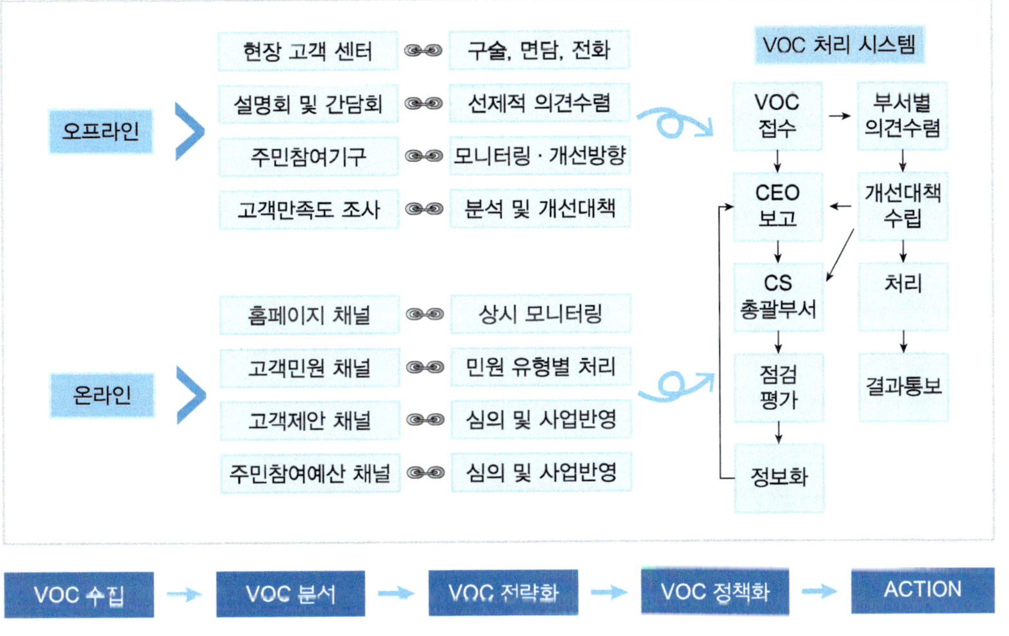

VOC 개선 활동 및 평가

VOC 처리 실적을 검토하고 현황을 평가하는 것이다. 아울러, 소비자 불만, 제안 등을 기반으로 개선 과제를 발굴하고, 개선 활동이 이루어지고 있는지에 대해 검증한다.

▌사후처리 영역▐

부 서	역할과 책임
고객상담실 (고객행복센터)	• 고객 클레임 운영 및 관리를 위한 계획 수립 및 실적 보고 • 발생 클레임에 대한 위험등급 선정 및 대응조치 문서 발행
제품개발부서	• 제품기획, 개발단계에서 유사 클레임 정보 수집을 통한 클레임 재발 방지 활동
품질보증팀	• 발생된 클레임의 원인 규명 및 개선 • 재발 방지 대책 수립 시행 • 고객 및 관련 부서에 대해 제품 품질에 대한 서비스 제공 • 개선 결과에 대한 정보 피드백 및 사후관리

(1) VOC 처리 의사소통

고객과 고객 VOC 처리부서 간의 의사소통을 위해 CCM 운영부서는 고객과의 의사소통과정에서 아래와 같은 역할을 하게 된다.

◀ 고객과의 의사소통 ▶

- 사업자의 의견을 대변하여 전달
- 사업자의 고객 보호 이념을 행동으로 실천
- 고객 불만 및 불편 사항 해결
- 사업자에 대한 고객과의 신뢰감 회복 및 향상
- 제품의 올바른 사용법, 제품 정보, 구매 정보 등 안내
- 고객의 의견이나 요청을 듣고, 제품 개발 등 조직의 경영 활동에 반영
- 구매 전 고객 정보제공
- 구매 후 고객 정보제공
- 고객 상담 서비스 제공 및 서비스 이용에 대한 사후 만족도 조사 등

VOC 처리 관련 부서와 유관 부서의 의사소통을 원활히 하기 위하여 CCM 운영부서는 타 부서와의 의사소통 과정에서 아래와 같은 역할을 하게 된다.

회사내에서 의사소통

- 고객 불만과 피해에 대한 내용의 문서화: 사내 공유
- 위기관리 대처
- 정기적인 피드백
- 동일한 사안으로 고객 불만이 여러 차례 접수될 경우 혹은 예상외의 고객 불만이 접수되었을 경우 관련 부서에 해당 내용 신속 전달
- 고객 불만의 원인 규명 및 처리 진행 사항에 대한 보고
- 전사 임직원의 고객 보호 및 고객 만족 의식과 가치관 변화 등

(2) VOC 접수

전 임직원은 소비자가 방문, 유선, 인터넷 등을 통하여 고객 불만을 제기할 경우 고객 불만 접수 후 접수내용을 VOC 처리 주관부서에 통보한다.

소비자 불만을 접수한 경우 소비자에게 즉시 연락 처리해주어야 한다. 또한 소비자 불만 처리 또는 문제해결이 지체될 경우에도 그 사유와 처리 경과를 명확하게 통보해주어야 한다.

(3) VOC 중요도 판단 및 긴급조치

접수 시 중요 고객 불만 분류기준에 해당되는 건에 대해서는 고객만족 프로세스에 의거하여 처리하며 중요 고객 불만 분류기준은 다음과 같다.

- 매체 보도
- 관공서 및 소비자단체 고발
- 관련 법령 위반
- 당사 공장, 협력업체 귀책
- 행정기관 보고 대상
- 소비자의 성향이 매우 강성

(4) 접수경로별 응대

전화 응대, 서신 응대, 온라인 응대, 내사 방문 응대, 불특정한 매체를 통한 정보 유포 응대, 담당자의 소비자 방문 응대 등이 있다.

(5) VOC의 처리

소비자 불만의 원인 파악

소비자 불만 처리에 앞서 우선 소비자가 불만을 제기하는 원인을 명확하게 파악해야 한다. 소비자 불만의 주요 원인은 정보의 부족, 과장, 오류, 소비자안전, 품질 불량, 표시 및 광고의 오류, 제품 구매과정 및 구매 후의 불만과 피해, 개인정보 유출 등을 들 수 있다.

소비자 불만 처리의 기본원칙

고객 불만처리 주관 부서는 주요 고객 불만 처리 시 고객과 접촉하여 처리하는 것을 원칙으로 한다. 고객 불만 처리는 당일 처리(24시간 이내)를 원칙으로 하며, 필요할 경우 고객과 상의하여 처리할 수 있다.

소비자 불만 처리의 과정

소비자 불만 처리 방법은 공정거래위원회에서 고시한 소비자분쟁해결기준에 의거 처리하는 것을 원칙으로 한다.

- PL성 클레임 및 이슈화가 예상되는 클레임은 신속한 처리를 위해 방문 처리자가 PL 위원회에 상정하여 처리할 수 있다.
- OEM 제품과 수입, 수출품에 대한 불만처리 과정도 동일한 프로세스로 접수 처리 및 관리한다.
- 고객 불만 피해 보상 처리 종결 시 필요한 경우 합의서를 작성하고 관리한다.

(6) 손해배상 처리

손해배상은 교환, 환불 처리, 인적 손해배상, 물적 손해배상, 교통비 처리, 인건비 배상, PL(제조물 책임)소송 관련한 배상

(7) VOC의 종결

- 소비자가 제안된 결정 사항 또는 조치를 받아들인 경우
- 소비자가 제안된 결정 사항 또는 조치를 거절한 경우

(8) 원인분석

- 동일(유사)한 클레임의 재발 방지, 고객 응대 시 정확한 답변, 고객에게 신속한 분석 피드백을 위한 클레임, 정밀한 분석을 요하거나 연구소 수준에서 접근하기 어려운 클레임은 외부 공인기관에 의뢰하여 정확한 원인을 분석을 한다.
- 품질보증팀은 고객에게 신속한 분석력과 피드백을 위해 약속한 기한 내 분석 결과를 고객상담실로 회신해야 한다.
- 고객상담실은 회신받은 분석 결과를 고객에게 지체없이 피드백 할 수 있도록 통보한다.

(9) 결정 사항 통보 및 사내 피드백

VOC 처리 즉시 결정 사항을 소비자에게 통보해야 한다. 처리자는 업무처리 과정에서 중요한 사안, 중요 클레임 또는 PL(제조물책임)성 클레임이라고 판단되는 경우에, 상급자 혹은 부서 책임자에게 보고해야 한다. 또한 VOC 처리부서 책임자는 소비자 불만의 정도와 빈도를 고려한 조치 범위, 소비자 불만과 조치의 명확한 인과 관계, 사외 기관 및 타 기업 판례 등을 첨부하여 관련 부서에 시정 조치나 예방 조치를 요구해야 한다.

(10) VOC 처리 결과 문서화

VOC 처리 결과는 문서화되어야 하고 문서화 될 사항은 구체적으로 다음과 같다.

- VOC 처리부서의 접수내용과 처리 결과
- 소비자 관련 제3기관 등의 접수내용과 처리 결과
- PL 상담센터 접수내용과 처리 결과
- 시, 군, 구별 지방자치단체 내 지방소비생활센터 접수내용과 처리 결과
- 소송(영구보존) 내용과 처리 결과
- 문서보관 및 폐기 기한 기록 및 관리

(11) VOC에 대한 분석

불만과 관련된 모든 내용과 정보는 최대한 노력을 기울여 조사, 분석하여야 한다. 이는 소비자 불만 발생 원인에 대한 철저한 조사뿐 아니라 피드백을 통해 제품 재생산에까지 영향을 미칠 것이다.

(12) 클레임 개선 대책

- 고객상담실은 클레임을 분류하고 개선 추진 부서를 지정하여 관련 부서로 피드백한다.
- 개선부서는 해당 클레임을 조회하고 이를 부서내 공유할 의무를 가진다.
- 고객에게 회신을 요하는 내용이나 처리할 사항은 해당부서에서 신속히 원인 분석 및 개선 조치를 하여 고객상담실에 통보한다.
- 소비자 문제의식 및 고객 지향적 업무 활동 제고를 위해 전 사원 대상으로 필요 클레임 정보는 공유한다.

(13) 개선 활동

- 영업 서비스 등으로 인한 문제는 본사 영업부에서 발생 원인을 조사 확인하여 재발하지 않도록 해당 영업부서 및 거래선에 통보하고 개선대책을 수립하

여 시행한다.

- 소비자 불만족 클레임은 확인과 함께 개선대책을 수립한다. 개선대책 수립은 발생 원인, 개선 방향, 개선 시행부서를 명확히 규정해야 하며, 이에 따라 세부 일정을 세워 체계적인 개선 활동이 되도록 한다.
- 제품 특성상 하나의 원인에 의해 클레임은 다수가 발생되므로 여러 클레임을 같은 원인끼리 묶어 하나의 개선과제를 수립할 수 있다. 이에 고객정보에 따른 인과관계를 명백히 기술해야 한다.
- 개선 결과는 고객상담실로 통보해야 하며 고객상담실은 개선 결과를 필요시 고객에게 피드백한다.
- 클레임 사전 예방 활동과 품질 우위에 의한 경쟁력 확보를 위해 클레임 대책 회의를 지속적으로 실시한다.
- 사소한 클레임이라도 철저히 원인을 분석하고 개선 대책을 마련하며, VOC 분석 결과에서 얻은 소비자통찰력(Consumer insight)을 경영 활동에 반영하고 고객의 가치를 제고하는데 기업 역량을 집중한다.

참고문헌

가평군시설관리공단(2022), CCM운영매뉴얼.

김난도(2020), 마켓컬리인사이트-스케일을 뛰어넘는 디테일로 시장을 장악하는 방식, 다산북스.

김태영(2014), 소비자중심경영, 진샘미디어.

대한상공회의소(2006), 위기관리 커뮤니케이션 매뉴얼.

이학식(2017년), 마케팅조사. 집현재.

조영탁(2020), 상생경영학, 도서출판 휴넷.

Toss.im

Zappos.com

CHAPTER

08

성과관리

Contents

소비자가 만족하고 충성도를 높여 매출을 성장하게 하는 것이 CCM의 핵심이다. 좋은 예로 일본에서 존경받는 경영자로 잘 알려진 마쓰시타가 '좋은 품질과 저렴한 가격으로 고객을 만족시키기만 하면, 돈은 저절로 벌린다'고 강조한 것은 바로 소비자를 중시하는 경영의 가장 기본원칙임을 강조한 것이다. 이와 같은 성과를 도출하기 위해서는 실적과 성과의 다름을 이해하고 CCM 운영성과 측면에서 성과관리 지표, 모니터링 및 평가를 통하여 후속조치를 하고 우수한 성과를 발굴하여 공유할 필요가 있다. 그리고 이와 같은 성과를 유지하는 것이 필요하다.

마지막으로 CCM의 확산을 위해 가점을 부여하고 있는 CCM 상생협력을 알아본다.

1 실적과 성과

일반적으로 혼동해서 사용하는 실적과 성과는 동일한 개념이 아니다. 어떤 일을 열심히 한 행위의 결과가 실적이고 그 일을 통하여 얻은 원하는 결과물이 성과라고 한다(류량도, 2021). 성과(成果)란 이루어낸 결실을 말하는데 학술적으로 보면 성과(performance)는 생산성(productivity)이라는 용어와 유사한데, 예를 들어 결과를 성취하기 위한 자원의 효과적이고 능률적인 사용이라고 할 수 있다. 성과는 능률성과 생산성의 좁은 의미보다는 좀 더 광범위한 의미를 내포하고 있다(이윤식 외, 2006).

기업의 성과관리(成果管理)는 기업 경영 환경에 효과적으로 대처하기 위해 예측 경영을 통한 최적의 의사 결정을 내릴 수 있게 해주는 시스템을 의미한다. 성과란 어떤 일을 통해 얻은 결과를 말한다. 예컨대 일이란 조직이나 단체 혹은 개인들의 계획과 활동을 의미한다. 성과관리는 조직이나 팀, 개인이 조직의 비전과 전략에 근거하여 목표 및 계획을 수립하고, 그 활동 결과를 평가하여 경영에 반영하거나 환류시킴으로써 성과를 극대화하려는 일련의 과정과 노력을 의미한다(한국행정연구원, 2005).

성과목표의 구성요소는 미션(mission), 비전(vision), 전략목표(strategy objectives), 핵심성공요인(key success factors: ksf), 핵심성과지표(key performance indicators: kpi)로 구성되어 있다(이찬 외, 2017).

성과목표이 외 또 하나의 도구가 균형성과관리BSC(Balanced Score card)이다. BSC는 조직의 전략적 목표를 달성하기 위하여 조직구성원들이 상위 조직의 목표를 효과적으로 달성하기 위한 자신의 속한 집단이나 개인이 달성할 목표를 수립하도록 지원하고 수립된 목표에 따라 성과지표를 개발하여 조직 수준에 맞는 관리 활동을 전개하도록 지원하는 것이다(황성준 외, 2009). 성과관리시스템으로 BSC가 기능하기 위해서는 기업 전략과 성과의 연계성을 유지하고 지표 간 균형을 유지하고 지표 간 균형을 강조하며 전략을 실행 언어로 조직구성원들에게 명확히 전달하는 과정이 필요하다. 최근에는 기존의 성과관리 효율성을 높이기 위해 목표설정-중간점검-평가의 단계가 이루어진 지속적 커뮤니케이션 과정과 개인 수준의 성과 모니터링 과정이 강조되고 있다(이찬 외, 2017).

성과관리(BSC)의 궁극적인 목적은 회사의 미션과 비전의 달성에 있다. BSC프로세스는 미션과 비전을 만들고 비전을 만들기 위한 전략목표를 만들며, 전략목표를 달성하기 위한 핵심 성공요인을 구축하고 핵심 성공요인을 관리할 핵심 성과 지표를 구축하는 일련의 프로세스로 이루어진다. 핵심지표는 학습과 성장 관점, 내부 프로세스관점, 고객관점, 재무관점으로 구성되어 기업의 전략적 성과관리 체계를 만드는 것이다(한국 BSC 연구회, 중소기업의 전략적 성과관리, 2009).

CCM 운영성과 목표와 성과지표는 별도로 계획을 수립하기보다 회사의 미션과 비진에 소비자중심경영의 철학을 반영토록 하고 회사의 특성을 반영한 소비자중심경영의 핵심 성과 지표를 개발하여 개발된 지표는 BSC와 KPI(key performance indicators)에 반영하여 소비자중심경영 활동을 효과적으로 추진토록 할 필요성이 있다.

| CCM운영 성과지표(예시) |

비즈니스 성과		매출액/증가율, 영업이익/증가율, 시장점유율
프로세스 성과	생산프로세스	1인당 생산수량, 공정불량률, 제조원가 개선율
	배송프로세스	취급파손건수 · 율, 배송원가 개선율
	QA프로세스	품질승인합격율, QA기간
	CS프로세스	2차콜 발생건수 · 발생률, 약속시간 준수율, 응답률, 건수별 상담시간, 대외민원건수 · 발생률, 자동주문 성공률
고객관련 성과	배송품질	배송 지연건수 · 율, 오배송건수 · 율
	상품품질	AS건수 · 율, 교환건수 · 율, 반품건수 · 율, 리콜건수 · 율
	CS품질	불친절건수 · 율, 상담서비스 불만건수 · 율, 문의율

기업과 조직은 일을 통하여 성과를 내야만 한다. 조직이 성과를 이루기 위해서는 목표가 명확해야 하고 구성원들이 일을 잘해 낼 수 있는 역량을 갖추고 자발적으로

스스로 통제하에 동기를 유발할 수 있도록 해야 한다. 피터 드러커는 기업을 포함한 모든 조직에는 단 하나의 핵심역량, 즉 혁신이 필요하다고 했다. 모든 조직은 자신의 혁신적 성과를 기록하고 평가할 수 있는 방법이 필요하다고 한다. 한국인사관리협회에서 2021년 국내외 20개 기업의 성과관리 운영사례를 들고 있는데, 그중에서 몇 가지를 소개하면 아래와 같다.

사례 기업의 성과관리 사례

J 기업의 CCM 관리지표 사례에서 성과관리의 목적은 CCM 문화 정착을 위해 CCM에 대한 운영성과를 객관적이고 정량적으로 평가하고, 그 결과를 전사적으로 공유하여 CCM에 반영하고 CCM프로세스를 지속적으로 개신하는데 그 목적이 있다.

구글 – OKR

구글에서의 OKR(objective and key results)은 목표를 설정하기 위한 도구이며, 동시에 목표를 효율적으로 소통하고 실행하는 과정에서 목표 달성을 위한 조직내 대화를 돕는 도구이다. 개인이나 팀은 회사 전체의 미션에서 시작하여 미션과 목표를 연결해 보고, 개인 및 팀의 역할과 존재이유, 정체성을 확인해 보게 되며, 갖고있는 역량, 자원까지 고려하는 전략적 사고의 과정을 거쳐 가장 가치 있을 만한 팀 목표 혹은 개인 목표를 뽑아내게 된다. 이 과정에서 직원 개인은 일의 의미를 찾고 스스로 수노하는 이 과정의 재미를 찾게 된다.

버드뷰 – 자율과 공유

버드뷰는 모바일 뷰티앱 "화해"를 운영하는 기업이다. 화해는 화장품 정보와 리뷰데이터 정보를 바탕으로 소비자가 화장품 구매시 꼭 필요한 정보를 제공하여 소비자에게 적합한 제품을 선택할 수 있도록 돕고 있다. 버드뷰는 혁신을 한다는 목표와 자율적 성장플랫폼이라는 기업 비전을 가지고 있다. 버드뷰는 목표를 톱다운 방식이 아니라 구성원이 자율적으로 수립한다. 버드뷰 구성원들은 자율적으로 자신의 성장을 위한 최고의 목표를 설정하고 공유한다. 어떤 목표 및 성과에 대한 책임대신 공유를 통해 이해와 신뢰를 쌓아 가는 것이다. 구성원들은 함께 나누고 보다 높은 수준으로 지향하여 자율 성장을 실현하게 된다.

POSCO – 조직간 장벽 허물기

포스코 최고 경영층은 전사 차원의 소통과 협력을 강조하였다. CEO는 조직간 사일로(silo)를 없애고, 소통과 협력을 통해 실질적인 성과를 창출할 것을 언급한 바 있다. 포스코는 협업의 중요성을 인식하고 포스코 고유문화로 정착시키기 위해 시스템과 제도측면에서 실천 방안을 마련하였다. 포스코는 전사 차원의 협업과 소통 문화 확산을 위해 조직간 협업 kpi 운영 및 평가에 협업 성과를 반영하여 협업 포인트제도를 운영하였다. 또한 생산과 생산, 생산과 마케팅, 정비와 구매 등 가능한 협업이 필요한 임원 단위의 조직을 선정하고, 공동의 협업 kpi를 선정, 등록하도록 하였다.

2 CCM 운영 성과

1) 성과관리 지표 수립

CCM은 측정에서부터 시작된다. "측정할 수 없다면 개선할 수도 없다." 즉, 측정하지 않으면 지금 어디 있는지, 어디로 가고 있는지 알 수 없기 때문에 발전할 수 없다. 그렇다면 조직에서 측정이 왜 필요할까? 결론적으로 측정은 다음의 이유 때문에 매우 중요하고, 측정이 제대로 이루어지지 않을 경우 CCM은 실패할 수밖에 없으며 측정시스템은 다음과 같은 경영성과를 가져온다.

- 경영성과에 대한 관리가 가능하다.
- 문제파악과 이에 따른 우선순위 결정이 가능하다.
- 종업원은 무엇이 기대되고 있는가를 이해하기 쉽다.
- 경영성과가 올바른 것인가 파악할 수 있다.

- 정당한 보상과 처벌이 가능하다.
- 경영성과의 개선을 할 수 있다.
- 경영관리를 추측할 수 있다.

❙ CCM 평가시스템 구축 ❙

단계	세부내용
◻ 준비 단계	■ CCM 평가 이해 • CS 이념, 비전 정립 • 현행 평가제도 이해 • 평가 목적, 범위 명확화
◻ 고객요구 정의	■ 외부고객 관점 • 고객정의 • 고객요구 도출 ■ 내부고객 관점 • 고객정의(직무연관분석) • 고객요구 도출
◻ 최종 고객조사	• CSI 조사 • 접점 모니터링
◻ 평가지표 개발	■ 외부고객 관점 • 고객주요 요구 도출 • KPI 개발 ■ 내부고객 관점 • CSI 차원 개발
◻ 평가 시행	■ 평가제계 • 평가운영체계 수립 • 평가 TOOL 개발 • 평가주기, 주체 선정 ■ 내부고객 관점 : 평가팀 선정 • CS 활동 평가 – 외부고객 관점 : CSI 조사, 모니터링 등 – 내부고객 관점 : CSI조사 등
◻ 평가결과 활용	■ 인사, 급여 반영 ■ 포상, 경고

(1) 준비단계

평가는 전략을 정리한 것이다. 모든 평가체계는 전략과 실행을 연계시키는 역할을 통해 구성원이 한 방향을 향해 움직이도록 해야 한다. 평가를 위해서는 평가지표를 설정해야 하는데 이 지표는 업무를 수행하는 구성원들과 정기적으로 커뮤니케이션 하는 수단이다. 또 평가지표는 구성원들로 하여금 보다 높은 성과를 창출하도록 동기부여 하는데 그 목적이 있다.

CCM을 평가하기 위해서는 조사의 모든 과정이 체계적으로 이루어져야 한다. 평가시스템은 고객중심에 기여한 내부 경영활동의 과정과 결과를 고객관점에서 평가하는 기법을 말한다. CCM 평가시스템은 고객이 만족한 정도를 측정함은 물론이며, 평소의 업무 속에서 CCM을 위해 노력한 내부 활동에 내해서도 평가한다.

(2) 고객 요구 정의

CCM 평가체계는 외부 고객만족지표와 내부 고객만족지표 모두 포함되어야 한다. 고객들이 진정으로 원하는 것이 무엇인가 파악하고 고객 요구는 간결한 문장으로 도출해서 일목요연하게 정리한다. 고객이 누구인지, 고객의 요구가 무엇인지 정의되어야 하며 이것을 '고객요구 정의'라고 한다.

외부고객 관점

고객만족을 측정하기 위하여 고객의 요구사항을 정의하는 단계이다. 외부고객 요구를 정의하면 고객만족도 조사항목 개발과 동일하다. 이때 기존 VOC 자료에 관한 수집, 고객접점 및 서비스 현상에 대한 진단을 통해서 원시 데이터를 수집하고 고객의 요구품질을 추출하게 된다.

내부고객 관점

내부고객 요구를 정의하면 내부고객을 명확히 하는 작업이 최우선이며 이 정의가 매우 중요하다. 한 업무를 중심으로 전 단계 부서와 그다음 단계 부서가 정해지게 마련이다. CCM 평가체계는 전사의 모든 직원이 CCM을 향해 움직이도록 하는 체계이다. 이는 곧 누구는 평가하고 누구는 평가하지 않는다면 전사적 평가체계로 볼 수 없다는 것을 의미하기도 하다. 그래서 외부 고객만족지표 뿐 아니라 내부 고객만족지표도 필요한 것이다.

(3) 최종 고객조사

3단계는 최종(외부)고객에 대한 조사단계이다. 여기서는 고객의 요구를 반영하여 설문지를 개발하고 각 고객별 조사를 통해서 고객의 기대와 만족의 정도를 파악하여야 한다. 이를 위해 일반적으로 외부 고객만족도와 부서 간 만족도에 대한 조사를 시행하고 고객접점에 대한 모니터링이 이루어진다.

CCM의 만족도 측정은 CCM에 대한 불만 제기자의 만족도를 측정하기 위하여 정기적 및 비정기적으로 이루어져야 한다. 만족도 측정은 무작위로 불만 제기자를 표본 추출하여 면담 등으로 조사하는 방법, 소비자를 가장한 심사원의 불만제기, 그 밖의 적절한 기법 등을 사용할 수 있다. 소비자 접점별, 유형별 서비스 활동 프로세스를 분류하여 평가하고 서비스 개선요소 발굴하며 개선 활동으로 서비스 수준을 제고시킨다.

평가대상

- **클레임처리** : 우편, 환불, 방문, 의뢰
- **단순상담** : 제안, 문의, 단순상담
- **인터넷** : 인터넷 답변 평가
- **품실개선 평가** : 발생원 평가

표본추출

- **클레임처리** : 클레임 처리 고객을 대상으로 추출
- **문의 상담** : 단순 불만, 문의 고객을 대상으로 추출

- **인터넷 상담** : 인터넷 내 공개, 비공개 게시판에서 추출
- **품질개선 평가** : 매월 클레임 발생원 분석 PPM 평가

설문방법

- **클레임** : 서신, E- mail, 유선 설문
- **문의상담** : 유선 설문 또는 서신 설문
- **인터넷상담** : E-mail 설문

설문 회신관리

- 설분 발송 후 약 1~2주 뒤부터 회신 설문 관리

평가분석

- 반기 단위로 클레임처리, 단순상담, 인터넷, 품질개선을 종합한 CS 평가도출
- **클레임처리** : 만족도(5점 척도, TOP 2)
- **인터넷** : 만족도(5점 척도, TOP 2)
- **단순상담** : 상담원별 만족도(5점 척도)
- **품질개선 평가** : PPM 평가

CCM의 만족도 활용은 소비자만족도가 높은 경우에는 이를 홍보하여 이미지 제고에 활용하고, 너무 낮은 경우에는 CCM의 개선을 위하여 노력한다.

(4) 평가지표 개발

다음은 평가지표를 개발하는 단계이다. 주요 고객들의 요구사항과 핵심관리요소를 도출하는 과정으로 대표성과 전략적인 중요성을 토대로 평가지표를 도출하는 단계이다. 직원들의 노력을 이끌어 내는 평가지표 개발로서 평가지표 개발은 고객 요구를 충족시킬 수 있는 기업 내부관리요소를 도출한 후 그것을 지표화하는 것이다.

평가지표의 종류

기업은 규모에 따른 대기업, 중소기업, 영세사업자 등으로 나눌 수 있고, 업종에 따른 금융, 식품, 의류, 유통, 의류 등으로 분류할 수 있지만, 대부분의 사업자 조직은 재무지표, 고객관련 지표, 종업원만족 지표, 프로세스 지표의 네 가지 지표에 대한 측정이 필요하다.

재무 지표

재무제표는 기업의 재무상태나 경영성과 등을 보여주는 문서이다. 이러한 재무제표는 기업의 성과 등을 파악하기 위해 내부적인 목적으로 사용되기도 하나, 상장기업의 경우 이러한 재무제표들을 매년 결산기에 일반대중에게 공개하게 되어있다. 매출액(종업원당 매출액, 평당 매출액), 이익(매출총이익, 경상이익, 영업이익, 당기순이익), 투자수익률, 자산수익률, 자본수익률, 영업비, 영업외비용 등이 있다.

고객관련 지표

고객관련 지표는 다양하다. 마케팅 캠페인 효과, 직접 트래픽, 방문당 페이지 수, 고객 획득률, 전환율, 구매 포기율, 고객 이탈률, 순 추천 지수, 고객 만족도, 평균 해결 시간 등이다. 구체적으로 고객의견 카드, 고객 불만 및 불평 수집 시스템, 고객만족도에 대한 설문조사 등이 있다.

종업원만족 지표

성과관리를 통해 경영자가 추구하는 바를 공유함으로써 경영자를 신뢰할 수 있게 만드는 것은 중요하다. 종업원 만족도가 달성된다는 것은 종업원이 조직에 몰입하게 되어 기업의 전략과 종업원의 행동이 일치되기 쉬움을 의미하며, 이는 종업원들이 조직에 대한 목표일치성을 확보하게 됨에 따라 기업의 목표가 달성될 수 있는 기반이 된다. 종업원만족에 관한 설문조사, 종업원의 행동에 관한 측정, 복합지표로서의 종업원 만족지수 등이 있다.

프로세스 지표

종업원당 생산량, 불평제기 시 해결시간, 정시 인도율, 대금청구 문의율, 정시 설치율, 수리의뢰 통화율, 외상매출금 미회수 비율 등이 있다.

성과지표 선정기준

기업의 CCM 목표를 달성하기 위한 활동의 성과를 측정하는 지표이다. CCM 성과 도출이 미진한 경우 이의 원인이 무엇인지를 신속하게 파악하여 개선 조치가 이루어질 수 있도록 한다.

관리의 중요성

경영활동을 대표할 수 있는 핵심요인 중심으로 CCM 평가지표를 선정하는 것을 의미하며, 이를 통해 업적평가의 타당성을 높일 수 있다.

- 관리의 중요성을 기준으로 CCM 평가지표를 도출할 경우 기업이 추구하는 전략 방향이 먼저 고려되어야 한다.
- 기업이 추구하는 전략 방향이란 일반적으로 기업의 성장단계에 따라 달라진다.
- 성장기에 있는 기업의 경우, 생산설비의 건설 및 확장, 운용 역량의 구축, 고객과의 관계 설정을 중심으로 지표를 개발하는 것이 필요하다.
- 성숙기에 있는 기업의 경우, 현 시장점유율 유지 및 향상, 투하자본으로부터의 수익극대화 등과 같은 방향에 의거하여 지표를 개발하는 것이 필요하다.

통제가능성

CCM 평가지표를 계열사들의 사업 방향 제시 및 동기부여 오인을 활용하기 위해서 도출된 CCM 평가지표는 계열사들이 자신의 사업범위 내에서 직접 통제할 수 있는 것이어야 한다. 자신이 직접 통제할 수 있는 지표가 아닐 경우, 구성원들의 의욕 저하를 가져올 수밖에 없기 때문이다.

측정가능성

측정하지 않고서는 최종 성과가 어떤 수준인지, 성과에 문제가 있다면 무엇 때문인지, 그리고 이를 어떻게 개선할 것인지를 파악하는 것이 어렵기 때문에 특정가능성이 고려되어야 한다.

- 측정가능성을 고려한 KPI를 개발할 경우, 여러 가지의 성과 동인을 종합적으로 반영한 통합지표를 개발하는 것이 바람직하다.
- 고객만족의 개별지표는 고객만족지수, 구성원 만족도와 관련된 개별 측정치는 구성원 만족지수로 종합하여 활용하는 것이 바람직하다.
- 측정방식의 개선을 통해서 관리 중요성으로 통제 가능성을 개선할 수 있기 때문에 특정방식에 대한 정교한 정의가 중요하다.

측정 시 유의할 점

많은 기업들이 잘못된 측정지표를 수집하고 있다. 일반적으로 저지르는 실수는 CCM 또는 기업의 성과에 필수적인 측정지표의 누락하거나 관련 없거나 부적절한 측정지표에 대한 측정하는 경우이다. 이렇게 되면 고객의 기대를 충족시키기 어렵게 되기 때문에 경쟁기업에 비해 고객만족 면에서 뒤떨어지기 쉽다. 또 CCM은 관계없는 분야에 중점을 두게 되므로 조직의 시간과 자원을 낭비하는 결과가 된다.

평가방법이 무엇이냐에 따라 직원은 그에 맞추어 행동해야 하고, 직원의 그 행동결과에 따라 고객만족도도 달라진다. 측정 시에는 다음 사항들에 유의해야 한다.

- 현재 잘못된 측정을 하고 있지는 않은가?
- 측정의 표현은 긍정적인가?
- 측정지표는 고객의 요구를 반영하고 있는 것인가?
- 종업원들도 이 측정지표를 쉽게 이해할 수 있는가?
- 측정지표의 개발에 이해 당사자가 참여하고 있는가?
- 측정은 (불이익 또는 벌을 주기 위한 것이 아니라)개선을 위한 것인가가 중요

측정지표의 개발 절차

측정지표를 개발하는 절차는 다음과 같다.

- 1차 : 측정의 목표설정
- 2차 : 브레인스토밍의 실시를 통한 측정지표의 선정

- 3차 : 각 측정지표의 측정주체 및 측정방법 결정
- 4차 : 지속적인 측정
- 5차 : 측정결과의 공유 및 지속적인 개선
- 6차 : 주기적인 측정지표의 타당성 검토

1차 : 측정의 목표설정

측정지표가 왜 필요하며 무엇을 위한 것인지에 대해 검토한다. 측정지표의 종류로는 고객관련지표, 프로세스 지표, 종업원 만족 지표, 재무지표가 있다. 이 가운데 어디에 해당하는지에 대한 점검이 측정지표의 개발단계에서 가장 먼저 이루어져야 한다.

사례 : 고객의 기대수준

2차 : 브레인스토밍의 실시를 통한 측정지표의 선정

브레인스토밍을 통해 필요한 측정지표들을 개발하고, 이 가운데 꼭 필요한 측정지표들을 이해 당사자인 종업원과 경영층이 협의하여 선정한다.

사례 : 가전회사의 측정지표 개발

3차 : 각 측정지표의 측정주체 및 측정방법 결정

이 단계에서는 각 측정지표에 대해 누가, 언제, 어디서, 어떻게 측정할 것인지를 결정한다.

사례 : 가전회사의 서비스처리 완료 기준 측정지표

4차 : 지속적인 측정

기준이 되는 기간(매일, 매주 또는 매월)을 정해 지속적으로 측정하여야 한다. 이렇게 하면, 변화추세를 알 수 있어 기간별 비교를 통해 어떻게 변화하는지에 대한 흐름을 파악할 수 있게 된다.

5차 : 측정결과의 공유 및 지속적인 개선

게시 등을 통해 측정결과를 이해 당사자 모두에게 알려야 한다. 또한 필요한 경우 개선팀을 조직하여 CCM을 위한 지속적인 개선을 이루어야 한다. 특히 동기부여를 위해 측정결과를 보상 및 인정과 연결시키는 것이 중요하다.

6차 : 주기적인 측정지표의 타당성 검토

시장 환경 및 고객의 욕구는 시간이 경과됨에 따라 항상 변화한다. 따라서 현재 측정되고 있는 지표가 꼭 필요한 것인가, 새로운 측정 지표의 추가는 요구되지 않는가에 대한 주기적인 검토가 필요하다.

(5) 평가 시행

5단계는 4단계에서 도출한 평가지표별로 데이터를 수집하는 방안을 마련하고 평가 설계를 구체적으로 마련한다. 평가를 실시하기 전에 설문지에 대한 사전검사(pilot test)를 통해서 문제점을 보안하여 완성하게 된다. 5단계는 평가결과에 대한 공유와 활용하는 단계이다. 전사, 부문, 팀, 개인단위의 지표별 목표를 설정하고 구체적인 실행계획을 수립하여 개선된 고객만족활동을 전개하게 된다. 이 단계 이후 개선된 실행안(案)에 대한 성과를 분석하고 새로운 평가시스템에 따라 평가와 보상을 시행한다.

평가 시행 전 검토사항

평가를 시행하기 전에 전 직원에게 평가체계에 대한 교육을 실시하여 새로운 변화에 대한 수용도를 높여야 한다. 또 평가를 시행하기에 앞서 평가지표들에 대한 운영체계를 구축해야 한다.

- 시행 목적을 명확히 하고,
- 시행방법과 지표별 측정예산 배정하고,
- 시행 주기와 주관 부서를 정해야 한다.

평가체계를 시행하기 전에 마지막으로 할 일은 전 직원과 공감대를 형성하는 것이다. CCM 평가체계는 완전히 새로운 측면의 평가제도이므로 직원들이 민감하게 반응할 수밖에 없다.

- 평가지표는 제대로 설계되었나?
- 평가는 객관적이고 공정할까?

평가지표부터 평가 운영체계까지 직원 대표들을 모아 워크숍을 진행하는 것이 저항이 줄어든다. 시행 전에는 사전 설명회나 공청회를 반드시 개최하는 것이 좋다. 이렇듯 CCM 체계 구축은 혁신이기 때문에 변화 관리가 반드시 수반되어야 한다.

측정결과의 공유

측정지표들은 측정으로 끝나지 않고 개선으로 연결될 때 진정한 가치가 있다. 따라서 측정 후에는 결과를 관련부문과 개인에게 주기적으로 알려서 정보를 함께 공유해야 한다. 뛰어난 성과를 보이는 회사들은 대부분 팀 및 개인의 실적을 쉽게 눈으로 볼 수 있게 하는 방법을 적극적으로 활용하고 있다.

개인별 측정에 더 비중을 둘 것인가, 팀별 측정에 더 비중을 둘 것인가는 조직의 특성에 달려 있다. 일반적으로는 협동심과 팀워크에 의한 상승효과를 위해서 팀별 측정에 더 비중을 둔다. 또한 일의 성취는 개인의 힘으로 이룩되는 것이 아니고, 다른 사람들(내부고객)의 협력이 필요하기 때문에 팀별 측정에 더 비중을 두는 경향을 보이고 있다. 농구선수는 자기 팀의 승패를 아는 것도 좋지만 누가 골득점이 많은 가도 알고 싶어하기 때문이다. 이처럼 개인별 측정이 필요하지만 개인별 측정만이 항상 좋은 것은 아니다. CCM에서는 이기주의에 빠지기 쉬운 개인별 특징의 단점을 개선하기 위해 팀별 측정을 보완할 필요가 있다.

(6) 평가결과 활용

CCM 평가 결과의 반영은 새로운 제도를 도입하거나 업무혁신을 단행할 경우 종업원들에게 보상과 인센티브가 따라야 성공할 수 있다. 보상과 인정이란 무엇인가? 보상 및 인정은 금전적 보상과 비금전적 보상으로 나누어 볼 수 있다. 여기서 인정은 바람직한 행동을 한 데 대해 칭찬 또는 축하 파티 등을 통해 개인적 칭찬, 사장 또는 임원의 작업장 특별방문, 개인 또는 팀에 대한 사장의 감사편지, 관리자 회의에서 특정 개인 또는 팀에 대한 칭찬, 사보에 개인 및 팀의 업적 게재, 사장 및 임원의 특별전화 감사를 표시하는 것이 있다.

평가결과의 활용법은 크게 두 가지 업무로 구분되는데 하나는 인사고과 반영이고, 나머지 하나는 포상과 경고이다.

인사, 급여 반영

인사고과를 반영할 때에는 일단 전체 부서를 네 가지 범주로 구분해야 한다.

- 고객접점의 일선에 있는 부서
- 고객접점을 지원하는 부서
- 고객접점이 없는 내부관리부서
- 마지막으로 한시적 부서(TFT)

보상과 보완

비금전적 보상은 여행권, 영화 관람권, 사장과의 저녁식사, 승진, 사장 또는 임원의 표창, 해외여행 티켓, 이달의 종업원 또는 팀, 올해의 종업원 또는 팀, 팀원 전체의 업적이 기록된 기념사진, 기념패 수여, 티셔츠, 모자, 벨트, 넥타이 등의 제공, 기념배지, 음악회 또는 영화 관람권, 생일케이크, 가족여행권, 업적에 관한 축하파티 등과 같이 금전이 수반되지 않는 보상을 의미한다.

금전적 보상은 현금시상, 스톡옵션, 주식시상, 보너스, 수당인상 등과 같이 금전적인 대가가 수반되는 보상을 가리킨다.

한편 보상 및 인정은 개인별 또는 팀에 대해 이루어질 수 있으며 공식절차를 거치는지 여부에 따라 공식적 보상 및 인정, 비공식적 보상 및 인정으로 나눌 수 있다.

또한 '110% 달성상'을 제정하여 실적이 나타날 때마다 종업원에게 상을 준다. 그것은 기념패, 기념사진, 기념배지만으로도 충분히 효과가 있다.

▎평가결과 활용 사례▎

구 분	영업사원
인사 상 반영	• 당해 연도 지역본부별 CS우수 영업조 1개조 사장 표창
포상	• 최우수 서비스맨 : 상하반기 본사가 실시한 모니터링 결과 • CS우수사원 : 부서별로 반기 1명씩 임원이 포상
보완	• 하위 10%(혹은 일정 점수 이하)부서는 독려차원의 교육프로그램 참석

(7) 운영평가 사항

CCM 주관부서는 내부관리체제 범위에 포함되는 부서와 임직원의 역할과 책임을 지속시키기 위해 의무만 부여할 것이 아니라 관련 부서가 업무처리에 있어 겪는 고충과 해소에 관심을 갖고 개선할 수 있는 방법을 지속적으로 고안해야 한다. 이는 업적(Performance)평가와 역량(Competency)평가로 구분될 수 있다. 업적평가의 경우, 규정된 역할과 책임의 이행에 따른 업무의 성과에 대한 평가이고, 역량평가의 경우, 업무수행에 필요한 조직 및 개인의 역량을 측정하는 평가이다.

▎CCM 운영성과 평가사항▎

구분	주요 사항	성과 지표
수시 평가	• 소비자 불만처리 절차의 적합성 및 효율성 • CCM에 대한 수시 점검 절차의 적절성 및 효율성	• 임직원의 CCM 이행 성과 – 임직원의 사전예방 이행 성과 – 임직원의 불만처리 이행 성과
운영성과 평가	• CCM의 지속적인 적절성, 충분성, 효과성 및 효율성 • 소비자의 건강, 환경 등의 위해 및 안전성 관련 부적합 사례 파악과 조치 • 제품 및 서비스 결함 파악 및 시정	• 최고경영자가 CCM 의지를 갖고 정책을 개발하는가? • 임직원들이 최고경영자의 CCM 의지를 제대로 인식하고 있는가? • 경영 이념, 경영 방침 중 고객 존중 방침이 명시되어 있는가? (효과성, 실질성 평가)

구분	주요 사항	성과 지표
	• 불만처리 절차 및 제품, 서비스, 제도 등의 개선과 변경 필요성 평가 • 불만처리 방침과 목표에 대한 지속성, 효과성	• 임직원들이 본인의 업무와 관련하여 어떤 행위가 소비자피해 발생을 유발하는지에 대해 제대로 알고 있는가? (이행 실적 평가) • 임직원들이 소비자피해 예방을 위해 해야 할 일도 해서 안 되는 일을 제대로 인지하는가? (이행 실적 평가) • 모든 관리계층에서 CCM의 책임을 제대로 인지하고 있는가? (책임 개선제 이행 실적 평가) • 소비자피해 발생이 전년 대비 감소하였는가? 재발 비율이 감소하였는가? • 소비자 불만 원인이 객관적으로 규명되었고, 정확하게 자세히 기록되었는가? (불만 원인 파악의 피드백 실적) • 규명된 원인에 대해 적절한 시정 및 예방, 개선 조치가 이뤄졌는가? (개선 및 예방 실적) • 소비자 불만 관리 불이행의 경우, 어떤 조치가 이뤄졌는가? (효과성 측정) • 소비자 불만 관리 우수 사례의 경우, 어떤 조치가 이뤄졌는가? (효과성 측정) • 내부관리체제의 정상적인 가동을 감시하는 모니터링 장치가 개발되었고 예방 또는 개선에 효과적이었는가? • CCM 교육이 진행되었는가? • 최근 빈발 소비자 이슈와 불만에 대해 어떤 이해관계자들에게 어떠한 식으로 해당 정보가 알려지고 있는가?
지속적 개선	• 불만처리 절차의 효과성 및 효율성 개선 • 시정 및 예방조치의 개선 – 잠재적 원인 제거 활동	• 소비자 불만 예방 및 구제활동이 감독되고 있는가? • CCM 운영성과에 대한 평가시스템과 평가지표를 운영하는가? • 불만제기자의 불만해결 만족도를 측정하는가?

CCM 운영성과 평가사항은 관련 임직원의 역량을 점검하는 '핵심역량 점검표'이다. 주관 부서는 점검표를 참조하여 CCM에 참여하는 임직원의 역량과 업무 성취도 측정 문항을 개발한다. 그리고 정기적인 검증하여 일상 업무의 애로사항을 해소하는 측면에서 CCM 방침 및 운영 계획을 수립하도록 한다.

▌업적평가와 역량평가 비교▐

구분	업적(Performance)평가	역량(Competency)평가
평가목적	• 인센티브 결정에 활용 • 단기적 성과중심의 평가	• 승진 및 후계자 양성에 활용 • 장기적 관점의 평가
평가항목	• 기업전체의 성과에 기초한 사업부/팀/개인의 성과 • 당해 연도의 전략적 항목	• 회사가치와 연계한 리더십 및 역량 항목 • 장기적 성과
평가방식	• 연초에 설정한 목표를 기초로 평가	• 다면평가방식으로 주요 역량 항목에 대해 평가
평가주기	• 연1회(수시평가/피드백)	• 업적과 분리하여 연1회 평가
평가자	• 직속상사 중심	• 직속상사 또는 다면평가

또, 고객 지향적인 업무처리의 중요성을 인식하기 위한 방안으로 고객만족도를 제고할 수 있는 CCM Idea 제안제도, 비 접점 직원의 고객 상담 체험, 직원 CCM 경험사례 공모, CCM Point* 제도 등을 활용할 수 있다. 이와 같은 내용들은 자율적이고 적극적으로 CCM 혁신에 동참하도록 함으로써 동기부여를 활성화시켜 내부고객(직원)을 즐겁고 활력 있게 한다.

CCM Point: CCM Point 제도는 내부 직원의 고객지향 활동을 개인별로 평가한 후 포인트로 실적을 누적 관리하고, 이를 업무 성과 보상 이외 포상 휴가, 국외연수, 사내 포상, 인사고과 가점 등의 사은 보상 조치를 하는 방식으로 운용된다. 이는 불만해결과 예방활동에 대한 임직원의 업무 책임감과 사기 고취를 기대할 수 있다. 반면 소비자 불만 다발 직원의 바람직하지 않은 중과실 행위를 Bad-Point로 누적 평가하는 방법도 있다. 이 경우, 교육 이수, 고객 접점 체험 프로그램 이수, 경고장 발송, 이동/승진/연수 등 인사고과 불이익 조치로 반영될 수 있다.

| 부서별 CCM 경영성과 평가 |

<table>
<tr><th>구분</th><th>주요 내용</th></tr>
<tr><td>평가 목적</td><td>• 전 부서 직원이 고객의 중요성을 인식할 수 있는 계기 제공
• 참여를 통해 고객지향 마인드 함양 및 실질적인 개선 활동 연계
• 우수한 부서와 직원에게 적절한 보상 실시하여 생산적인 내부경쟁 유도</td></tr>
<tr><td>평가 대상</td><td>• 부서 단위, 영업 지점별로 평가</td></tr>
<tr><td>평가 기준</td><td>• 고객만족도
• 제안활동의 참여도 및 아이디어 실용성, 파급성 등 품질수준
• CCM 교육이수비율 및 교육효과 평가
• 고객만족활동에 관련된 사례발표의 참여 및 내용의 충실성</td></tr>
<tr><td>평가지표 개요</td><td><table>
<tr><th>평가지표</th><th>가중치</th></tr>
<tr><td>내부직원만족도 + 고객만족도 조사</td><td>20%</td></tr>
<tr><td>운영성과(예방활동 기여도) 점수</td><td>20%</td></tr>
<tr><td>교육이수비율 및 교육자 평가점수 평균</td><td>20%</td></tr>
<tr><td>고객만족에 관련된 제안 활동
(제안건수 30% + 제안내용 70%)</td><td>20%</td></tr>
<tr><td>고객만족활동 사례 발표 점수</td><td>20%</td></tr>
<tr><th>합계</th><th>100%</th></tr>
</table></td></tr>
<tr><td>평가 방법</td><td>• 고객만족도 조사
– 불만처리 결과에 대한 소비자 만족도 조사
• 내부직원 만족도 조사
– 업무처리 협조에 대한 타 부서 평가 (부서별 교차 평가)
• 운영성과(예방활동 기여도) 점수
– 소비자 불만 예방활동의 부서별 기여도</td></tr>
</table>

구분	주요 내용

- 개인별 기여도 평가

CCM Pont 제도(누적 관리)			
등급	판정기준	우수 포인트	불만 포인트
A	규정된 업무 불이행 사유로 고객 손실 및 기업 이미지에 손상을 입힌 경우	포인트+5점 우수직원	포인트-5점 고객불만 유발직원
B	규정된 업무 불이행 사유로 고객의 금전적, 물질적 손실이 발생된 경우	포인트+3점 우수직원	포인트-3점 고객불만 유발직원
C	단순불만접수 고객으로 적정한 보상이 필요한 경우	포인트+1점 우수직원	포인트-1점 고객불만 유발직원

1. 불만유발, 우수직원 대상 포인트 누적 관리(제도, 시스템, 시설 미흡으로 유발된 경우 예외)
2. 사은 보상 조치 : 국외연수, 유급휴가, 사내 포상, 인사고과 가점, 대내 홍보 등
3. 불이익 조치 : 교육 이수, 고객 접점 체험 프로그램 이수, 경고장 발송, 이동/승진/연수 등 인사 고과 불이익 조치 등
4. 사면 조치 : 고객의견 접수를 통해 우수 직원으로 선정되었거나 1년간 신규 불만 유발 행위 미발생의 경우 불만 포인트 감면

- 교육이수비율 및 교육자 평가점수 평균
  - 대상교육: 집합교육, 단기위탁교육, 정보화교육, 부서특별교육, Cyber 교육 등 CCM 관련 내용
- 고객만족에 관련된 제안횟수
  - 고객만족활동의 개선을 위한 아이디어 제안
  - 제안횟수의 가중치를 30%, 제안내용의 실용성, 중요성을 70% 가중 치를 적용하여 평가
  - 개인별, 부서별 동시에 평가
- 고객만족활동 사례발표 점수
  - 부서별 제안활동, 신규 제품 및 서비스 개발, 업무프로세스 개선 등을 실천한 사례를 발표하고 이를 평가하여 점수 산출
  - 사례발표 참여는 자발적으로 하는 것을 원칙으로 하되, 참여한 부서에게는 발표내용에 관계없이 기본점수를 부여하고 발표내용의 우수성을 기준으로 추가점수를 주어 합산

<table>
<tr><th>구분</th><th>주요 내용</th></tr>
<tr><td>평가시기
및 보상</td><td>
□ 부서별, 개인별 평가보상
• 평가시기
– 매 분기별로 조사된 내용을 집계하여 최고경영진에 보고하고 사내 공지 사항에 게재하되, 보상은 연말에 분기별 성과를 집계하여 1회 실시
• 평가내용
– 고객만족부문, 성과기여도, 교육이수, 제안활동 등
• 보상방법
– 직원들에게 가시적으로 동기부여가 될 수 있을 정도의 보상금액 및 해외 벤치마킹 연수 기회 제공 등을 설정하여 전 직원들이 관심을 갖고 능동적으로 고객중심 경영활동에 참여할 수 있도록 유도
<table>
<tr><th>평가방식</th><th>평가방법</th></tr>
<tr><td>정성목표
(定性)
– 행위행동,
상태표현</td><td>실적개선: 기존 업무개선 및 새로운 업무 개발
<table>
<tr><th>등급</th><th>상태조건의 변화정도</th></tr>
<tr><td>S</td><td>기대를 크게 상회 한다.</td></tr>
<tr><td>A</td><td>기대를 조금 상회 한다.</td></tr>
<tr><td>B</td><td>대체로 기대한 만큼이다.</td></tr>
<tr><td>C</td><td>노력하고 있다.</td></tr>
</table></td></tr>
<tr><td>정량목표
(定量)
– 수치화,
비용 감소,
비율</td><td>1. 목표달성도 평가: 목표 대 실적을 평가함으로써 목표달성 유도
▷ 목표달성도 = 실적/목표 X 100
2. 성장도 평가: 전기실적 대비 성장정도를 평가함으로써 지속적인 성장을 유도
▷ 성장도=(당기실적-전기실적)/전기실적 X 100</td></tr>
</table>
</td></tr>
</table>

시례 기업의 CCM-point[6] 운영

H 기업은 고객만족 포인트, 'CCM-point(Customer Centerd Management Point)' 제도를 운영하고 있다. CCM 관련 교육 참가, 사전예방(사전체크를 통한 예방, VOC를 통한 예방), 사후구제(소비자 불만 접수 및 등록, 제품 및 서비스 불만

6) CS Point를 여기서는 CCM 포인트로 사용한다.

전문 대응, 불만고객 대응 후 개선 진행 등)를 기준으로 우수와 부진 포인트를 누적 관리한 후 포인트에 따라 우수 사례의 경우, 아시아 및 미주 선진기업 벤치마킹, 공로상 후보 추천 등을 포상하고, 부진 사례의 경우, 추가교육 참가 및 소속 본부장의 결재를 득한 보고서 제출, 개인평가 반영 등의 조치를 취하고 있다.

2) 평가의 후속 조치 및 피드백

기업은 소비자 중심적 관련사항의 문제가 있는 부분은 보완을 해야 하는데 이는 현실적 부합성 여부를 점검해야 한다. 즉 불만처리 질차, 인적 및 물적 자원을 확인하고 수집된 데이터 등을 수시로 또는 정기적으로 점검하는 시스템을 구축해야 한다. 또 불만처리에 대한 우수사례의 조사하여 조직 내 소비자중심 접근방법의 육성한다. 나아가 혁신적 불만처리 절차의 개발 권장하여 모범적 불만처리 사례에 대한 포상 등을 통해 현재 및 잠재적 문제점의 원인 파악과 예방조치 개선의 자료로 활용한다.

(1) 직원의 자발적 참여 활성화

직원의 자발적 참여 활성화는 운영성과 극대화의 중요한 전제 요건이다. 동기부여와 자기 확신의 확보는 기술적인 행동을 예측할 수 있고, 이러한 기술적 행동은 업무 성과로 이어질 수 있다. 회사 정책의 실효성, 효과성은 실행력과 자발적 참여가 함께 이뤄져야 가능하다. 기업이 CCM을 위해 구축된 고객상담실과 내부관리체제가 효과적으로 운영되기 위해서는 전사의 각 사업부와 임직원이 모두 참여해야 한다.

(2) 피드백

CCM 관리지표를 BSC 전략맵에 포함시켜서 주요 지표로 관리하며 개선 프로세스 발생 시 경영계획에 반영하여 지속적으로 개선한다.

① CCM에 대한 운영성과 평가

- 회사는 CCM의 운영성과를 정기적으로 평가하여야 하고 그 평가기록을 보존하여 CCM 프로세스를 개선하는데 활용하여야 한다.
- CCM 관리지표의 원영성과 평가는 최고고객책임자가 담당하고 필요 시 외부전문기관에 자문을 구하도록 한다.

② CCM 프로세스 개선

- CCO는 고객의 불만처리 프로세스의 효과성과 효율성을 지속적으로 개선하고 필요시 경영계획에 반영한다.
- 회사는 부문조직과 서비스 전담 조직이 고객의 불만처리 프로세스를 지속적으로 개선 할 수 있는 인프라 구축과 지원시스템을 마련하고 개선관리 하여야 한다.

❙ 세부 평가항목 및 가중치 ❙

구분	평가지표	가중치
고객만족도	소매점 만족도	20%
고객관리도	고객정보 등록건수	5%
CCM활동 기여도	CS활동 건수	5%

❙ 세부 평가항목별 평가방안 ❙

평가항목		평가방안		
구분	평가지표	주체	주기	평가방법
고객만족도	소매점 만족도	본사	반기	지점의 영업조별 친절서비스에 관한 외부전문기관의 전화 모니터링
고객관리도	고객정보 등록건수	지점	분기	영업사원별로 고객정보 수집건수를 집계
CCM활동 기여도	CCM활동 참여도	지점장	반기	제반 CCM활동에 관한 참여 실적 및 태도

사례 보험사의 측정 체계

보험회사의 CCM활동에 대한 서비스품질 측정 체계

구분	조사명	표본크기	조사 주기	조사방법
공통	고객만족도	표본(지점당 ○○건, 경쟁사 각 ○○건)	반기	면접
	내부직원만족도	전 임직원	반기	시스템
	전화응대 친절도	○○건(영업 ○○, 보상 ○○, 본사/기업)	분기	전화
	VOC처리만족도	○○건	분기	
영업	고객만족도(자동차/장기)	보종별 ○○건(점포별 ○○건)	매월	
	자동차/고지 부실률	○○건(개인용자동차 보험의 2% 수준)	매월	
	장기–완전판매모니터링	○○건	매월	
보상	보상서비스만족도	자동차 장기	매월	
	전화응대친절도 (보상직원)	○○건 휴대폰/일반전화: 팀별 ○	매월	
	우수협력업체 만족도	○○(우수협력업체당 ○○건)	매월	
지원	업무처리만족도	지점별 최소 ○○ 표본 이상 지점별 비례할당)	분기	온라인
	고객지향도		반기	온라인
	콜센터서비스품질조사	○○건(년2회)	반기	전화
	창구응대친절도	○○개 창구(당사 ○○개, 경쟁사 ○○개)	반기	면접+ 전화
	인터넷서비스만족도	온라인 패널 중 손해보험 가입자	반기	온라인

3) 성과 우수 사례 발굴과 공유

그동안 CCM을 통해 달성한 성과를 발굴하고 이를 전임직원에게 공유한다.

실제 성과를 낸 부분을 사례를 발굴한 내용

인트라넷, 사례집 등을 통해 사내 공유실적이 중요하다. 이때 외부에 공개가 가능한 사례는 신문기사나 홈페이지에 공개한 것도 권유하고 있다. 그밖에서 블로그나 유튜브 등 SNS를 통해 공개하는 것도 추천한다.

3 유지개선

성과관리 측면에서의 유지개선은 CCM 전기 평가 시 개선요구사항이 어느 정도 개선되었는지를 평가하기 위한 지표이다. 이것은 전기에 지적받은 사항을 반드시 개선해야 하는 것은 아니다. 개선요구사항 중 법령이나 관계부처의 지시, 인력, 예산 사항으로 현실적으로 실행이 어렵거나 중장기 개선 계획을 수립하여 진행해야 하는 내용이 있을 수 있다. 그렇기 때문에 모든 개선 요구 사항을 개선해야 하는 것이 아니라, 개선 요구 사항에 대해 개선 가능 여부를 검토하고 개선 가능한 사항에 대해 개선 계획을 수립하여 실시하는 것을 평가하게 된다.

이 지표는 개선 요구 사항에 대한 무조건적인 개선 이행 여부를 판단하고자 하는 것이 아니라 기업의 지속적인 개선의지를 확인하기 위한 것이다.

따라서 전기 심사결과 보고서를 분석해서 개선계획서를 수립한다. 그리고 개선계획서에 따른 이행 실적으로 도출하여 차기 공적실적서에 작성한다. 개선 계획서에는 단기 개선사항과 중장기 개선 사항을 분리하여 개선 계획 대비 완료율을 제시하는 것이 무난하다.

전기 심사개선 요구사항에 대한 검토 여부로 개선 가능성, 단기 및 중장기의 3~5년 계획 수립여부를 판단하는데 검토 결과에 따른 개선 계획 수립 및 이행 여부를 확인하는데 개선 계획서에 따른 이행 실적으로 관련 결재 문서, 결과 보고 등을 확인한다.

> 단기 개선 사항은 개선 계획 대비 완료율 = (단기 개선 완료 건수)/(단기 개선 계획 건수)

중장기 개선사항은 개선 계획 대비 진행률을 확인한다.

4 가점(CCM 상생협력)

재인증의 경우에는 아래와 같은 사항에 대해 가점을 부여하고 있다. 즉, CCM인증을 확산하기 위해 유관사나 기타 타사에 대해 인증지원을 하기 위한 노력에 대해 일정한 가점을 부여하고 있다.

가점은 ① 중소기업 등을 대상으로 인증지원 활동, ② 인증 기업수 그리고 ③ 협력 프로그램 운영실적에 따라 가점이 부여된다.

1) 인증 지원

협력업체 등을 대상으로 CCM 획득을 위해 지원하는 프로그램을 운영한 사항에 대해 가점을 부여한다. 여기서 협력업체란 그룹사, 계열사, 관계사, 자회사 등을 의미한다. 그리고 해당 기업과 직접적인 협력관계가 없더라도 CCM 인증에 관심 있는 기업도 해당된다. 단, 기업 간에 멘토-멘티 협약이나 업무협약 등을 체결하거나 사전에 한국소비자원에 관현 사항을 통지한 경우에 적용된다.

지원은 CCM에 관한 교육, 워크숍, 강사 등의 지원내역이 있어야 한다. CCM 운영사례를 전수하거나 강사파견 등이 이에 해당한다. 또 협력업체를 대상으로 멘토링, 자문, 코칭, 컨설팅, 자료작성 지원 등도 해당된다.

Ⅰ 협력업체 신규인증, 재인증 획득 지원 가점 Ⅰ

교육, 워크숍, 강사 등 지원(총 10점)		멘토링, 코칭, 자문, 컨설팅 등 지원 (총 10점)	
지원 횟수	점수	지원횟수	점수
1회	2	1~2회	2
2회	4	3~4회	4
3회	6	5~6회	6
4회	8	7~8회	8
5회 이상	10	9회 이상	10

2) 인증기업 수

인증을 받은 협력업체의 수에 따라 가점이 부여된다. 여기서 협력업체는 인증 지원의 범위와 같다. 즉, 그룹사, 계열사, 관계사, 자회사 등을 의미한다. 그리고 해당 기업과 직접적인 협력관계가 없더라도 CCM 인증에 관심 있는 기업도 해당된다. 이것도 역시 기업 간에 멘토-멘티 협약이나 업무협약 등을 체결하거나 사전에 한국소비자원에 관현 사항을 통지한 경우에 적용된다.

실적 산정기간은 2년간 실적을 중심으로 한다.

Ⅰ 신규인증을 받거나 인증을 유지하고 있는 협력업체 가점 Ⅰ

신규인증을 획득한 기업 수(총 15점)		평가 시점에 인증을 유지하고 있는 기업 수(총 10점)	
기업 수	점수	기업 수	점수
1개	2	1~2개	2
2개	4	3~4개	4
3개	6	5~6개	6
4개	8	7~8개	8
5개 이상	10	9개 이상	10

3) 협력 프로그램 운영

인증을 받은 협력업체 등에 대한 지원프로그램 수에 따라 가점이 부여된다. 여기서 협력업체는 인증 지원의 범위와 같다. 즉, 그룹사, 계열사, 관계사, 자회사 등을 의미한다. 그리고 해당 기업과 직접적인 협력관계가 없더라도 CCM 인증에 관심 있는 기업도 해당된다. 이것도 역시 기업 간에 멘토-멘티 협약이나 업무협약 등을 체결하거나 사전에 한국소비자원에 관련 사항을 통지한 경우에 적용된다.

기업의 지원을 받아 인증을 받은 협력업체 등에게 제공하는 지원 프로그램, 인센티브 등이다. 예를 들면, 협력업체 평가 시 가점부여, 협력업체 내부 대금결제 우대, 방송 횟수 추가, 협력업체 포상 등이다. 이 지표 역시 실적 산정기간은 2년간으로 한다.

❙ 지원프로그램 가점 ❙

지원 프로그램 개수(총 5점)	
개수	점수(점)
1개	1
2개	2
3개	3
4개	4
5개 이상	15

참고문헌

김태영(2014), 소비자중심경영, 진샘미디어.

류량도(2021), 성과관리, 쌤앤파커스.

이윤식 외(2006), 정부성과관리와 평가제도- 주요 선진국 사례를 중심으로, 대영문화사.

이 찬 외(2017), 인적자원개발론, 양서원.

한국BSC연구회(2009), 중소기업의 전략적 성과관리.

한국행정연구원(2005), 성과평가 및 관리메뉴얼. 성과관리혁신포럼.

황성준 외(2020), 제주형 통합복지하나로 시범사업 성과지표 개발 및 평가, 제주연구원 제주사회복지연구센터.

PART III

CCM 심사 및 활성화

CHAPTER

09

CCM 유지와 활성화

Contents

기업이 CCM 인증을 획득한 후, 지속적으로 CCM을 유지하고 개선하며 재인증을 받을 수 있는 요인을 살펴본다. CCM 유지개선의 기본적 요인으로는 기업에서 CEO 등 경영진이 소비자중심적 사고를 경영이념으로 확고히 추구하고, 기업경영 활동에서 이를 구체적인 전략과 실천의지를 통해 반영하여야 한다. 그래야 구성원들이 확산시키고 조직문화로 정착할 수 있다. CCM 활동이 기업내 비용집행으로 끝나는 것이 아니라 CCM을 통해서 그 결과가 수익을 창출하고, 기업 내 재무적, 수익적 활동으로 작용하는 명백한 결과가 있어야 할 것이다.

1 유지개선을 위한 기본요인

CCM이 기업 내에 구축된 이후 이것을 기업에 정착시키고 유지·발전시킬 수 있는 기본적인 원동력은 무엇일까? 조직구성원들이 CCM을 유지하고 발전시키려는 강한 의지와 행동이 없으면 조직의 무관심 속에서 그럭저럭 2년이 흘러가고, 재인증 시기가 다가올 것이다. CCM을 조직에 정착시키기 위해서는 기업 조직 내의 '소비자중심 경영문화'가 경영의 바탕이 되어야 한다. 또 하나 최근 기업의 목적이 주주의 이익에서 나아가 기업의 사회적 책임을 강조하고 있는 ESG도 CCM 정착의 한 변수로 고려할 수 있다.

1) 조직문화

조직문화란 개인과 집단, 그리고 조직구성원의 태도와 행동에 영향을 주는 공유된 정신적 가치와 규범을 의미한다(배종석, 2012). 그러나 연구자에 따라 조금씩 다르게 정의되고 있다. Jones의 경우(오석홍, 2014, 재인용), 조직문화를 조직 내의 개인과 집단이 상호작용하고 고객, 공급자 등 조직 외부의 사람들과 상호작용하는 방법을 통제하는 일련의 비공식적 가치, 규범 및 신념이라고 정의했다. Edgar Schein은 '조직문화란 그 조직원 사이에 명시적 또는 암시적으로 공유되는 유무형의 형태로서 일정 패턴을 갖는 조직 활동의 기본가성(또는 전제, 믿음)이다. 이것들은 그 집단의 대내외적 활동과정에서 발견 또는 개발된 것들이다. 이러한 가정들은 오랜 시간 조직구성원들이 타당한 것으로 여겼기 때문에 당연한 것으로 받아들여지며, 새로운 구성원들에게도 조직문제를 해결하는 올바른 방법으로 학습된다'고 했다(백기복, 2011, 재인용). 이처럼 조직문화는 타 조직과는 구별되는 그 조직구성원의 보이지 않는 가치와 규범을 말하며, 이것들은 그 조직에 긍정적 혹은 부정적 영향을 미칠 수도 있는 것이다.

기업의 원초적 본성은 수많은 동식물이 서로 생존경쟁하며 살고 있는 정글과도 같다. 상품시장 환경에서 매출을 증대시키고, 이익을 얻음으로써 주주, 종업원, 사회 등 이해관계자의 요구를 충족시키는 것이 기업의 본성이다. 기업의 경영자들은 이러한 원초적 본성에 치우쳐 자칫 기업의 수익, 매출, 이익 등 재무적 성과에 집중해 왔다. 기업의 조직문화는 기업의 생존과 성장에 치우친 사고와 행동을 바탕으로 종업원의 사고와 행동에 영향을 주었고, 자연스럽게 재무적 성과지향의 조직문화가 팽배해 왔던 것이 사실이다.

| 기업내 소비자중심적 경영문화의 반영체계 |

구분	구분	주요 내용
사고의 대전환	기업가치 창출에 기여	CCM 운영이 비용집행 단위가 아니며, 정밀한 효과분석을 통하여 수익적, 비수익적 가치가 창출됨을 보여주어야 한다.
	CEO 등 리더의 소비자중심 철학	리더는 기업의 모든 수익은 소비자로부터 창출되고, 모든 전략은 소비자를 만족, 감동시키기 위해 구상, 입안, 실천되어야 하며, 궁극적으로 기업 가치 창출로 귀결되어야 한다는 철학이 형성되고, 그러한 정신이 기업의 모든 구성원에게 공유되어야 한다.
CCM 기획 및 수행 활동 최적화	융통성과 인내심	CCM 체계를 구축하는 것은 학습의 과정이다. 기존의 제도적 구조를 활용하여 실행력을 갖춘 개선 및 보완책을 마련한다.
	명확한 운영목표	CCM 운영의 주요 목표는 무엇인지 명확히 선정한다. 불만을 신속하게 해결하기 위한 고객상담실 능력 향상에 더 집중할 것인가? 또는 사전예방과 재발방지를 위한 시스템 구축강화에 더 집중할 것인가?
	정보공유 및 개선	소비자 불만정보를 사내에 어떤 방식으로 효과있게 공유하고 개선에 반영할 것인가? 소비자 불만정보가 기업 내 개선시스템에 반영, 소비자가 우리기업이용 시 불만, 불편이 개선됨을 체감하고, 호감을 갖도록 해야 한다.

구분	구분	주요 내용
CCM 기획 및 수행 활동 최적화	사외 공표	'CCM을 만들기만 하면 실현될 것이다'라는 생각은 하지 말아야 한다. 기업의 CCM 운영사실이 소비자의 눈에 잘 들어오도록 적절한 시기와 장소에 배치하고 홍보하여 기업의 불만처리 프로세스의 활용도를 높인다.
	적절한 구성원 채용	효과적인 불만처리와 분쟁 해결을 위한 적정 인원을 채용하고, 충분한 교육훈련으로 기술과 숙련도를 높인다. 효과적인 불만처리를 위해 관리자들은 다음과 같은 특성을 가져야 한다. • 의사소통의 기술 • 불만 소비자에 대한 공감 능력 • 소비자와 회사 양측 모두의 관점에서 소비자불만의 원인, 처리방법, 결과예측 등 관련 요소를 객관적으로 검토하고, 판단할 수 있는 능력 • 소비자불만을 체계적으로 파악하고 이를 처리하기 위한 기획 능력
	성과 관리	성과관리가 잘 되어 있는가? 기업이 현재 보유하고 있는 분석기술은 무엇이며, 어떤 기술이 추가로 더 필요한가?
기업의 가치창출에 기여 효과분석		CCM 활동 및 성과가 기업의 (비)수익창출 등 가치증대에 얼마나 기여를 하는가를 계량적으로 분석할 수 있어야 하며, 동 분석 시스템 구축 및 활용을 통하여 차기에 CCM 활동의 가치창출(증대) 목표설정도 가능

출처 : 캐나다 CCM 재인용

그러나 이와 같은 재무적 성과지향적 기업문화는 기업내부는 물론, 사회에도 부정적 결과를 초래하고, 특히 소비자의 안전과 경제적 손해를 야기하는 심각한 현상에 대하여 개선의 목소리가 높아졌다. 즉, 기업경영에 있어 상품을 구매하고 소비하는 소비자를 중시하고 이들의 효용과 복지를 경영정책에 우선적으로 고려함으로써 소비자만족을 통한 기업경영 활동이 새로운 패러다임으로 등장했고, 기업의 소비자중심적 경영과 조직문화가 기업의 새로운 문화로 자리잡게 되었다. 어떻게 하면 기업이 생산, 판매하는 상품과 서비스를 통하여 소비자를 만족하고 행복감을 극대화하고 기업의 성과도 제고할 수 있을까? 기업의 조직과 구성원들이 이런 점을 고민하고, 좋은 방안, 정책을 만들어 실천하는 환경과 분위기가 바로 기업의 소비자중심적 조직문화인 것이다.

2) ESG와 CCM

ESG란 'Environment' 'Social' 'Governance'의 머리글자를 딴 단어로 기업활동에 친환경, 사회적 책임 경영, 지배구조 개선 등 투명 경영을 고려해야 지속 가능한 발전을 할 수 있다는 철학을 담고 있다. ESG는 개별 기업을 넘어 자본시장과 한 국가의 성패를 가를 키워드로 부상하고 있다.

ESG 경영철학은 그동안 지나치게 강조해 왔던 주주중심의 '수익증대 지향' 일변도의 가치를 떠나, 비수익적 가치, 즉 매우 악화된 지구의 환경가치를 더 이상 방치할 수 없는 시점에서 '기업의 지구환경 보존 노력'(E), '기업을 둘러싸고 있는 사회부문에 기여노력'(S), '기업의 지배구조(자본주)의 건전성'(G) 등 3가지 요소를 평가하여 기업의 가치에 함께 반영하는 체제가 빠르게 도입, 운영되고 있다.

'기업을 둘러싼 사회부문의 기여노력'(S)은 근로자, 소비자, 사회 취약계층 등의 사회구성원의 안전, 자존감, 행복감 증진에 기여할 수 있는 노력 등은 매우 광범위한데, 기업의 '소비자중심적 경영문화' 측면에서는 기업의 내부고객(종업원), 외부고객(소비자)의 활동가치 등을 고려하고 반영하는 것이 중요하게 되었다.

이처럼 '소비자중심적 경영문화'는 기업에서 전략적 측면에서도 결코 소홀히 할 수 없는 '경영가치'를 지니고 있다고 할 수 있으며, 이를 적극적으로 유지 발전시킬 때 오히려 기업에게는 좋은 이미지와 수익증대 가능성이 커진다고 할 수 있다.

이러한 관점에서 '소비자중심적 경영전략(CCM)'은 '소비자중심적 경영문화'의 유지발전을 도모하기 위한 매우 효율적인 시스템이라 할 수 있다. 동 제도와 시스템을 유지 개선할 수 있는 가장 중요한 요인은 CCM 제도 운영이 비용 집행만 하는 단위가 아니며, 정밀한 효과분석을 통하여 수익적, 비수익적 가치가 창출되어 기업

활동에 기여하고 있을 보여주는 것이다. 즉, CCM 활동 및 성과가 기업의 수익 및 비수익 가치에 얼마나 기여를 하는가를 계량적으로 분석할 수 있어야 한다.

2 소비자 중심적 문화조성

1) 소비자 중심 조직문화

조직문화를 소비자중심적으로 유도하고 정착시키는 것이 경영자의 몫이며, 그러한 기업 경영철학의 필요성이 대두된다.

'소비자(고객) 중심적'이란 무엇일까? '소비자(고객) 중심적'이란 소비자(고객)의 입장에서 생각하고, 그들을 위하여 기업이 무엇을 어떻게 할 것인지 의사결정하고 실행하는 것을 의미한다고 할 수 있다. 즉 소비자의 욕구(니즈) 충족을 기본으로 하여 고객 만족도를 향상시키고 고객과 지속적인 친근한 신뢰관계를 유지함으로써 소비자가 우리 기업의 상품과 서비스에 호감을 갖게 하고, 구매 활동을 확대하여 우리 기업의 양적 질적 성장이 가능하고 그 결실이 기업은 물론 조직구성원에 파급되는 것이라 할 수 있다.

기업 내에 이러한 '소비자중심적' 분위기 내지 문화 형성은 그리 쉽지 않다. 왜냐하면 과연 소비자중심적 경영문화가 기업이 추구하고, 유지되어야 하는 수익창출에 있어 얼마나 기여할 수 있는 것인지에 대해 확신이 크지 않기 때문일 것이다. '소비자중심적 문화'가 수익창출에 기여하는 바가 별로 없거나 그 기대 정도가 작다면 기업활동에서는 심각한 재고(再考)의 대상이 될 수밖에 없기 때문이다.

그렇다면 기업 내에서 이러한 '소비자중심적' 경영문화가 얼마나 수익 창출적 성과를 가져올 수 있을까? 자칫 '소비자중심적 경영문화'는 육안으로 드러나는 수익 창출 효과보다는 비용 소요 요인이 더 크기 때문에 그 가치가 크지 않다고 평가될 수도 있을 것이다. 이 점에 대해서는 조금 더 혜안(慧眼)을 가지고 고찰해 봐야 할 것이다.

기업에서의 수익 창출의 결과는 회계상의 매출 증대, 이익증대 등 우선 육안으로 확인가능한 점이 있겠으나, 기업의 시스템상 눈으로 직접 보이지 않는 간접적 기여 또는 협력 부분도 있을 수 있을 것이고, 회계상에는 명시적으로 드러나지 않는 요인도 있을 것이다. 그 기업에 대한 소비자의 '호감도', '충성도', '불만피해 감소' 등 '소비자 중심적 경영문화' 결실로 나타날 수 있는 이러한 긍정적 가치에 대하여는 수익측면에서는 무시되거나 계량화되기 어렵고, 또한 금년, 내년 등 근시일내 가시적인 효과보다는 비교적 장기에 걸쳐 수익창출 요인으로도 작용할 수도 있어 제대로 평가를 받기가 어려울 수도 있을 것이다.

예를 들어 프로야구팀에서는 특정 선수의 가치를 평가함에 있어 한 시즌동안 그 선수의 훈련, 경기참여, 경기성적 등 주요 항목은 물론, 한 경기 한 경기에서 실수빈도, 결정적 점수 또는 승리의 발판 마련 등 매우 미세한 활동, 판단들도 평가할 수 있도록 기록과 점수화하는 등 비계량적이고, 미세한 부분까지도 계량화할 수 있는 기준 툴(tool)을 가지고 있다. 이러한 활동들도 모두 포함하여 궁극적으로 선수의 가치의 결정판이라 할 수 있는 연봉산정에 반영하고 있다. 이 외 동료들과의 협동 정도, 호감도, 희생정신 등 팀이 승리하는데 그 선수의 기여도, 팬으로 부터의 호감도, 사회적 모범생활 정도 등 간접적, 비계량적 요소를 모두 평가할 수 있는 시스템을 갖추고 특정 선수의 가치를 평가하고, 결정하는데 반영하고 개별선수들과 협상 등을 통하여 최종적 가치를 결정하게 될 것이다.

이처럼 기업 내에서도 겉으로 보기에는 기업의 수익 창출 활동과 관련이 작고, 비용요소만 강조될 수 있는 '소비자중심적 경영문화' 활동(소비자의 호감도, 불만감소 등) 잘 보이지 않을 수 있는 비계량적 요소에 대해서도 정밀하고, 다양한 평가체계를 갖추어 가치창출에 대한 기여도 등을 평가할 수 있어야 할 것이다.

따라서 아직은 미흡하다고 할 수 있는 기업 내의 '소비자중심적 경영문화'의 기여도를 분석, 측정하기 위한 노력의 필요성이 대두된다고 할 수 있다. 기업활동의 측면, 즉 생산, 유통, 판매, 고객관리 등 전사적 가치 창출 과정에서 비교적 정밀하게 분석할 수 있는 시스템 개발, 운영 등이 마련되고, 평가가 이루어진다면 '소비자중심적 경영문화'로 인한 기업가치의 창출 정도는 결코 서서히 그 가치의 중요성

내지 영향력이 드러날 수 있을 것이다.

소비자 중심적 차원에서 자가 진단한 후 고객 중심적 조직문화를 형성하기 위한 방안을 마련해야 한다. 자가 진단은 조직문화의 구성 7요소를 공유가치, 전략, 조직구조, 제도, 구성원, 관리기술, 리더십 등으로 조직문화를 측정한다(Pascal, R. & Athos, A, 1981, 한장혁, 2013, 재인용).

❙ 기업 조직문화 구성 7요소 ❙

구성 요소	내 용
공유가치	기업구성원이 함께 하는 가치관으로서 조직문화 구성요소에 영향을 주는 핵심요소이며, 조직문화형성에 가장 중요한 영향요소이다.
전 략	기업의 장기적인 계획과 이를 달성하기 위한 자원배분 과정, 장기적 기업의 방향과 기본성격을 결정한다.
조직구조	기업의 전략수행에 필요한 틀로서 조직구조와 직무설계, 권한관계, 방침 등 구성원별 역할과 상호관계를 결정하는 공식적 요소들로 구성된다.
제도	기업경영 의사결정과 운영의 틀이 되는 보상제도, 인센티브, 경영정보, 의사결정시스템, 경영계획과 목표설정, 결과측정과 조정통제 등 경영 각 분야의 관리제도와 절차 등이다.
구성원	기업조직의 인력구성과 구성원들의 인식, 능력, 전문성, 신념, 욕구와 동기, 지각과 태도, 행동패턴 등을 말한다.
관리기술	기업체의 각종 물리적 하드웨어 기술과 작동 소프트웨어 기술, 기업경영 관련 기법, 기술 등을 말한다.
리더십 스타일	구성원을 이끌어 나가는 경영관리자들의 관리스타일로서 이는 구성원의 동기부여와 상호작용, 조직 분위기, 나아가 조직문화에 직접적인 영향을 끼친다.

2) 소비자 중심 조직문화 구성요소

상기 조직문화 구성요소와 소비자중심적 경영철학을 결합하여 소비자중심 조직문화 요소를 구성해 본다면 다음과 같다.

첫째, 소비자중심적 조직문화가 형성된 조직은 조직의 리더인 CEO가 조직의 주요 비전과 전략에 소비자를 최우선적으로 고려하고 소비자의 만족을 위하여 시스템을 갖추고, 조직구성원에 인식확산 및 조직관리에 적극적으로 접목시킬 것이다. 따라서 소비자중심적 조직문화가 형성된 기업이라면 CEO부터 소비자만족을 제고할 수 있는 CCM 체계를 적극 도입하여 적극적으로 실천하려는 의지가 있어야 한다.

둘째, 소비자 중심적 조직문화는 조직구성원들의 가치관과 의식 속에 소비자 중심적 사고가 강하게 각인되어 있다고 할 수 있다. CEO의 소비자중심적 사고로부터 조직의 모든 시스템이 소비자 만족을 목표로 설계되고, 이를 통한 기업의 수익증진이 연결되도록 할 것이다. 기업의 시스템 작동을 통하여 소비자가 만족하면 소비자들은 해당 기업을 우수한 기업으로 평가한다는 의식과 가치가 조직구성원들 사이에 공유되어 있을 것이다.

셋째, 소비자 중심적 조직문화는 조직목표를 달성하기 위해 절차와 제도가 소비자 중심적으로 갖추어져 있을 것이다. 예를 들어 고객의 욕구 파악을 기업 주요 업무로 지정·운영하고 경영 의사결정 과정에서 고객참여와 욕구 반영을 최대한 보장한다.

넷째, 소비자 중심적 조직문화는 소비자 만족이 저해되면 이를 바로 시정하고 제고할 수 있는 일정한 조직의 특성을 갖춘다. 소비자 만족의 정도를 주기적으로 체크하고 불만발생 시 그 요인을 분석하고 불만처리를 강화하고 재발을 방지하는 등 일련의 소비자불만 해소 시스템을 구축 운영한다.

3) 소비자 중심 조직문화 형성방안

조직의 특성상 경직된 계층적 조직문화를 가지고 있는 경우, 새로운 조직문화로서 고객 중심적 조직문화를 형성해 나가는데 많은 어려움이 있다. 그러나 현재 모습을 되돌아보고 새롭게 도약할 수 있는 바탕으로 삼기 위해서 소비자중심적 조직문화를 형성해 나가야 할 것이다. 다음과 같이 끊임없이 환류하는 과정을 통해 소비자 중심적 조직문화가 조직에 자리 잡을 수 있을 것이다.

첫째, 소비자 중심적 조직문화의 출발은 최고경영자로부터 시작되어야 한다. 최고경영자가 적극적으로 주도하여 추진할 때 소비자 중심적 조직문화의 큰 틀과 방향이 형성될 수 있기 때문이다.

둘째, 조직에 적합한 목표를 이루기 위한 세부적인 추진 사항은 전체 조직과 조직원의 참여를 통한 공유적 형성방안으로부터 도출해 내도록 해야 한다. 조직원이 참여하지 않은 채 리더그룹이 주도하는 조직문화는 CCM 문화로서 뿌리내릴 수 없기 때문이다.

셋째, 이를 각 부서 단위의 세부 조직에서 성공적으로 운용하기 위해서 최종적으로 권한과 역할이 하위 조직까지 도달할 수 있도록 위임적 형성방안을 활용해야 할 것이다.

넷째, 이러한 조직문화의 기틀에서 CCM 인증을 취득하고 유지하며, 재인증 등 기업이 한층 더 소비자중심적으로 나아간다면 그 기업은 성공적으로 경영이 되고 이 사회에 기여하는 훌륭한 기업이 될 것이다.

3 CCM 운영 활성화 방안

1) 소비자 정보공유 시스템

소비자의 창의적 아이디어 제안 및 수집 활동을 위해서 소비자 불만(VOC) 내용을 정기 혹은 실시간 공유할 수 있는 시스템을 운영한다. 주요 불만 이슈, 불만 발생 비율, 처리 개선방안 등의 불만정보와 제안사항 등은 주간, 월간, 분기 등의 단위로 보고서(Report), 회의 방식을 활용하여 최고경영층, CCO, 관련부서 및 담당자 등과 정기적으로 공유한다. 이의 방법 이외 공유 활성화와 개선 촉구를 위해 사내 인트라넷 Pop-Up, CCM 홈페이지 등을 활용할 수 있다.

사례 CCM의 공유사례

- A 기업은 업종의 특성을 반영하여 사내 인트라넷 시스템 이외 CCM 홈페이지 또는 관련업무 담당자들의 대화방 등을 별도 설치하여 CCM 소개, 주요 VOC 관련 동향, 통계, 대응지침, 사례, Weekly Report 등을 공유하고 있다.
- B 기업의 경우, 실행지침서의 실제 업무 활용도를 높이기 위해 '클레임 유형별 처리지침'이라는 제목으로 휴대가능한 수첩 크기의 소책자를 제작하여 임직원에게 배포하고 있다. 수첩은 클레임 유형별 처리지침과 사례별 대응 방법이 사례 중심의 Q&A 방식으로 정리되어 있다.
- C 정유기업은 유사한 성격에서 주유원과 소비자가 주유 시 유의해야 할 점을 삽화 형식의 팸플릿으로 제작하여 각 영업 지점에 배포하여 불만 예방 활동을 쉽고 이해하기 쉽게 전달하고 있다.

▌소비자 불만 정보 공유 체제▐

구분	주기	내용	대상	공유 사항
보고서 공유	주간	Weekly Report	CCO, 관련부서장 및 담당자	• 고객서비스품질지표(CSQI) 주간 지표 • 주요 VOC / 이슈 VOC / Risk VOC • Focus VOC Report
회의 개최	주간	부서장 회의	CCO, 사업부장	• 전주 소비자 불만 내용 Review 및 주요 VOC 처리/개선방안
	월간	CCM 운영 회의	CCO, 담당자 등	• 전월 소비자 불만 발생 내용 점검(각 부문별 진행결과 공유) • 개선내용 실적 점검

'클레임 유형별 처리지침' 핸드북

1. CCM 실천 선언문
2. CCM 정의
3. CCM의 목적
4. 클레임 처리 업무분장
   전사원의 역할, 고객지원센터의 역할, 생산 부서의 역할, 영업 부서의 역할, 마케팅 부서의 역할, 유통 영업부의 역할
5. 소비자분쟁해결기준(공정거래위원회 고시)
6. 이물 클레임 발생 시 부문별 역할
7. 불만 고객 상담매뉴얼(기법)
   유통클레임, 포장불량 클레임, 이물혼입 클레임, 신체 상해 클레임, 기타
8. 클레임 유형별 처리 지침
9. 클레임 사례별 대응 방법(Q&A)

'고객 컴플레인 응대 매뉴얼' 핸드북

1. 고객 컴플레인이란?
2. 고객 컴플레인 기본 응대 요령
   컴플레인 응대 Point, 효과적인 컴플레인 응대 기법
3. 주요 유형별 컴플레인 처리 지침
   교환/환불, 약속 불이행, 접객 불만, 사고 발생(분실, 도난, 안전), 무리한 요구
4. 주요 발생 사례별 처리 지침
   주문제작 상품의 하자, 철수, 부도 브랜드의 A/S, 취급 시 주의사항 사전 안내, 고객 부주의에 의한 상품 파손, 쇼핑 중 고객 상해사고, 식품에 의한 고객 상해사고, 분실 및 도난, 차량 사고, 화장품 사용 중 피부 트러블
5. 컴플레인 응대 중 2차 불만 유발 사례처리 지침

❙ 사내 소비자정보 Communication ❙

구분	제도	구성 내용
CCM 주관 부서 ↔ 상담조직 Communication	VOC Reporting 제도	• 소비자 불만 상담조직에 접수된 주요 소비자 불만 사항 보고 • 시행 주기 : 일 단위(고객상담실), 주 단위(지점) 운영
	소비자 불만 상담 조직 VOC Coordinator 워크숍	• 소비자불만처리제도 및 프로세스 관련 개선의견 접수 및 토의 • 시행 주기 : 필요시 시행(단, 반기 1회 이상 시행)
	소비자 불만 상담조직 VOC 평가체계	• VOC 평가결과는 고객센터 전체 평가에 반영 • VOC 평가 주요 항목 – Daily VOC Report 결과(60점) – VOC 이관 결과(20점) – VOC 회신 충실도(20점)
CCM 주관 부서 ↔ 사업부서 Communication	사업부서 별 소비자 불만 현황 피드백	• CCM 주관 부서가 접수된 소비자 불만 현황을 각 사업부서에 실시간 F/B
	사업부서 별 소비자 불만 개선 계획 Report 제도	• 소비자 불만 원인제거를 위한 개선 계획 Reporting • 시행 주기 : 월 1회
	사업부서 VOC Coordinator 협의체 운영	• CCM 주관 부서와 사업부서간 Communication 및 개선 계획 이행 여부 점검 • 시행 주기 : 월 1회
주기적 보고 프로세스	일일 보고	• 오늘의 주요 VOC – 일별 불만 접수 증가율 높은 사항 인트라넷 게시 – 보고대상 : 전사
	주간 보고	• Weekly VOC – 주간 주요 소비자 불만 현황 – 주간 주요 소비자상담 현황 – 주요 불만처리 및 F/B 현황 – 보고대상 : 자율관리자, 최고경영자
	월간 보고	• Monthly VOC – 월간 주요 소비자 불만 현황 – 월간 주요 소비자 불만 사례 – 부서별 소비자 불만 현황 등 – 보고대상 : 자율관리자, 최고경영층
	수시 보고 (HOT–Line)	긴급한 소비자 불만 사항 보고 – CCO가 CEO에게 직접 보고

2) 조기 경보 시스템

기업의 위기 상황은 내부 Risk와 외부 Risk로 구분될 수 있다. 위기관리의 주요 핵심요소는 협력, 자발성, 업무재량권 부여, 환경변화에 대한 대응력 및 혁신 등이다. 이를 위해 근원적으로 바탕이 되어야 할 것은 업무 간, 직원 간, 사업부문 간 커뮤니케이션을 촉진하여 Risk 정보를 공유하는 것이다.

| Risk 유형 구분 |

구분	유형	Management	비고
내부 리스크	• 기업내부의 주요 기능에 존재하는 리스크 • 통제 여지는 많으나, 간과될 수 있음	• 이미 알려진 리스크로 사전예방 가능 • 중대한 리스크를 포함하는지 파악 필요 • 적절한 대응체제 마련 필요	내부통제체제의 주요 역할
외부 리스크	• 선행관리가 쉬운 리스크 그룹 • 선행관리가 어려운 리스크 그룹	• 환경 변화를 선견하는 전문적인 통찰력 필요 • 외부 정보 네크워크 형성 • 지속적인 시장 모니터링 • 잠재 리스크의 식별 요구	외부네크워크 형성 필요

중대 소비자 불만 조기경보 시스템은 고객 이탈과 회사에 중대한 영향을 미치는 중대 소비자 불만을 조기에 신속하게 알림으로써 실시간으로 제도, 시스템, 생산 및 판매 프로세스 상의 문제점을 조기에 파악하여 시정하는 역할을 한다.

사례 기업의 위기관리

- D 기업은 'CC Card(Complaint Cards)'라는 제도를 운영하고 있는데, 소비자 불만이 발생되면 즉시 전사에 등록하여 소비자 클레임이 어떻게 처리되고 있는지를 눈으로 볼 수 있도록 관리하고 있어 문제해결은 당연하고 그 발생 원인이 완전히 제거될 때까지 CC Card가 계속 따라다니게 된다.
- E 기업에서는 '위기관리 가이드라인'을 규정하여 위기의 정도에 따라 Step 1에서부터 Step 3로 구분, 단계별로 조치사항과 의사소통 방법 등을 설명하고 있다.

❙ 위기관리 가이드라인 ❙

구분	Step1	Step2	Step3
정의	• 통제 가능한 위기 생산현장에서 조치 가능한 것	• 재적 위기 – 제품의 리콜 및 클레임 관련	• 브랜드 관련 위기 • Media 관련 위기
조치	• 안전위원회 내부 보고 • 자유롭게 해결방안에 대해 자문을 구할 수 있음	• 안전위원회 보고 • 관련부서 도움 요청	• 공식정인 위기관리 절차를 따름 • 처리절차(과정)는 반드시 문서화
커뮤니케이션 방법	• e-mail 및 전화	• 담당부서 회의를 통한 리콜 결정 • 비상연락망을 이용한 전화 회의 • 전사 공지 영부 결정	• 안전관리위원회 즉시 연락 • TFT 팀원은 24시간 contact 가능하여야 하며, 조치사항에 대하여 수시보고
Process	위해요소 관리 프로세스	리콜/클레임 프로세스	위기관리 프로세스

3) 책임 개선제도

책임 개선제도는 근본적으로 개선이 필요한 소비자 불만 예방과제에 대해 책임부서 차원의 개선 노력을 이끌어 내고 문제점 파악 및 근본적 해결을 위해 마련된 제도이다. 그리고 개선 사항과 성과를 인사고과 등 평가제도(KPI 등)에 반영하고 있다.

사례 **고객존중 문화 정착 노력**

- F 기업에서는 'VOC 임원별 책임개선제'를 시행하여 소비자 불만(VOC) 관련 임원 책임 개선과제를 부여하고, 개선 실적의 주기적 피드백을 통한 진척 상황을 관리하여 해당 임원평가에 반영하고 있다. 또한 사내 인트라넷 접속 화면에 'VOC Pop-Up'을 띄워 동일・반복으로 발생하는 부실 민원을 전파하여 소비자 불만에 대한 전임직원의 경각심을 고취하고 고객 존중 업무문화를 확산하고 있다. Pop-Up에서는 Compliance-Risk 위배, 법률・규정・지침 등의 위반, 서비스(불친절) 부실, 사무착오 건 등의 소비자 불만 사례 뿐만 아니라 고객감동 벤치마킹 공유 차원에서 현장의 민원대응 우수 사례 또한 게시된다.

- G 기업의 경우, 상근 감사위원을 CCM 통제자로 지정하여 CCM 전담부서인 소비자보호팀이 CCM 운영매뉴얼에 입각하여 소비자 불만 및 사후관리를 적정하게 수행하고 있는지 사내 정기 감사를 진행하고 있다. 감사에서는 소비자 불만 처리 적정성, 불만처리과정에서 드러난 위법부당행위 관련 임직원에 대한 조치 적정성, 소비자 불만 처리에 대한 기록 보존 및 관리의 적정성, 빈발 불만에 대한 제도개선 및 이행실적 적정성을 측정한다. CCM 감사 시행에 대해 ○○카드 관계자는 소비자 불만 처리의 사규화 및 감사 대상 선정 등 소비자보호에 대한 사내 관심도 증대의 기회가 되었다고 이를 평가 하였다.

4) 아이디어 제안 제도

내부 직원을 대상으로 고객서비스 및 제도, 시스템, 업무 프로세스 등의 개선에 대한 아이디어를 공모하여 실용적이고 획기적인 제안을 실무에 활용하는 방법이다. 내부 제안 제도를 통해 기업은 새로운 제품개발과 서비스 개선부터 효율성 제고 및 실행력 강화와 내부 직원의 참여도 증진과 만족을 기대할 수 있다.

사례 내부 구성원의 아이디어 활용

- I 기업은 고객의 개념을 외부 소비자뿐만 아니라 내부 직원까지 확대 적용하여 CCM를 추진한 사례이다. 이는 내부고객인 직원의 만족이 외부고객 만족으로 이어질 수 있다는 인식에서 비롯되었으며, 우선 첫 번째 순서로 단위 업무별 고객지향성을 조사하였다. 이는 팀별 업무에 고객가치 존중 개념이 추가되어 재작성 된 업무 매뉴얼, 즉 자율관리 실행지침서 작성의 근원 자료로 활용되었다. 특히, 조사 대상에 협력사의 임직원, 팀별 담당자를 포함하여 인터뷰를 진행하였다는 점이 눈에 띄는 특징이다. 이와 같은 '구성원 의식조사(EOS, Employee Opinion Survey)는 구성원들이 인식하고 있는 조직의 분위기 및 경영상의 문제점을 파악하고, 그 치유책을 강구하여 더 큰 문제가 생기는 것을 사전에 예방하는 목적을 갖는다. 또한 기업 이미지, 고객서비스, 제도 및 시스템, 업무 프로세스 개선 등에 대한 아이디어, 문제점, 개선안 등

을 사내 임직원이 제안할 수 있도록 사내 인트라넷에 제안 게시판 'Let's'를 추가하여 운영 중에 있다.

5) 전담 상담팀 운영

중대한 피해나 문제가 심각한 소비자피해 등에 대해 신속하고 적극적인 대응을 위한 팀을 운영한다. 소비자불만이나 피해가 원만하게 오랜 기간 해결되지 않고 지연되고 있을 때, 중대하거나 문제가 크게 확대될 것으로 우려될 때, 등 중대 상황의 신속한 해결을 위해 소비자 관련 업무 장기 유경험자를 중심으로 전담 상담팀을 조직하고 운영한다. 문의 및 일반 상담 건 비율이 높은 서비스 기업에서는 콜센터 조직 내 전문 상담팀을 구성하여 본사로 이관되는 불완전 상담 건을 축소시켜 업무의 생산성을 높이고 있다.

사례 상담팀 운영 사례

전국에 여러 영업망을 갖고, 각 지점별 불만 발생 비율이 높은 식품, 백화점 등의 업종에서는 각 지점에 'CCM 담당자'를 지정 후 전문적인 불만 해결 및 관리 방법을 교육시킨다. 또한 소비자 불만 및 클레임 해결의 재량권을 부여하여 본사 조직의 의존성을 낮춰 자발적인 해결 비율을 높이고 있다. 이의 사례로 한국야쿠르트에서는 'CS 마스터' 제도를 운영하고 있다.

참고문헌

김태영(2014), 소비자중심경영, 진샘미디어.

배종석(2012), 인적자원론, 홍문사.

백기복(2011), 조직행동연구, 창민사.

오석홍(2014), 조직이론, 박영사.

한창혁(2013), 조직구성원의 공유가치 실천행동이 미치는 영향요인 연구, 단국대박사학위논문.

Pascal, R. & Athos, A(1981), The Arts of Japanese Management, Pengguin Books.

CHAPTER

10

CCM 심사 대비 가이드

Contents

본 장은 CCM 심사를 위해 가이드를 제시한 내용으로 앞에서 언급한 내용을 요약했다.

최고경영자의 CCM 의지가 어느 정도인지 평가할 뿐 아니라 CCM 철학의 대내외 전파 활동에 대해서도 평가하며, 최고고객책임자의 권한과 책임의 규정화 및 자격 요건에 대해서도 세부적으로 확인한다. 아울러, CCM 전략의 개발에 있어 비전과 부합되는지와 CCM 전략목표 달성을 위한 장단기 계획을 지속적으로 관리하고 있는지를 살펴본다. 그리고 조직관리 등 체계 부분과 소비자정보 제공 등 운영, 마지막으로 성과관리에 관한 내용을 제시한다.

1 리더십

리더는 조직의 목표를 정하고 조직이 그 방향으로 가도록 이끄는 사람이다. 따라서, 전략적 방향 설정 능력과 통솔력이 리더의 성패를 가르는 관건이라 할 수 있다. 리더십은 조직의 비전이나 전략 등과 일관성을 유지해야 한다. 그 이유는, 리더십은 조직이 CCM 전략을 수립하는데 매우 큰 영향을 미치는 동시에 소비자와 시장을 최우선으로 하는 정책 수립의 기반이 되기 때문이다.

1) 최고경영자의 리더십

최고경영자의 CCM 의지의 주요 관점은 최고경영진이 소비자의 중요성을 인식하고 CCM 철학과 의지를 확고하게 정립하는 것에서부터 출발한다. 이 영역의 주요 관점은 CCM에 대한 최고경영진의 철학과 의지가 무엇이며 그것을 실천하기 위해 어떤 활동을 구체적으로 하고 있는지를 검토하는 것이다. 리더십에 관한 사항으로는 CCM 이념반영, CEO의 CCM 관심과 실천의지, 기업의 사회적 책임, 윤리적인 사업 수행 등이 있다.

2) CCM 전략

CCM의 비전, 전략, 방침, 운영범위 등의 명확성과 함께 전략개발 프로세스의 실행가능성을 알아보기 위한 관련 자료 확인 및 각 전략의 비전과의 부합정도를 확인한다. CCM의 전략 목표를 달성하기 위해 구체적으로 장단기 계획을 수립하는 것은 매우 중요한 활동이다. 수립되는 계획은 명확하고 구체적이이야 하며, 전략목표를 달성할 수 있도록 하는 실행계획이 명확하게 수립되어 있어야 한다. 따라서 본 항목에서는 전략목표에 따른 실행계획의 지속적 관리가 이루어지고 있는지와 CCM의 장단기 계획을 조직의 성과와 연계하고, 그 결과를 반영하는 등의 활동을 확인한다.

3) 사회적 가치 실현

기업의 사회적 책임은 위에서도 언급한 대로 ESG의 실천과 같이 기업활동을 통해 이해관계자를 만족시키고 경제, 사회, 환경 문제 등에 있어 기업이 속한 공동체나 사회에 긍정적 영향을 미치기 위한 책임있는 활동을 한다. 이를 위해 환경경영, 정도경영, 사회공헌 활동을 추진하며 사회적 책임 이행을 통한 경쟁력 강화 및 이미지 제고의 차원에서 의견수렴을 위해 사회공헌활동 추진계획 및 세부 실행계획을 수립 · 관리한다.

2 CCM 체계

수요가 공급을 초과하면서 공급자가 주도권을 쥐고 있던 과거의 시장에서는 조직중심적인 업무관행이 주류를 이루었다. 즉, 피라미드적인 조직 체계에서 얼마나 효율적으로 시장에 제품과 상품, 서비스를 제공하느냐가 중요했다. 그러나 세상은 변했다. 수요보다는 공급이 초과하는 시장이 됨으로써 이제 시장의 주도권은 수요자인 소비자에게 넘어갔다. 조직이 소비자의 선택을 받고, 경쟁에서 살아남기 위해서 소비자중심경영의 추진은 너무나 당연하다.

CCM을 하기 위해서는 다양한 경영자원의 배분과 실행이 요구된다. 여기에는 조직, 자원, 교육, 매뉴얼 등이 포함된다.

1) 조직 관리

조직관리라는 의미는 소비자 관련 조직의 설치와 운영을 의미한다. 소비자 관련 조직을 설치하고 이에 관한 목적과 역할을 부여하며 더불어 예산의 수립과 집행에 관한 사항이 규정에 명시되어 있어야 한다. 그리고 소비자관련 조직에서 생산되는 실적이나 성과에 대해 정기적으로 평가하고 관리하여야 한다. 소비자 관련 조직의 담당자 만족을 위한 지원 프로그램도 확보하여야 한다.

소비자 관련 이슈를 해결하고 개선하기 위한 조직내 협력체계를 갖추어야 한다. 회의체 등과 같은 소비자와 관련된 이슈를 해결하기 위한 창구가 마련되어 있는지를 확인하는 것을 주요 관점으로 본다. 아울러, 조직간 협조체계를 위한 조직별 역할과 책임을 규정화하고, 유관부서의 소비자 불만을 처리하는 품질의 측정과 평가, 지원하는 지원체계가 운영되는지를 검토한다.

주요 사항으로는 CCM 주관부서의 존재와 위상, CCM 주관부서의 역할과 책임, 협조요청 권한과 직원 만족도 제고 프로그램, 소비자관련 업무 등을 개선하기 위한 회의체 운영 등이다.

2) 자원 관리

자원은 CCM 실현에 있어 인적 자원의 관리 및 운영, 그리고 물적자원으로 예산은 중요한 사안이다. 인적 자원의 효율적 활용을 위한 배치 계획 등이 주요 관점이다.

인적자원은 CCM에 있어 전문적인 운영을 위한 소비자전문요원(상담사 등) 등의 채용이 실질적으로 이루어지고 있는지를 본 영역에서 평가한다. 본 영역은 CCM을 가능하게 하는 인적 자원의 전문성을 강화하기 위한 기업활동과 운영하고 있는가에 대해 그 초점을 둔다

물적 자원은 소비자 관련 주요 집짐 및 시설의 체계적인 관리가 잘 이루어지고 있는지를 확인하는 부분으로 소비자 관련 시설환경이 체계적이고 장기적으로 관리되고 있는지의 근거를 확보하여야 한다.

예산관리는 CCM 운영을 위해 사전에 예산을 확보하여 운영하도록 한다. CCM을 신규로 도입하는 기업(기관)들은 선포식을 하기 위한 비용을 확보하고 지속적인 운영을 위해 인력확보, 정보관리, 교육, 컨설팅, 행사 등을 제반 사업을 진행하는데 예산을 확보하고 실적을 매년 관리하도록 한다.

3) 교육 관리

CCM 실현을 위해 필요하고 중요한 인적 자원이 소비자전문상담사 및 서비스 전문요원이라고 하면, 그 실현에 있어 실질적인 지원의 자원은 바로 조직 내 구성원이라고 할 수 있다. 기업의 내부직원을 위한 CCM에 필요한 역량 강화 교육체계의 수립을 집중적으로 검토한다. 수립된 교육체계의 실행여부 및 실행에 필요한 직·간접적 인프라를 세부적으로 확인한다.

교육평가는 CCM 관련 교육에 대한 평가의 적절성을 검토하는 것이다. 이에 앞서 CCM 비전을 도출하는 과정에 임직원이 직·간접적으로 관련 교육이나 워크숍에 참여하고 있는가를 확인하게 된다. CCM 관련 교육에 최고경영진의 관심 정도도 점검하는데, 그것의 유형은 최고경영자과정 이수 등은 물론 간담회, 세미나, 등과 같은 비공식적(Informal)인 형식의 교육도 해당된다. 본 영역은 CCM 관련 교육에 최고경영진의 참여 실적과 각 교육 후에 진행되는 평가방법의 적절성이 그 핵심이 된다. 여기서 평가방법은 교육생의 1차적 반응평가부터 기업의 경영기여도 측정까지 모두 포함한다.

4) 문서 관리

CCM 운영매뉴얼 제작과 활용은 CCM 업무의 순조로운 활동, CCM 업무의 체계적 습득, 일정 수준의 CCM 작업 확보가 그 목적이다. 이 세 가지가 모두 원활하게 이루어지기 위해서는 조직별 역할과 책임의 명시가 가장 중요하다. 매뉴얼의 작성, 검토, 승인, 배포, 개정관리의 전 과정이 전사적으로 실시되어 각 팀의 업무와 연관성이 있어야 한다.

문서관리 및 기록 보존은 CCM 매뉴얼과 관련된 문서로서 기록에 대한 관리 규정을 마련하는 것이다. 본 영역에서는 CCM 매뉴얼과 관련된 문서 관리 규정을 확인하고, 문서의 작성 및 기록부터 폐기, 개정 이력 관리까지 포함하는 관리체계 현황 등을 확인한다.

운영메뉴얼은 CCM 인증을 받기 위해서는 꼭 제출해야 하는 문서이다. 최고고객책임자(CCO)는 CCM을 체계적이고 전사적으로 추진하고 소비자불만을 보다 효과적으로 관리하기 위하여 CCM 운영매뉴얼을 작성 · 관리하여야 한다. 이는 반드시 대표(CEO)로부터 승인(결재)를 받아서 운영한다.

CCM 운영매뉴얼은 CCM의 세부 실행계획 및 점검, 피드백 전반에 관한 내용을 포함한다. CCM 운영매뉴얼 관리 프로세스는 다음과 같다.

구분	세부 내용
매뉴얼 제정	• 매뉴얼 작성 시에는 비전과 연계한 환경 분석, CCM 실행계획과 연계한 CCM 운영매뉴얼을 제정 • 매뉴얼은 관련 담당자와 책임자 협의 하에 작성 • CCO는 매뉴얼의 제정 또는 중요사항 개정 시 CCM추진위원회의 자문을 받을 수 있음
매뉴얼 배부	• 제 · 개정은 팀별로 배부하는 것을 원칙으로 하고 그룹웨어에 게시함 • 매뉴얼은 배부되는 매뉴얼 책자에 관해 관리대장에 등재 후 관리함
매뉴얼 기록관리	• 매뉴얼 제 · 개정사항 발생 시 개정 이력을 남기고 온·오프라인을 통해 임직원에게 공지함 • 기타 문서작성 및 처리 통제 등은 공사 문서관리 규정 등을 준용함.

CCM 주관부서장은 CCM 운영매뉴얼을 사내 그룹웨어에 게재하고 인쇄 배부하여 전사적으로 활용하도록 독려하여야 한다.

CCM 운영매뉴얼은 관리대장에 의해 제 · 개정 이력을 기록 관리한다.

CCM 주관부서의 장은 CCM 운영매뉴얼을 정기적으로 점검하고 개정 필요성이 발생 할 경우 전사적 의견 수렴을 통해 개정하여야 한다.

CCM 매뉴얼 활용은 CCM에 대한 인식제고는 규정 배포만으로는 한계가 있으므로 CCO는 CCM이 전사적으로 정착되도록 지속적이고 체계적인 교육을 실시한다.

CCM 추진과 관련된 규정의 관리는 '문서 및 기록관리 규정'이 정하는 바에 따르며, 각종 업무기준의 관리는 '위임전결규정'이 정하는 바에 따른다.

3 CCM 운영

CCM 운영은 소비자에게 양질의 정보를 제공하기 위한 시스템과 채널을 구축하고 '고객의 소리(VOC-Voice Of Customer)'를 경영에 반영하는 방식이다. 고객의 소리를 경영에 반영하기 위해서는 구체적인 시스템이나 채널이 존재해야 한다. 이 채널은 쌍방향성을 기능을 갖추어야 한다. 고객의 소리를 전반적으로 청취하고 이를 소비자권리 보호와 불만처리에 반영하기 위함이다. 또 소비자에게 그들의 구매 선택에 도움을 주는 적절한 정보를 제공해야 한다는 점에서 쌍방향적 채널이 요구된다.

'고객의 소리'를 수집, 저장, 공유, 분석하는 관련 시스템이나 체계가 어떻게 구축이 되었는지 그리고 고객의 소리를 이해하려는 정도와 방법을 평가한다.

소비자불만 사전예방은 재발방지 대책과 제품, 서비스를 기획할 때 소비자의견 반영, 소비자불만처리 절차, 협력업체와의 협업시스템을 구축해야 한다.

소비자불만 사후관리는 유형별 분류와 분석을 통하여 전사적으로 공유하는 체계와 불만처리에 대한 소비자만족도를 측정한다.

1) 소비자정보 제공

소비자정보 제공 채널은 소비자에게 필요한 정보를 제공하는 것은 기업의 중요한 역할이기도 하다. 따라서 기업은 소비자에게 적시에 필요한 정보를 제공하기 위하여 다양한 채널을 마련할 필요가 있다. 본 영역에서는 소비자에게 정보를 제공하기 위한 채널이 마련되어 있는지를 확인하는 것을 주요 관점으로 볼 수 있다.

CCM에서의 가장 중요한 활동 중의 하나는 소비자와의 커뮤니케이션이다. 소비자와 직접 및 간접적으로 커뮤니케이션하기 위한 채널을 마련하는 것과, 소비자와의 커뮤니케이션 효과 및 효율성을 담보하는 소비자 관련 지원정보 제공시스템의 구축은 그것의 핵심이 될 수 있다. 소비자정보의 수집을 위한 채널 유무 및 수집된 소비자정보가 사내에 체계적으로 피드백 될 수 있도록 그 시스템을 갖추고 있는지를 확인한다.

2) 소비자불만 사전예방

사전예방 활동은 소비자 불만이 발생하기전 사전에 예방하기 위한 기업의 적극적인 활동을 평가한다. 따라서 기업은 소비자 불만을 사전 예방하기 위한 내부절차 또는 프로세스가 규정화 되어 있어야 하며, 소비자 불만에 대한 유관부서와의 협력체계를 통해 재발을 방지하는 활동을 적극적으로 수행해야 한다. 아울러, 협력업체 관리 시스템을 규정화하고, 협력업체와 상생 파트너로서의 인식을 통해 소비자 불만에 대한 사전예방을 강화하도록 해야 한다.

소비자 불만 사전예방을 위하여 수집된 각종 정보 및 자료의 처리방식으로 분석 및 피드백이 주요 관점이다. 아울러, 소비자 불만에 대한 사전예방 활동이 구체적으로 개발되어 있으며, 그 활동을 적극적으로 유지 및 개선하고 있는지를 확인하게 된다.

사후관리 보증체계는 소비자에게 제공되는 상품 및 서비스에 대한 보증체계의 수립여부, 소비자 불만 처리기준 등과 같은 소비자보호 측면에서 반드시 제공되어야하는 보증체계에 대해 구체적으로 검토한다.

소비자 불만 처리 프로세스는 소비자 불만의 처리실적을 검토하고, 그 처리실적에 따른 조직 및 개인에게 보상이 이루어지는 현황을 평가하는 것이다. 아울러, 소비자 불만을 기반으로 개선과제를 발굴하고, 개선 활동이 이루어지고 있는지에 대해 검증한다.

3) VOC 운영 절차

VOC(Voice of Customer)처리 시스템의 확립 및 그에 따른 체계적인 관리가 이루어지고 있는지에 대한 관련 근거를 확인하는 것이 중요하다. VOC 운영 프로세스는 VOC의 수집에서부터 분석 및 활용, 결과의 공유 등과 같은 VOC 전반의 절차를 기반으로 검토되는 부분이다. VOC 제도 활성화의 주요 관점은 VOC 분석결과를 기반으로 하여 지속적인 업무개선이 이루어지고 있는지와 VOC 분석 및 활용결과의 전사적 공유 활동이 있는지를 면밀하게 확인하는 것이다.

4 성과관리

CCM의 차별화된 특징은 '성과'를 중시한다는 점이다. CCM은 조직의 경영 수준을 평가하는 하나의 수단을 뛰어넘어 탁월한 성과를 향해 나아가도록 안내해 주는 이정표(Roadmap)가 되는데 존재의 의미가 있다. 이제는 과거처럼 단순히 소비자 불만을 어떻게 처리했느냐를 평가하는 것이 아니라 한 조직의 총체적인 경영의 질을 높이기 위한 도구로서 강점과 개선점을 도출하고 이를 근거로 성과를 향상시키는 기능으로 활용되어야 한다.

본 평가영역에서는 그 조직이 채택했던 CCM을 위한 모든 프로세스와 프로그램이 최종적으로 소비자만족 및 프로세스 개선 그리고 품질 및 성과향상에 실질적으로 작용했음을 보여주었는지를 평가한다.

1) CCM 운영 성과

CCM 성과목표는 CCM 성과관리에 대한 체계적인 관리가 이루어지고 있는지를 확인하기 위한 것이다. 사업성과의 관리측면에서 성과에 관리지표를 마련하여 준수하고 있는지와 지난 몇 년간 CCM 관리지표 개선을 위한 노력이 있었는지를 검토하며 성과목표의 난이도는 적정한 수준인지 등을 확인한다.

CCM 운영성과의 평가는 CCM 추진전략과 체계를 바탕으로 CCM 운영성과를 정기적으로 평가하여야 한다. 차기 년도 CCM 추진전략에 반영은 CCM 운영성과에 대한 정기 평가 후, 개선, 보완해야 할 사항들에 대해서 차기 년도 CCM 추진전략에 반영하고 성과목표를 수립하여야 한다. CCM 추진전략과 성과목표의 수립은 최고경영자가 주관하는 경영검토를 통해서 논의되고 사업계획에 반영하는 것이 효과적이다.

CCM 운영성과의 DB화 및 전사적 공유는 CCM 운영성과에 대한 평가결과를 인트라넷 등을 이용하여 DB화하고 전사적으로 공유하여야 한다. 이는 경영이념과 방침으로부터 CCM 방침, 목표에 이르기까지 회사 전반적인 비즈니스의 흐름과 향후 개선해야 할 일들에 대하여 CCM 운영성과를 바탕으로 파악할 수 있기 때문이다. 또한, CCM 운영성과의 투명성 확보와 객관성을 바탕으로 부서간 커뮤니케이션이 원활해짐과 동시에 신뢰성이 확보될 것으로 기대된다. 인트라넷이 구축되어 있지 않은 회사일 경우에는, 사내 게시판으로 사무실, 생산현장, 회의실 등을 활용하여 CCM 운영성과를 공유하는 것도 하나의 방법일 것이다.

CCM 모니터링의 주요 관점은 CCM 성과관리 지표에 대한 체계적이고 상시적인 모니터링이 이루어지고 있는지를 확인하는 것이다. 아울러, 소비자의견을 CCM에 직·간접적으로 반영하기 위한 모니터링 체계 확립 여부를 검토하여야 한다.

CCM 성과의 대내외 홍보는 CCM 인증 관련 대내외 홍보로서 소비자 서비스정책 및 가치부가 서비스 홍보 등이다.

2) 유지개선

소비자와의 접촉 즉, 불만처리나 소비자정보수집 절차를 소비자중심에서 편리하고 합리적인 방향으로 지속적인 개선을 실시한다.

CCM 운영기준에 의거 격년 실시되는 공정거래위원회, 한국소비자원 주관 심사결과 중 익년도 CCM 계획에 반영한다. 기업이 수행하는 모든 활동을 소비자관점에서, 소비자중심으로 구성하고 관련 경영활동을 지속적으로 개선하고 있는지 평가한다.

참고문헌

김태영(2014), 소비자중심경영, 진샘미디어.

부록

1. CCM 인증제도 운영 규정
2. CCM 인증제도 심사 기준
3. CCM 운영매뉴얼 작성
4. CCM 공적기술서 작성
5. 최고경영자 및 직원 인터뷰
6. 해외 CCM 관련 제도 동향
7. CCM 용어 정의

부록 1 CCM 인증제도 운영 규정

소비자중심경영(CCM) 인증제도 운영 · 심사에 관한 규정

제정 2018. 9. 7. 공정거래위원회고시 제2018-13호
개정 2021. 1. 20. 공정거래위원회고시 제2021-1호

제1장 총 칙

제1조(목적) 이 규정은 「소비자기본법」 제20조의2, 제20조의3, 같은 법 시행령 제11조의2, 제11조의3, 제11조의4, 제11조의5, 제11조의6에 따라 소비자중심경영 인증(이하 '인증'이라 한다)의 기준 · 절차, 인증심사비용 등에 관하여 필요한 사항을 정함을 목적으로 한다.

제2조(용어의 정의) 이 규정에서 사용하는 용어의 정의는 다음과 같다.

1. 기업 **"기업"**이라 함은 「상법」 제172조에 따른 법인설립등기 또는 「소득세법」 제168조 및 「부가가치세법」 제8조에 따른 사업자등록을 한 영리 목적의 사업체를 말한다.
2. **"기관"**이라 함은 중앙행정기관, 지방자치단체,「공공기관의 운영에 관한 법률」에 따른 공공기관, 「지방공기업법」에 따른 지방공사 및 지방공단을 말한다.
3. **"소비자중심경영 심사(이하 '심사'라 한다)"**라 함은 인증기관이 소비자중심경영인증을 받기 위해 심사를 신청한 기업 또는 기관이 운영하고 있는 소비자중심의 전반적인 경영활동을 [별표5]의 소비자중심경영(CCM) 인증제도 심사

기준(이하 '심사기준'이라 한다)에 따라 평가하는 것을 말한다.

4. **"신규평가"**라 함은 인증을 받지 않은 기업 또는 기관이 인증을 받기 위해 첫 번째로 신청하는 심사를 말한다.
5. **"재평가"**라 함은 인증을 받은 기업 또는 기관이 인증의 유효기간 연장을 위하여 신청하는 심사 또는 경영여건 변동에 따라 신청하는 심사를 말한다.
6. **"소비자중심경영 인증기업(이하 '인증기업'이라 한다)"**이라 함은 이 규정에서 정하는 인증기준을 충족하여 공정거래위원회로부터 소비자중심경영 인증서를 발급받은 기업 또는 기관을 말한다.
7. **"심사위원"**이라 함은 심사를 수행하기 위해서 이 규정에서 정하는 바에 따라 위촉된 자를 말한다.
8. **"인증마크"**라 함은 이 규정에서 정하는 바에 따라 인증기업으로 선정되었음을 나타내는 [별표1]의 표시를 말한다.

제3조(인증대상) ① 소비자중심경영인증의 대상은 제2조 제1호 또는 제2호의 '기업 또는 기관'(이하 '기업등'이라 한다)으로 한다.

② 제1항의 규정에도 불구하고 기업등이 다음 각 호의 1에 해당하는 경우 인증심의위원회의 의결을 거쳐 인증대상에서 제외한다.

1. 과학적·객관적으로 효과가 입증되지 아니한 물품 또는 서비스를 소비자에게 제공하거나 또는 제공할 우려가 있는 경우
2. 국민정서와 미풍양속에 반하거나 공공의 질서를 해칠 우려가 있는 등 인증대상으로 적합하지 않은 경우

제2장 소비자중심경영인증기관

제4조(소비자중심경영인증기관의 지정) 소비자기본법시행령 제11조의6에 따른 소비자중심경영인증기관(이하 '인증기관'이라 한다)은 '한국소비자원'으로 한다.

第5条(인증기관의 업무) 인증기관은 다음 각 호의 업무를 수행한다.

1. 소비자중심경영 심사
2. 소비자중심경영 관련 교육
3. 소비자중심경영 관련 연구·용역
4. 소비자중심경영 인증기업의 사후관리 및 지원
5. 소비자중심경영 인증제도의 활성화 관련 제반 업무
6. 기타 공정거래위원회가 위탁한 업무

제3장 심사위원

第6条(심사위원의 위촉) 인증기관은 다음 각 호 중 하나에 해당하는 자를 심사위원으로 위촉한다.

1. 대학이나 공인된 연구기관에서 조교수 이상 또는 이에 상당하는 직에 있거나 있었던 자로 소비자권익 관련 분야를 전공한 자
2. 소비자단체의 임원 또는 상근직원으로 20년 이상 근무한 자
3. 사업자단체의 임원 또는 상근직원으로 20년 이상 근무한 자
4. 국내외 인증·평가업무 경력이 5년 이상인 자
5. 한국소비자원 임직원으로 재직하거나 재직하였던 자
6. 그 밖에 인증업무에 관한 학식과 경험이 풍부하다고 인증기관의 장이 인정한 자

第7条(심사위원 위촉의 취소) 인증기관은 다음 각 호의 1에 해당하는 심사위원에 대해 위촉을 취소할 수 있다.

1. 심사 과정에서 부정·부실 평가를 초래하여 인증 업무에 중대한 지장을 초래한 경우
2. 심사 수행 중 해당기업등으로부터 금품 또는 향응 등을 제공받은 경우

제4장 심사 및 인증

제8조(인증신청) ① 인증을 받고자 하는 기업등은 인증신청서(별지 제2호 서식) 및 다음 각 호의 서류를 구비하여 인증기관에 신청하여야 한다.

1. CCM 운영매뉴얼
2. 공적기술서
3. 조직도
4. 사업장 약도
5. 윤리서약서(별지 제4호 서식)
6. 의무교육 이수 증빙서류(교육 수료증 등)

② 신규로 인증을 받고자 하는 기업등은 CCM 인증제도 안내, 구축, 심사 등 공정거래위원회가 지정하는 CCM 관련 교육(이하 '의무교육'이라 한다)을 총 10시간 이상 이수한 이후 다음연도 말까지 심사를 신청하여야 한다.

③ 인증기관은 심사를 신청한 기업등에 대하여 심사대상 여부를 검토하여 그 결과를 통보한다.

④ 인증기관은 제1항의 구비서류에 미비한 사항이 있을 경우에는 이를 심사를 신청한 기업등으로 하여금 추가하거나 보완하도록 할 수 있다.

⑤ 제1항에 따른 인증신청을 받은 담당 직원은 「전자정부법」 제36조제1항에 따른 행정정보의 공동이용을 통하여 사업자등록증 및 중소기업확인서를 확인하여야 한다. 이 경우 신청인이 해당 서류 확인에 동의하지 아니하면 그 사본을 첨부하도록 하여야 한다.

제9조(인증심사비용) ① 제8조에 따라 심사를 신청한 기업등은 소비자기본법시행령 제11조의5 제1항에 따른 인증심사비용을 인증기관에 납부해야 한다.

② 소비자기본법시행령 제11조의5 제2항에 따른 인증심사비용, 감면대상 및 감면비율 등은 [별표2]와 같다.

제10조(심사의 실시) ① 인증기관은 제8조에 따라 심사를 신청한 기업등에 대해 제11조에 따라 심사팀을 구성한 후 [별표5]의 심사기준에 따라 심사를 실시한다.

② 심사는 서면심사와 현장심사를 병행하는 것을 원칙으로 한다.

제11조(심사팀의 구성 등) ① 인증기관은 제10조에 의거하여 심사를 실시하는 때에는 제6조에 따라 위촉된 심사위원 중에서 2인 내지 3인을 선정하여 심사팀을 구성한다.

② 심사팀의 구성 규모는 다음 각 호와 같다.

1. 신규평가의 경우 [별표5]에 따른 대기업은 심사위원 3인, 중소기업은 심사위원 2인, 공공기관은 3인
2. 재평가의 경우 심사위원 2인

③ 인증기관은 심사팀의 심사위원 중에서 심사업무 경험 등을 고려하여 심사팀장을 지정한다.

제12조(인증기준) ① 인증기업으로 선정되기 위해서는 다음 각 호를 충족해야 한다.

1. 제3조(인증대상)의 규정을 충족할 것
2. [별표5] 소비자중심경영 인증제도 심사기준의 총점을 800점 이상 득할 것
3. [별표5] 소비자중심경영 인증제도 심사기준의 대분류 항목별 배점의 75% 이상의 점수를 득할 것

② 제1항의 규정에도 불구하고, 공정거래위원회는 기업등이 중대한 소비자 문제로 사회적 물의를 일으키는 등 인증기업으로 선정되면 제도의 신뢰를 심각하게 저해할 우려가 있는 경우에는 인증기업으로 선정하지 않을 수 있다.

제13조(인증심의위원회) ① 인증기관은 인증과 관련한 주요 사항을 심의하기 위하여 인증심의위원회를 구성·운영할 수 있다.

② 인증심의위원회는 위원장 1인을 포함한 7인 이내의 위원으로 구성한다.

③ 인증심의위원회의 장(이하 '위원장'이라 한다)은 인증기관의 임원으로 하며,

위원은 공정거래위원회의 담당 과장과 인증기관의 담당 부서장, 평가위원 중 4인 이내로 인증기관이 선임하고, 간사는 인증기관의 담당 팀장으로 한다.

④ 인증심의위원회는 다음 각 호의 사항을 심의·의결한다.

1. 제12조의 인증기준 적합 여부
2. 기타 공정거래위원회 또는 인증기관이 부의하는 사항

⑤ 심의사항의 의결은 위원 과반수의 출석과 출석위원 2/3이상의 찬성으로 한다.

⑥ 인증기관은 인증심의위원회의 심의결과를 공정거래위원회에 보고하여야 한다.

제5장 인증서 발급 등

제14조(인증서의 발급 등) ① 공정거래위원회는 제13조 제4항에 따라 인증심의위원회에서 적합으로 의결한 기업등을 인증기업으로 선정하여 인증서(별지 제1호 서식, 국·영문)를 발급한다.

② 제1항의 규정에 의하여 인증서를 발급받은 인증기업은 다음 각 호의 1에 해당하는 사유가 발생한 때에는 그 인증서를 공정거래위원회에 반납하여야 한다.

1. 「소비자기본법」 제20조의4 제1항에 따라 인증이 취소된 때
2. 폐업한 때
3. 경영여건 변동 등으로 인증을 유지할 수 없을 때

제15조(인증서의 재발급) 인증서를 발급받은 기업등은 다음 각 호의 1에 해당하는 사유가 발생한 때에는 인증서 재발급 신청서(별지 제3호 서식)와 [별표3]의 서류를 구비하여 공정거래위원회에 인증서 재발급을 신청할 수 있다.

1. 인증서를 분실 또는 훼손한 경우
2. 인증서의 기재사항이 변경된 경우

제16조(재평가) ① 인증기업이 인증기간 만료로 재평가를 받고자 하는 경우에는 기간만료 이전에 인증신청서(별지 제2호 서식) 및 다음 각 호의 서류를 구비하여

인증기관에 제출하여야 한다.

1. CCM 운영매뉴얼
2. 공적기술서
3. 조직도
4. 사업장 약도
5. 사업자등록증 사본
6. 윤리서약서(별지 제4호 서식)
7. 중소기업확인서
8. 정기교육 이수 증빙서류(교육 수료증 등)

② 인증기업이 업종변경 또는 법인(사업장)의 합병, 영업양도·양수 등의 변동이 있는 경우에는 3개월 이내에 [별표4]의 구비서류를 첨부하여 인증기관에게 재평가를 신청하여야 한다. 다만 필요한 경우 인증심의위원회의 의결을 거쳐 재평가를 생략할 수 있다.

③ 제2항에 따른 재평가를 신청하는 기업등에 대해서는 제9조 및 제16조 제1항을 준용한다. 다만, 제16조 제1항 제8호는 구비서류에서 제외한다.

④ 인증기관은 제1항 및 제2항에 의거 재평가 신청을 받았을 경우에 제8조 제3항, 제9조, 제10조, 제11조, 제13조, 제14조 제1항을 준용한다.

제6장 사후관리

제17조(사후관리) ① 공정거래위원회 및 인증기관은 인증기업이 소비자중심경영인증을 모범적으로 운영함으로써 소비자 후생 증대에 기여할 수 있도록 관리하여야 한다.

② 인증기관은 인증기업 사후관리를 위한 정기교육을 실시하여야 하며, 인증기업은 신규평가를 받은 다음 해부터 연 1회 이상 반드시 정기교육에 참여하여야 한다. 인증기업이 정기교육에 참여하지 않을 경우 인증기간 만료로 인한 재평가 시 점수를 감점할 수 있다.

제18조(비밀유지) 소비자중심경영인증과 관련된 업무를 수행한 자는 업무추진 과정에서 알게 된 기업등의 영업비밀에 속하는 사항을 공표·누설하거나 업무수행을 위한 목적 외에 이용하여서는 아니 된다.

제19조(세부운영규정) 인증기관은 이 규정의 운영에 필요한 세부사항을 별도로 정하여 운영할 수 있다.

제20조(재검토기한) 공정거래위원회는 「훈령·예규 등의 발령 및 관리에 관한 규정」에 따라 이 고시에 대하여 2021년 1월 1일 기준으로 매 3년이 되는 시점(매 3년째의 12월 31일까지를 말한다)마다 그 타당성을 검토하여 개선 등의 조치를 하여야 한다.

부　칙 〈제2018-13호, 2018. 9. 7.〉

제1조(시행일) 이 고시는 고시한 날부터 시행한다.

부　칙 〈제2021-1호, 2021. 1. 20.〉

제1조(시행일) 이 고시는 고시한 날부터 시행한다.

별표/서식

[별지 제1호 서식] 소비자중심경영 인증서(국·영문)

[별지 제2호 서식] 소비자중심경영 인증신청서

[별지 제3호 서식] 소비자중심경영 인증서 재발급 신청서

[별지 제4호 서식] 윤리서약서

[별표1] 소비자중심경영 인증마크(제2조 관련)

[별표2] 소비자중심경영 인증심사비용(제9조 관련)

[별표3] 인증서 재발급 신청 시 구비서류(제16조 관련)

[별표4] 경영여건 변동 증빙을 위한 구비서류(제17조 제2항 관련)

[별표5] 소비자중심경영 인증제도 심사기준(소비자기본법시행령 제11조의2 제1항 관련)

[별지 제1호 서식] 〈국문 인증서〉

인증번호 : 제 2011-1(2)001 호

소비자중심경영 기업(기관) 인증서

기업명(기관명) :

대 표 자 :

소 재 지 :

사업자등록번호 :

인증유효기간 :

위 기업(기관)은 소비자중심의 경영체계를 구축하고 운영함으로써 소비자 지향적 경영문화 확산과 소비자 후생 증대에 기여하였기에 소비자중심경영 기업(기관)으로 인증합니다.

년 월 일

공정거래위원회 위원장 인

〈영문 인증서〉

Certificate No.: 2011-1(2)001

Certificate of Consumer-Centered Management

Company(Institution):

Business Registration No.:

Validity of Certificate:

This is to certify that above company(institution) has contributed to spreading consumer-centered management climate and promoting consumer welfare by its consumer-centered management system establishment and operation.

____

Chairman

KOREA FAIR TRADE COMMISSION

[별지 제2호 서식]

소비자중심경영(CCM) 인증신청서

([ ]신규평가 [ ]재평가(인증기간 만료) [ ]재평가(경영여건 변동 등))

※ [ ]에는 해당되는 곳에 √표를 합니다.

<table>
<tr><td rowspan="18">신청인</td><td colspan="3">기업 · 기관명 ※사업자등록증상 회사명 기재
(국문)
(영문)</td><td colspan="2">사업자등록번호</td></tr>
<tr><td colspan="3">대표자 성명</td><td colspan="2">업 종</td></tr>
<tr><td colspan="5">규 모 대기업[ ], 중소기업[ ], 공공기관[ ]</td></tr>
<tr><td rowspan="2">주소</td><td>본 사</td><td colspan="3">(㈾)</td></tr>
<tr><td>평가장소</td><td colspan="3">(㈾)</td></tr>
<tr><td>부서명</td><td colspan="4"></td></tr>
<tr><td rowspan="3">최고
고객
책임자</td><td colspan="2">성명</td><td colspan="2">직책</td></tr>
<tr><td colspan="2">전화</td><td colspan="2">휴대전화</td></tr>
<tr><td colspan="4">전자우편</td></tr>
<tr><td rowspan="3">부서장</td><td colspan="2">성명</td><td colspan="2">직책</td></tr>
<tr><td colspan="2">전화</td><td colspan="2">휴대전화</td></tr>
<tr><td colspan="4">전자우편</td></tr>
<tr><td rowspan="3">담당자</td><td colspan="2">성명</td><td colspan="2">직책</td></tr>
<tr><td colspan="2">전화</td><td colspan="2">휴대전화</td></tr>
<tr><td colspan="4">전자우편</td></tr>
</table>

<table>
<tr><td rowspan="5">현 황</td><td colspan="2">종업원 수 (명)</td><td rowspan="2">주 사업분야</td><td colspan="2">매출현황(최근 3년간)</td></tr>
<tr><td>정규직</td><td>계약직</td><td>연도</td><td>매출액(억 원)</td></tr>
<tr><td rowspan="3"></td><td rowspan="3"></td><td rowspan="3"></td><td></td><td></td></tr>
<tr><td></td><td></td></tr>
<tr><td></td><td></td></tr>
</table>

「소비자기본법」제20조의2 제2항, 같은 법 시행령 제11조의2 제2항에 따라
소비자중심경영 신규평가(재평가)를 신청합니다.

년 월 일

대표자 : (서명 또는 인)

공정거래위원회 위원장 귀하

<table>
<tr><td>첨부서류</td><td>1. 소비자중심경영 운영 매뉴얼 및 실적
2. 그 밖에 소비자중심경영 운영과 관련된 자료
3. 중소기업확인서(중소기업만 해당)</td><td>수수료
공정거래위원회가 고시한 금액</td></tr>
</table>

[별지 제3호 서식]

소비자중심경영(CCM) 인증서 재발급 신청서

신청자	기업 · 기관명	사업자등록번호
	대표자 성명	연락처
	주소	

인증현황	인증번호	인증일자

변경사항 또는 재발급 사유	

「소비자중심경영 인증제도 운영 · 심사에 관한 규정」 제15조에 따라
위와 같이 인증서 재발급을 신청합니다.

년 월 일

대표자 : (서명 또는 인)

공정거래위원회 위원장 귀하

첨부서류	1. 소비자중심경영 인증서(원본) 2. [별표3]에 따른 증빙자료	수수료 없음

[별지 제4호 서식]

윤리서약서

기 업 명 :

대 표 자 :

본인은 『소비자중심경영』 심사업무와 관련하여 아래와 같이 청렴 실천에 적극 협조하겠으며, 이를 위반할 시에는 신청서 반려 및 인증신청 제한 등의 행정제재도 감수하겠습니다.

1. 심사업무와 관련하여 정부에서 추진하는 청렴 실천을 위반하는 어떠한 행위(담당 직원 및 심사위원에게 금품 및 식사, 향응 제공 등)도 하지 않겠습니다.

2. 심사업무와 관련하여 외부기관 등을 통하여 담당 직원 및 심사위원에게 어떠한 청탁도 하지 않겠습니다.

년 월 일

대표자 (인)

[별표1]

소비자중심경영 인증마크(제2조 관련)

1. 인증마크

- 소비자중심경영 인증마크는 소비자(Consumer)와 기업(Company)이 단단하게 얽힌 모습으로 서로를 이해하고 신뢰하며 하나가 되어가는 과정을 형상화하였다.
- 오렌지색은 서로를 이해하고 만족하는 소비자중심경영의 감성적인 부분을 상징하고, 블루색상과 그레이색상은 서로를 신뢰하고 신속하고 명확하게 처리되는 소비자중심경영의 이성적인 부분을 상징한다.

2. 엠블렘(Emblem)

- 인증마크의 권위를 상징하는 인증서 등의 아이템에 주로 사용한다.

CCM 인증마크

[별표2]

소비자중심경영 인증심사비용(제9조 관련)

1. 인증심사비용

구분	신규평가	재평가
금액(부가세 별도)	6,000,000원	4,000,000원

2. 비용 감면대상 및 감면비율

가. 중소기업기본법 제2조에 따른 중소기업의 인증심사비용은 다음과 같이 감면한다.

구분	신규평가	재평가
금액(부가세 별도)	200,000원	150,000원

나. 제16조 제2항에 따라 재평가를 신청하는 경우, 공정거래위원회 또는 인증기관이 필요하다고 인정하는 경우 인증심의위원회 의결을 거쳐 인증심사비용을 별도로 정할 수 있다.

[별표3]

인증서 재발급 신청 시의 구비서류 (제15조 관련)

구 분	구 비 서 류
분실 · 소실	• 분실 · 소실 사유서(대표자 명의) 1부
소재지 · 대표자 · 회사명 등의 기재사항 변경	• 법인등기부등본 사본 1부(기타 소재지 변경확인 가능한 것) • 소비자중심경영 인증서(국문 · 영문) 원본 • 사업자등록증 사본 1부

[별표4]

경영여건 변동 증빙을 위한 구비서류 (제16조 제2항 관련)

구 분	구 비 서 류
회사유형변경 (법인전환)	• 법인등기부등본 사본 1부 • 소비자중심경영 인증서(국문 · 영문) 원본 • 사업자등록증 사본 1부 • 기타 사실을 증명할 수 있는 자료
회사합병	• 법인등기부등본 사본 1부(합병 내용 확인 가능한 것) • 합병 공증계약서 사본 1부(시설, 인원 등에 관한 사항 포함) • 폐업사실증명원 사본 1부(인증받은 기업이 폐업한 경우) • 소비자중심경영 인증서(국문 · 영문) 원본 • 사업자등록증 사본 1부
사업양도 · 양수	• 사업 일괄 양도 · 양수 계약서 사본 1부 (시설, 인원, 인증에 행하여진 처분 등에 관한 사항 포함) • 법인등기부등본 사본 1부 • 소비자중심경영 인증서(국문 · 영문) 원본 • 사업자등록증 사본 1부 • 그밖에 사실을 증명할 수 있는 자료

부록 2 CCM 인증제도 심사 기준

소비자중심경영 인증제도 심사기준 (소비자기본법시행령 제11조의2 제1항 관련)

1 적용

가. 심사항목 및 배점은 신규평가와 재평가, 대기업, 중소기업과 공공기관으로 구분하여 적용한다.

나. 제2조 제1호에 따른 기업 중 「중소기업기본법」 제2조에 따른 중소기업자를 중소기업으로 하며, 중소기업을 제외한 기업은 대기업으로 한다.

다. 공공기관은 제2조 제2호에 따른 기관으로 한다. 단, 「공공기관의 운영에 관한 법률」에 따른 공기업은 대기업으로 본다.

라. 제16조 제2항에 따라 재평가를 신청하는 경우, 공정거래위원회 또는 인증기관이 필요하다고 인정하는 경우 인증심의위원회 의결을 거쳐 심사항목 중 일부만 정하여 심사할 수 있다.

2 심사항목 및 배점

가. 대기업(「공공기관의 운영에 관한 법률」에 따른 공기업 포함)

<table>
<tr><th>대분류</th><th>중분류</th><th>소분류</th><th colspan="2">신규평가</th><th colspan="2">재평가</th></tr>
<tr><td rowspan="6">1. 리더십</td><td>1.1. 최고경영자의 리더십</td><td>1.1.1. 경영방침과 실천의지</td><td>60</td><td rowspan="6">200</td><td>60</td><td rowspan="6">200</td></tr>
<tr><td rowspan="2">1.2. CCM 전략</td><td>1.2.1. 소비자중심경영 전략 개발</td><td>50</td><td>50</td></tr>
<tr><td>1.2.2. 소비자중심경영의 공유</td><td>30</td><td>30</td></tr>
<tr><td rowspan="3">1.3. 사회적 가치 실현</td><td>1.3.1. 윤리경영과 사회적 책임</td><td>20</td><td>20</td></tr>
<tr><td>1.3.2. 소비자안전</td><td>20</td><td>20</td></tr>
<tr><td>1.3.3. 협력업체 상생협력</td><td>20</td><td>20</td></tr>
<tr><td rowspan="7">2. CCM 체계</td><td rowspan="3">2.1. 조직관리</td><td>2.1.1. 최고고객책임자의 임명과 권한</td><td>30</td><td rowspan="7">250</td><td>20</td><td rowspan="7">200</td></tr>
<tr><td>2.1.2. 전사 협조 체계</td><td>30</td><td>30</td></tr>
<tr><td>2.1.3. 내부 직원 만족</td><td>30</td><td>30</td></tr>
<tr><td>2.2. 자원관리</td><td>2.2.1. 소비자중심경영 관련 자원</td><td>60</td><td>40</td></tr>
<tr><td>2.3. 교육관리</td><td>2.3.1. 소비자중심경영 관련 교육</td><td>60</td><td>40</td></tr>
<tr><td>2.4 문서관리</td><td>2.4.1. 소비자중심경영 관련 문서관리</td><td>40</td><td>40</td></tr>
<tr><td rowspan="6">3. CCM 운영</td><td>3.1. 소비자정보 제공</td><td>3.1.1. 소비자정보 제공</td><td>60</td><td rowspan="6">400</td><td>60</td><td rowspan="6">400</td></tr>
<tr><td>3.2. 소비자불만 사전예방</td><td>3.2.1. 소비자불만 사전예방</td><td>80</td><td>80</td></tr>
<tr><td rowspan="4">3.3. VOC 운영 절차</td><td>3.3.1. VOC 운영 기준</td><td>60</td><td>60</td></tr>
<tr><td>3.3.2. VOC 수집</td><td>50</td><td>50</td></tr>
<tr><td>3.3.3. VOC 처리</td><td>70</td><td>70</td></tr>
<tr><td>3.3.4. VOC 분석 및 활용</td><td>80</td><td>80</td></tr>
<tr><td rowspan="2">4. 성과관리</td><td>4.1. CCM 운영 성과</td><td>4.1.1. 운영 성과 평가</td><td>150</td><td rowspan="2">150</td><td>150</td><td rowspan="2">200</td></tr>
<tr><td>4.2. 유지 개선</td><td>4.2.1. 인증 후 개선 활동</td><td>–</td><td>50</td></tr>
<tr><td rowspan="3">〈가점〉</td><td rowspan="3">CCM 상생협력</td><td>1. 인증 지원</td><td>–</td><td rowspan="3">–</td><td>20</td><td rowspan="3">50</td></tr>
<tr><td>2. 인증기업 수</td><td>–</td><td>25</td></tr>
<tr><td>3. 협력 프로그램 운영</td><td>–</td><td>5</td></tr>
<tr><td colspan="3">총 점</td><td colspan="2">1,000</td><td colspan="2">1,000</td></tr>
</table>

1. 리더십

중분류	소분류	배점		심사지표
		신규평가	재평가	
1.1. 최고경영자의 리더십	1.1.1. 경영방침과 실천의지	60	60	① 기업의 비전 및 경영방침에 소비자중심경영 가치를 반영하는가?
				② 최고경영자는 소비자중심경영에 대한 관심이 높고, 실천 의지가 확고한가?
1.2. CCM 전략	1.2.1. 소비자중심경영 전략 개발	50	50	① 소비자중심경영 추진 관련 전사 중기 전략을 수립하고 실행하는가?
				② 전사적으로 CCM 연간 운영계획을 수립하고 실행하는가?
	1.2.2. 소비자중심경영의 공유	30	30	① 소비자중심경영의 대외 확산을 위해 이해관계자(소비자, 관련 기업, 주주 등)에게 알리기 위한 활동을 하는가?
				② 전사적으로 소비자중심경영에 대해 이해하고 공감하는가?(직원 인터뷰 포함)
1.3. 사회적 가치 실현	1.3.1. 윤리경영과 사회적 책임	20	20	① 윤리경영을 실천하는가?
				② 사회적 책임 활동을 하는가?
	1.3.2. 소비자안전	20	20	① 안전사고 예방, 안전이슈 모니터링, 개인정보 보호 등 소비자안전을 확보하기 위한 활동을 하는가?
	1.3.3. 협력업체 상생협력	20	20	① 협력업체와 상생경영을 통해 소비자권익 증진 협업 시스템을 운영하는가?(직접적인 CCM 인증 지원 활동은 〈가점〉에서 평가)

2. CCM 체계

중분류	소분류	배점		심사지표
		신규평가	재평가	
2.1. 조직관리	2.1.1. 최고고객책임자의 임명과 권한	30	20	① 최고고객책임자(CCO)는 소비자중심경영의 주요 의사결정권자이고, 역할 수행을 위한 권한과 책임을 갖고 있는가?
	2.1.2. 전사 협조 체계	30	30	① 소비자중심경영 주관 부서와 유관 부서의 역할과 책임을 규정하고, 이행하는가?
				② 소비자중심경영 관련 회의체를 운영하는가?
	2.1.3. 내부 직원 만족	30	30	① 소비자중심경영 활성화를 위한 내부 직원(소비자 접점 직원 제외) 대상 동기부여 프로그램을 운영하는가?
				② 소비자중심경영 활성화를 위한 소비자 접점 직원(콜센터, 영업점 등, 외부 위탁업체 직원 포함) 대상 동기부여 프로그램(우수 직원 포상, 근로환경 개선 등)을 운영하는가?
2.2. 자원관리	2.2.1. 소비자중심경영 관련 자원	60	40	① 소비자중심경영 실행을 위한 인적자원 운영이 적정하며, 유지 · 개선하고 있는가?
				② 소비자중심경영 실행을 위한 물적자원 운영이 적정하며, 지속적으로 유지 · 개선하고 있는가?
				③ 소비자중심경영 실행을 위한 예산이 편성되어 있고, 계획 대비 집행했는가?
2.3. 교육관리	2.3.1. 소비자중심경영 관련 교육	60	40	① 소비자중심경영 실현을 위해 임직원에 대한 연간 교육 계획(소비자중심경영 개념 교육 포함)을 수립하고, 실행하는가?
				② 최고경영자를 포함한 임원들이 소비자중심경영과 관련된 교육(소비자중심경영 개념 교육 포함)을 받고 있는가?

중분류	소분류	배점		심사지표
		신규평가	재평가	
				③ 소비자 응대 직원의 전문성 향상을 위한 교육 실적이 있는가?
2.4 문서관리	2.4.1. 소비자중심경영 관련 문서관리	40	40	① 소비자중심경영 관련 규정 및 문서를 체계적으로 관리하는가?
				② 소비자중심경영(CCM) 운영매뉴얼을 체계적으로 작성하고, 지속적으로 관리하는가?

3. CCM 운영

중분류	소분류	배점		심사지표
		신규평가	재평가	
3.1. 소비자 정보 제공	3.1.1. 소비자정보 제공	60	60	① 소비자에게 제품, 서비스, 소비자안전 등에 관한 정보를 제공하기 위한 채널을 다양하게 구축하고, 정보를 충분히 제공하는가?
				② 소비자불만을 포함한 의견을 제기할 수 있는 창구 및 절차 등을 이해하기 쉽게 공지(표시)하는가?
				③ 소비자에게 정보(소비자상담, 일반 문의·답변 등 제외) 제공 전, 소비자 관련 법·규정 준수 여부를 확인하는가?
3.2. 소비자 불만 사전예방	3.2.1. 소비자불만 사전예방	80	80	① 소비자불만을 사전에 예방하기 위한 활동 계획을 정기적으로 수립하여 실행하는가?
				② 상품(제품 및 서비스)을 기획·개선할 때 소비자가 참여하거나 소비자의 의견을 반영한 실적이 있는가?
				③ 긴급하거나 잠재적인 소비자불만 대응 등 위기관리 대책을 수립하고 실행하는가?

중분류	소분류	배점		심사지표
		신규평가	재평가	
3.3. VOC 운영 철차	3.3.1. VOC 운영 기준	60	60	① VOC 운영 조직(담당)이 구성되어 있고, 그 조직(담당)의 역할과 책임이 규정되어 있는가?
				② VOC의 유형별, 중요도별 분류 기준이 있고, 그 기준이 적절한지 검토하고 개선하는가?
				③ VOC 운영 절차(Flow)가 있는가?
				④ VOC 관리 지표를 수립하고 모니터링하는가?
	3.3.2. VOC 수집	50	50	① VOC 수집 채널을 다양하게 운영하고 있는가?
				② VOC 수집 내역을 체계적으로 기록, 관리하는가?
	3.3.3. VOC 처리	70	70	① VOC 접수 건을 담당 조직(담당자)에게 즉시 이관하여 처리하고 있는가?
				② VOC 처리 내역 등을 체계적으로 기록, 관리하는가?
				③ 외부기관(1372 소비자상담센터, 한국소비자원, 정부기관 등)에 접수된 VOC의 담당자를 지정하고 처리 등을 관리하고 있는가?
	3.3.4. VOC 분석 및 활용	80	80	① VOC를 통한 개선 실적이 있는가?
				② 소비자불만처리에 대한 소비자만족도 조사 또는 관련 모니터링, 상품(제품 및 서비스) 이용 소비자만족도 조사 등을 실시하고 있는가?
				③ VOC 분석 및 활용 결과를 최고경영층에 정기/수시로 보고하는가?
				④ VOC 분석 및 활용 결과를 전사적으로 공유하는가?

4. 성과관리

중분류	소분류	배점		심사지표
		신규평가	재평가	
4.1. CCM 운영 성과	4.1.1. 운영 성과 평가	150	150	① 소비자중심경영 관련 전사적인 성과 관리 지표를 수립하는가?
				② 소비자중심경영 관련 운영성과를 정기적으로 모니터링 및 평가하는가?
				[재평가] ③ 성과 평가에 대한 후속 조치 및 피드백을 진행하는가?
				④ 소비자중심경영 우수 성과 사례를 발굴하고 공유하는가?
4.2. 유지 개선	4.2.1. 인증 후 개선 활동	–	50	[재평가] ① CCM 전기 평가 시 개선 요구 사항을 검토하여 반영하기 위해 노력하는가?

* [재평가] : 재평가 시에만 평가하는 지표

〈가점〉 CCM 상생협력

중분류	소분류	배점		심사지표
		신규평가	재평가	
CCM 상생협력	1. 인증 지원	–	20	[재평가] ① 협력업체 등의 CCM 인증 획득을 위한 지원 프로그램
	2. 인증기업 수	–	25	[재평가] ① 인증을 받은 협력업체 등의 수
	3. 협력 프로그램 운영	–	5	[재평가] ① 인증을 받은 협력업체 등에 대한 지원 프로그램

* [재평가] : 재평가 시에만 평가하는 지표

나. 중소기업

대분류	중분류	소분류	신규평가		재평가	
1. 리더십	1.1. 최고경영자의 리더십	1.1.1. 경영방침과 실천의지	100	250	80	200
	1.2. CCM 전략	1.2.1. 소비자중심경영 전략 개발	60		50	
		1.2.2. 소비자중심경영의 공유	50		30	
	1.3. 사회적 가치 실현	1.3.1. 윤리경영과 사회적 책임	20		20	
		1.3.2. 소비자안전	20		20	
2. CCM 체계	2.1. 조직관리	2.1.1. 최고고객책임자의 임명과 권한	40	300	30	250
		2.1.2. 전사 협조 체계	50		30	
		2.1.3. 내부 직원 만족	–		20	
	2.2. 자원관리	2.2.1. 소비자중심경영 관련 자원	80		60	
	2.3. 교육관리	2.3.1. 소비자중심경영 관련 교육	80		60	
	2.4 문서관리	2.4.1. 소비자중심경영 관련 문서 관리	50		50	
3. CCM 운영	3.1. 소비자정보 제공	3.1.1. 소비자정보 제공	60	350	50	350
	3.2. 소비자불만 사전예방	3.2.1. 소비자불만 사전예방	–		70	
	3.3. VOC 운영 절차	3.3.1. VOC 운영 기준	70		50	
		3.3.2. VOC 수집	60		40	
		3.3.3. VOC 처리	80		70	
		3.3.4. VOC 분석 및 활용	80		70	
4. 성과관리	4.1. CCM 운영 성과	4.1.1. 운영 성과 평가	100	100	150	200
	4.2. 유지 개선	4.2.1. 인증 후 개선 활동	–		50	
〈가점〉	CCM 상생협력	1. 인증 지원	–	–	20	50
		2. 인증기업 수	–		25	
		3. 협력 프로그램 운영	–		5	
총 점			1,000		1,000	

1. 리더십

중분류	소분류	배점		심사지표
		신규평가	재평가	
1.1. 최고경영자의 리더십	1.1.1. 경영방침과 실천의지	100	80	① 기업(기관)의 비전 및 경영방침에 소비자중심경영 가치를 반영하는가?
				② 최고경영자는 소비자중심경영에 대한 관심이 높고, 실천 의지가 확고한가?
1.2. CCM 전략	1.2.1. 소비자중심경영 전략 개발	60	50	① 전사적으로 CCM 연간 운영계획을 수립하고 실행하는가?
	1.2.2. 소비자중심경영의 공유	50	30	① 소비자중심경영의 대외 확산을 위해 이해관계자(소비자, 관련 기업, 주주 등)에게 알리기 위한 활동을 하는가?
				② 전사적으로 소비자중심경영에 대해 이해하고 공감하는가?(직원 인터뷰 포함)
1.3. 사회적 가치 실현	1.3.1. 윤리경영과 사회적 책임	20	20	① 사회적 책임 활동을 하는가?
	1.3.2. 소비자안전	20	20	② 안전사고 예방, 안전이슈 모니터링, 개인정보 보호 등 소비자안전을 확보하기 위한 활동을 하는가?

2. CCM 체계

중분류	소분류	배점		심사지표
		신규평가	재평가	
2.1. 조직관리	2.1.1. 최고고객책임자의 임명과 권한	40	30	① 최고고객책임자(CCO)는 소비자중심경영의 주요 의사결정권자이고, 역할 수행을 위한 권한과 책임을 갖고 있는가?
	2.1.2. 전사 협조 체계	50	30	① 소비자중심경영 주관 부서와 유관 부서의 역할과 책임을 규정하고, 이행하는가?
				② 소비자중심경영 관련 회의체를 운영하는가?
	2.1.3. 내부 직원 만족	–	20	[재평가] ① 소비자중심경영 활성화를 위한 내부 직원(소비자 접점 직원 제외) 대상 동기부여 프로그램을 운영하는가?
				[재평가] ② 소비자중심경영 활성화를 위한 소비자 접점 직원(콜센터, 영업점 등, 외부 위탁업체 직원 포함) 대상 동기부여 프로그램(우수 직원 포상, 근로환경 개선 등)을 운영하는가?
2.2. 자원관리	2.2.1. 소비자중심경영 관련 자원	80	60	① 소비자중심경영 실행을 위한 인적자원 운영이 적정하며, 유지 · 개선하고 있는가?
				② 소비자중심경영 실행을 위한 물적자원 운영이 적정하며, 지속적으로 유지 · 개선하고 있는가?
				③ 소비자중심경영 실행을 위한 예산이 편성되어 있고, 계획 대비 집행했는가?
2.3. 교육관리	2.3.1. 소비자중심경영 관련 교육	80	60	① 소비자중심경영 실현을 위해 임직원에 대한 연간 교육 계획(소비자중심경영 개념 교육 포함)을 수립하고, 실행하는가?
				② 최고경영자를 포함한 임원들이 소비자중심경영과 관련된 교육(소비자중심경영 개념 교육 포함)을 받고 있는가?

중분류	소분류	배점		심사지표
		신규평가	재평가	
				③ 소비자 응대 직원의 전문성 향상을 위한 교육 실적이 있는가?
2.4 문서관리	2.4.1. 소비자중심경영 관련 문서관리	50	50	① 소비자중심경영 관련 규정 및 문서를 체계적으로 관리하는가?
				② 소비자중심경영(CCM) 운영매뉴얼을 체계적으로 작성하고, 지속적으로 관리하는가?

3. CCM 운영

중분류	소분류	배점		심사지표
		신규평가	재평가	
3.1. 소비자정보 제공	3.1.1. 소비자정보 제공	60	50	① 소비자에게 제품, 서비스, 소비자안전 등에 관한 정보를 제공하기 위한 채널을 다양하게 구축하고, 정보를 충분히 제공하는가?
				② 소비자불만을 포함한 의견을 제기할 수 있는 창구 및 절차 등을 이해하기 쉽게 공지(표시)하는가?
				③ 소비자에게 정보(소비자상담, 일반 문의·답변 등 제외) 제공 전, 소비자 관련 법·규정 준수 여부를 확인하는가?
3.2. 소비자불만 사전예방	3.2.1. 소비자불만 사전예방	–	70	[재평가] ① 소비자불만을 사전에 예방하기 위한 활동 계획을 정기적으로 수립하여 실행하는가?
				[재평가] ② 상품(제품 및 서비스)을 기획·개선할 때 소비자가 참여하거나 소비자의 의견을 반영한 실적이 있는가?
				[재평가] ③ 긴급하거나 잠재적인 소비자불만 대응 등 위기관리 대책을 수립하고 실행하는가?

<table>
<tr><th rowspan="2">중분류</th><th rowspan="2">소분류</th><th colspan="2">배점</th><th rowspan="2">심사지표</th></tr>
<tr><th>신규평가</th><th>재평가</th></tr>
<tr><td rowspan="12">3.3.
VOC 운영 철차</td><td rowspan="4">3.3.1.
VOC 운영 기준</td><td rowspan="4">70</td><td rowspan="4">50</td><td>① VOC 운영 조직(담당)이 구성되어 있고, 그 조직(담당)의 역할과 책임이 규정되어 있는가?</td></tr>
<tr><td>② VOC의 유형별, 중요도별 분류 기준이 있고, 그 기준이 적절한지 검토하고 개선하는가?</td></tr>
<tr><td>③ VOC 운영 절차(Flow)가 있는가?</td></tr>
<tr><td>④ VOC 관리 지표를 수립하고 모니터링 하는가?</td></tr>
<tr><td rowspan="2">3.3.2.
VOC 수집</td><td rowspan="2">60</td><td rowspan="2">40</td><td>① VOC 수집 채널을 다양하게 운영하고 있는가?</td></tr>
<tr><td>② VOC 수집 내역을 체계적으로 기록, 관리하는가?</td></tr>
<tr><td rowspan="3">3.3.3.
VOC 처리</td><td rowspan="3">80</td><td rowspan="3">70</td><td>① VOC 접수 건을 담당 조직(담당자)에게 즉시 이관하여 처리하고 있는가?</td></tr>
<tr><td>② VOC 처리 내역 등을 체계적으로 기록, 관리하는가?</td></tr>
<tr><td>③ 외부기관(1372 소비자상담센터, 한국소비자원, 정부기관 등)에 접수된 VOC의 담당자를 지정하고 처리 등을 관리하고 있는가?</td></tr>
<tr><td rowspan="3">3.3.4.
VOC 분석 및 활용</td><td rowspan="3">80</td><td rowspan="3">70</td><td>① VOC를 통한 개선 실적이 있는가?</td></tr>
<tr><td>② VOC 분석 및 활용 결과를 최고경영층에 정기/수시로 보고하는가?</td></tr>
<tr><td>③ VOC 분석 및 활용 결과를 전사적으로 공유하는가?</td></tr>
</table>

4. 성과관리

중분류	소분류	배점		심사지표
		신규평가	재평가	
4.1. CCM 운영 성과	4.1.1. 운영 성과 평가	100	150	① 소비자중심경영 관련 전사적인 성과 관리 지표를 수립하는가? ② 소비자중심경영 관련 운영성과를 정기적으로 모니터링 및 평가하는가? [재평가] ③ 성과 평가에 대한 후속 조치 및 피드백을 진행하는가? ④ 소비자중심경영 우수 성과 사례를 발굴하고 공유하는가?
4.2. 유지 개선	4.2.1. 인증 후 개선 활동	–	50	[재평가] ① CCM 전기 평가 시 개선 요구 사항을 검토하여 반영하기 위해 노력하는가?

* [재평가] : 재평가 시에만 평가하는 지표

〈가점〉 CCM 상생협력

중분류	소분류	배점		심사지표
		신규평가	재평가	
CCM 상생협력	1. 인증 지원	–	20	[재평가] ① 협력업체 등의 CCM 인증 획득을 위한 지원 프로그램
	2. 인증기업 수	–	25	[재평가] ① 인증을 받은 협력업체 등의 수
	3. 협력 프로그램 운영	–	5	[재평가] ① 인증을 받은 협력업체 등에 대한 지원 프로그램

* [재평가] : 재평가 시에만 평가하는 지표

다. 공공기관(「공공기관의 운영에 관한 법률」에 따른 공기업 제외)

대분류	중분류	소분류	신규평가		재평가	
1. 리더십	1.1. 최고경영자의 리더십	1.1.1. 경영방침과 실천의지	60	200	60	200
	1.2. CCM 전략	1.2.1. 소비자중심경영 전략 개발	50		50	
		1.2.2. 소비자중심경영의 공유	30		30	
	1.3. 사회적 가치 실현	1.3.1. 윤리경영과 사회적 책임	30		30	
		1.3.2. 소비자안전	30		30	
2. CCM 체계	2.1. 조직관리	2.1.1. 최고고객책임자의 임명과 권한	30	250	20	200
		2.1.2. 전사 협조 체계	30		30	
		2.1.3. 내부 직원 만족	30		30	
	2.2. 자원관리	2.2.1. 소비자중심경영 관련 자원	60		40	
	2.3. 교육관리	2.3.1. 소비자중심경영 관련 교육	60		40	
	2.4 문서관리	2.4.1. 소비자중심경영 관련 문서 관리	40		40	
3. CCM 운영	3.1. 소비자정보 제공	3.1.1. 소비자정보 제공	60	400	60	400
	3.2. 소비자불만 사전예방	3.2.1. 소비자불만 사전예방	80		80	
	3.3. VOC 운영 절차	3.3.1. VOC 운영 기준	60		60	
		3.3.2. VOC 수집	50		50	
		3.3.3. VOC 처리	70		70	
		3.3.4. VOC 분석 및 활용	80		80	
4. 성과관리	4.1. CCM 운영 성과	4.1.1. 운영 성과 평가	150	150	150	200
	4.2. 유지 개선	4.2.1. 인증 후 개선 활동	–		50	
〈가점〉	CCM 상생협력	1. 인증 지원	–	–	20	50
		2. 인증기업 수	–		25	
		3. 협력 프로그램 운영	–		5	
계			1,000		1,000	

1. 리더십

중분류	소분류	배점		심사지표
		신규평가	재평가	
1.1. 최고경영자의 리더십	1.1.1. 경영방침과 실천의지	60	60	① 기관의 비전 및 경영방침에 소비자중심경영 가치를 반영하는가?
				② 최고경영자는 소비자중심경영에 대한 관심이 높고, 실천 의지가 확고한가?
1.2. CCM 전략	1.2.1. 소비자중심경영 전략 개발	50	50	① 소비자중심경영 추진 관련 전사 중기 전략을 수립하고 실행하는가?
				② 전사적으로 CCM 연간 운영계획을 수립하고 실행하는가?
	1.2.2. 소비자중심경영의 공유	30	30	① 소비자중심경영의 대외 확산을 위해 이해관계자(소비자, 관련 기업, 주주 등)에게 알리기 위한 활동을 하는가?
				② 전사적으로 소비자중심경영에 대해 이해하고 공감하는가?(직원 인터뷰 포함)
1.3. 사회적 가치 실현	1.3.1. 윤리경영과 사회적 책임	30	30	① 윤리경영을 실천하는가?
				② 사회적 책임 활동을 하는가?
	1.3.2. 소비자안전	30	30	① 안전사고 예방, 안전이슈 모니터링, 개인정보 보호 등 소비자안전을 확보하기 위한 활동을 하는가?

2. CCM 체계

중분류	소분류	배점		심사지표
		신규평가	재평가	
2.1. 조직관리	2.1.1. 최고고객책임자의 임명과 권한	30	20	① 최고고객책임자(CCO)는 소비자중심경영의 주요 의사결정권자이고, 역할 수행을 위한 권한과 책임을 갖고 있는가?
	2.1.2. 전사 협조 체계	30	30	① 소비자중심경영 주관 부서와 유관 부서의 역할과 책임을 규정하고, 이행하는가?
				② 소비자중심경영 관련 회의체를 운영하는가?
	2.1.3. 내부 직원 만족	30	30	① 소비자중심경영 활성화를 위한 내부 직원(소비자 접점 직원 제외) 대상 동기부여 프로그램을 운영하는가?
				② 소비자중심경영 활성화를 위한 소비자 접점 직원(콜센터, 영업점 등, 외부 위탁업체 직원 포함) 대상 동기부여 프로그램(우수 직원 포상, 근로환경 개선 등)을 운영하는가?
2.2. 자원관리	2.2.1. 소비자중심경영 관련 자원	60	40	① 소비자중심경영 실행을 위한 인적자원 운영이 적정하며, 유지 · 개선하고 있는가?
				② 소비자중심경영 실행을 위한 물적자원 운영이 적정하며, 지속적으로 유지 · 개선하고 있는가?
				③ 소비자중심경영 실행을 위한 예산이 편성되어 있고, 계획 대비 집행했는가?
2.3. 교육관리	2.3.1. 소비자중심경영 관련 교육	60	40	① 소비자중심경영 실현을 위해 임직원에 대한 연간 교육 계획(소비자중심경영 개념 교육 포함)을 수립하고, 실행하는가?
				② 최고경영자를 포함한 임원들이 소비자중심경영과 관련된 교육(소비자중심경영 개념 교육 포함)을 받고 있는가?
				③ 소비자 응대 직원의 전문성 향상을 위한 교육 실적이 있는가?

중분류	소분류	배점		심사지표
		신규평가	재평가	
2.4 문서관리	2.4.1. 소비자중심경영 관련 문서관리	40	40	① 소비자중심경영 관련 규정 및 문서를 체계적으로 관리하는가? ② 소비자중심경영(CCM) 운영매뉴얼을 체계적으로 작성하고, 지속적으로 관리하는가?

3. CCM 운영

중분류	소분류	배점		심사지표
		신규평가	재평가	
3.1. 소비자정보 제공	3.1.1. 소비자정보 제공	60	60	① 소비자에게 제품, 서비스, 소비자안전 등에 관한 정보를 제공하기 위한 채널을 다양하게 구축하고, 정보를 충분히 제공하는가? ② 소비자불만을 포함한 의견을 제기할 수 있는 창구 및 절차 등을 이해하기 쉽게 공지(표시)하는가? ③ 소비자에게 정보(소비자상담, 일반 문의 · 답변 등 제외) 제공 전, 소비자 관련 법 · 규정 준수 여부를 확인하는가?
3.2. 소비자불만 사전 예방	3.2.1. 소비자불만 사전예방	80	80	① 소비자불만을 사전에 예방하기 위한 활동계획을 정기적으로 수립하여 실행하는가? ② 소비자관련 사업 추진 시 소비자(시민)가 참여하거나 의견을 반영한 실적이 있는가? ③ 긴급하거나 잠재적인 소비자불만 대응 등 위기관리 대책을 수립하고 실행하는가?

<table>
<tr><th rowspan="2">중분류</th><th rowspan="2">소분류</th><th colspan="2">배점</th><th rowspan="2">심사지표</th></tr>
<tr><th>신규평가</th><th>재평가</th></tr>
<tr><td rowspan="13">3.3.
VOC
운영철차</td><td rowspan="4">3.3.1.
VOC 운영 기준</td><td rowspan="4">60</td><td rowspan="4">60</td><td>① VOC 운영 조직(담당)이 구성되어 있고, 그 조직(담당)의 역할과 책임이 규정되어 있는가?</td></tr>
<tr><td>② VOC의 유형별, 중요도별 분류 기준이 있고, 그 기준이 적절한지 검토하고 개선하는가?</td></tr>
<tr><td>③ VOC 운영 절차(Flow)가 있는가?</td></tr>
<tr><td>④ VOC 관리 지표를 수립하고 모니터링 하는가?</td></tr>
<tr><td rowspan="2">3.3.2.
VOC 수집</td><td rowspan="2">50</td><td rowspan="2">50</td><td>① VOC 수집 채널을 다양하게 운영하고 있는가?</td></tr>
<tr><td>② VOC 수집 내역을 체계적으로 기록, 관리하는가?</td></tr>
<tr><td rowspan="3">3.3.3.
VOC 처리</td><td rowspan="3">70</td><td rowspan="3">70</td><td>① VOC 접수 건을 담당 조직(담당자)에게 즉시 이관하여 처리하고 있는가?</td></tr>
<tr><td>② VOC 처리 내역 등을 체계적으로 기록, 관리하는가?</td></tr>
<tr><td>③ 외부기관(1372 소비자상담센터, 한국소비자원, 정부기관 등)에 접수된 VOC의 담당자를 지정하고 처리 등을 관리하고 있는가?</td></tr>
<tr><td rowspan="4">3.3.4.
VOC 분석 및 활용</td><td rowspan="4">80</td><td rowspan="4">80</td><td>① VOC를 통한 개선 실적이 있는가?</td></tr>
<tr><td>② 소비자불만처리에 대한 소비자만족도 조사 또는 관련 모니터링, 상품(제품 및 서비스) 이용 소비자만족도 조사 등을 실시하고 있는가?</td></tr>
<tr><td>③ VOC 분석 및 활용 결과를 최고경영층에 정기/수시로 보고하는가?</td></tr>
<tr><td>④ VOC 분석 및 활용 결과를 전사적으로 공유하는가?</td></tr>
</table>

4. 성과관리

<table>
<tr><th rowspan="2">중분류</th><th rowspan="2">소분류</th><th colspan="2">배점</th><th rowspan="2">심사지표</th></tr>
<tr><th>신규평가</th><th>재평가</th></tr>
<tr><td rowspan="4">4.1.
CCM 운영 성과</td><td rowspan="4">4.1.1.
운영 성과 평가</td><td rowspan="4">150</td><td rowspan="4">150</td><td>① 소비자중심경영 관련 전사적인 성과 관리 지표를 수립하는가?</td></tr>
<tr><td>② 소비자중심경영 관련 운영성과를 정기적으로 모니터링 및 평가하는가?</td></tr>
<tr><td>[재평가]
③ 성과 평가에 대한 후속 조치 및 피드백을 진행하는가?</td></tr>
<tr><td>④ 소비자중심경영 우수 성과 사례를 발굴하고 공유하는가?</td></tr>
<tr><td>4.2.
유지 개선</td><td>4.2.1.
인증 후 개선 활동</td><td>–</td><td>50</td><td>[재평가]
① CCM 전기 평가 시 개선 요구 사항을 검토하여 반영하기 위해 노력하는가?</td></tr>
</table>

* [재평가] : 재평가 시에만 평가하는 지표

〈가점〉 CCM 상생협력

<table>
<tr><th rowspan="2">중분류</th><th rowspan="2">소분류</th><th colspan="2">배점</th><th rowspan="2">심사지표</th></tr>
<tr><th>신규평가</th><th>재평가</th></tr>
<tr><td rowspan="3">CCM 상생협력</td><td>1. 인증 지원</td><td>–</td><td>20</td><td>[재평가]
① 협력업체 등의 CCM 인증 획득을 위한 지원 프로그램</td></tr>
<tr><td>2. 인증기업 수</td><td>–</td><td>25</td><td>[재평가]
① 인증을 받은 협력업체 등의 수</td></tr>
<tr><td>3. 협력 프로그램 운영</td><td>–</td><td>5</td><td>[재평가]
① 인증을 받은 협력업체 등에 대한 지원 프로그램</td></tr>
</table>

* [재평가] : 재평가 시에만 평가하는 지표

부록 3 CCM 운영매뉴얼 작성

CCM 운영매뉴얼은 소비자업무에 대한 규정으로 운영매뉴얼은 실제 소비자 불만 관리를 위하여 운영하고 있는 내용으로 작성되어야 하며, 회사 임직원은 이를 참고하여 규정에 준하게 소비자 불만을 관리하고 고객가치를 혁신하여야 한다. 또한 CCM 매뉴얼은 평가기준의 최소한 소분류 이상의 내용이 포함되어 있어야 하며, 사내의 모든 소비자 관련 내용을 규정하고 있어야 한다.

| CCM 운영매뉴얼 구성 |

I. 소비자중심경영 개요 1. 목적 2. 적용범위 3. 용어의 정의 4. 소비자중심경영의 Framwork	**CCM 운영매뉴얼의 제정** • 목적 : 소비자 가치 제고와 경쟁력 강화 • 적용범위 : 모기업 + 자회사+협력회사 • 용어의 정의 : CCM 관련 용어 +당사의 CS관련 용어 • Framework : CCM 평가지표 지속적 개선
II. CCM 시스템 1. 리더십 1.1 최고경영자의 리더십 1.2 CCM 전략 1.3 사회적가치 실현 2. CCM 체계 2.1 조직 관리 2.2 자원 관리 2.3 교육 관리 2.4 문서 관리 3. CCM 운영 3.1 소비자정보제공 3.2 소비자불만 사전예방 3.3 VOC 운영 절차 4. 성과관리 4.1 CCM 운영성과 4.2 유지 개선	**CCM 시스템** • 평가지표 항목별 • 당사 운영 프로세스/팀별 책임과 권한/관련규정 • 성과관리 등을 규정 관련규정 CCM 시스템에서 정의된 관련 규정들의 연결고리를 별도 정리

1) CCM 운영매뉴얼의 제작 기준

① 현재 업무와 일치하고 있는가?

TIP

- CCM 운영매뉴얼 작성 시 가장 중요하다.
- 회사에서 하고 있지 않는 일은 운영매뉴얼에 넣지 않는다.
- 운영매뉴얼의 내용과 현재 업무가 일치하지 않을 경우, 더 나쁜 결과를 초래할 뿐이다.

사례

- 의류회사 공정관리 프로세스에서 식품 위생관리 내용이 포함되어 있는 것은 잘못 COPY된 사례에서 오는 것이다.
- 유통회사임에도 불구하고 제조 프로세스 내용이 포함되는 것은 사업의 범위를 잘못 적용하여 일어나는 것이다.
- 다른 인증시스템(ISO 9001, HACCP 등)과 내용이 일관성이 있어야 한다
- 회사 조직도와 다르게 부서(팀), 직위 등이 기록되어서는 안된다.

② 부서별 역할과 책임이 구체적으로 작성되어 있나?

TIP

- 각 업무 또는 프로세스별 부서별 역할과 책임을 규정한다
  5W 1H (누가, 언제, 어디서, 무엇을, 어떻게, 왜) 적용
- 반드시 위임전결규정에서 명확히 한다.
  다만, 업무의 결정권자와 합의권자를 구체화함으로써 부서 간, 직급별 책임과 권한을 명확화하여 업무의 효과성과 효율성을 높이고자 한다.

사례

영업부서장은 매월 말 영업실적을 정리, 분석하여 최고고객책임자에게 보고한다.

- 무엇이 더 필요한가?

③ CCM 운영매뉴얼의 확정 및 배포 전 사내 의견수렴 과정을 거쳤는가?

TIP

CCM 운영매뉴얼은 '그들만의 리그'가 될 수 있으니 반드시 확정, 배포 전에 관련부서의 의견수렴과 합의가 필요하다. CCM 운영매뉴얼을 실행하고 개선하기 위해서는 관련부서의 적극적인 참여와 호응이 있어야 한다.

사례

- 회의록
- 실행지침서에 포함(별도 자료)
- 전자게시판

2) CCM 운영매뉴얼의 내용

① 목적과 필요성을 포함하고 있으며, 사내 규정의 내용과 일치하고 용어가 명확하게 정의되어 있으며, 회사의 특성이 반영되었는가?

TIP

- CCM 운영매뉴얼의 운영 목적과 필요성(기대효과)을 기술한다.
- 용어는 사내에서 일반적으로 사용되고 있는 용어를 정의하고 기술한다. 단, CCM 평가기준에서 요구하는 용어에 대해서 가능한 정확하게 정의하고 표현한다.
- 회사의 특성을 반영한다.
  - 비즈니스 프로세스에서 제조업(식품, 전자, 의류 등), 서비스업 등
  - 소비자 불만의 유형
  - 소비자 상담조직의 특이성

② 사전예방/ 사후관리 프로세스와 운영/성과관리가 포함되어 있는가?

TIP

- 소비자 불만의 사전예방과 관련된 회사의 업무와 처리 방식
  - 사전예방을 위한 프로세스 구축, 사전예방 활동, 성과관리
- 소비자 불만의 사후관리와 관련된 회사의 업무와 처리방식
  - 사후관리를 위한 프로세스 구축, 사후관리 활동, 성과관리

③ CCM 유지·촉진 및 개선 방침

TIP

- 소비자 불만의 기록, 분석 및 활용
- 소비자만족도 측정
- CCM 수시점검 및 평가, 운영성과 평가, 지속적 개선

④ CCM 평가기준에서 요구되는 모든 항목은 기술되어 있는가?

TIP

- CCM 평가기준 모든 항목이 기술되어야 한다.
  - 회사 비즈니스 특성상(규모, 업종, 상품 등) 생략이 필요한 항목은 제외 사유를 CCM 운영매뉴얼 분문 또는 별도 참고 내용으로 기록되어야 한다.

3) CCM 운영매뉴얼의 활용

① 임직원은 CCM 운영매뉴얼을 쉽게 열람할 수 있으며 CCM 운영매뉴얼에 기술된 규정은 상시 접근 가능한가?

TIP

- 열람 : 업무 중에 쉽게 운영매뉴얼의 내용을 검색하고 활용할 수 있는가?
  - 사내 인트라넷을 이용한 열람 - 게시판
  - 출판/인쇄물의 문서 배포에서 CCM 운영매뉴얼의 배포와 열람도 중요하

지만, 임직원의 이해와 관심을 촉진하기 위해 교육과 설명이 병행되어야 한다.

- CCM에서 요구되는 규정
  - 고객상담실 업무규정, 고객 불만 관리규정, CCM 운영위원회 규정, CCM 운영매뉴얼 관리 규정, 위임전결규정, 교육·훈련규정, 위기관리 관리규정, 윤리규정 및 실천지침, 문서 및 기록관리 규정 등은 CCM 운영매뉴얼에 포함하여도 되고, 별첨으로 관리하여도 된다.

② 전국에 분포된 조직과 협력회사 등에 CCM 매뉴얼이 배포되었는가?

TIP

- 본사(인사, 총무, 영업, 홍보, 마케팅, 서비스 등) 이외에 공장, 물류, 영업 지점 등 비즈니스 프로세스 내에 있는 모든 조직에도 배포한다.
- '한다', '하여야 한다' 보다 선행하여야 할 것은 5W1H가 보장되어야 한다.

부록 4 CCM 공적기술서 작성

공적기술서는 CCM 평가기준의 평가지표별로 실적을 정리한 것으로 파워포인트로 주로작성하며 내용 구성은 다음과 같다.

1) 회사 소개

- **회사 개요** : 경영이념, 경영방침 등을 간략하게 정리한다.
- **기업의 특성** : 업종, 유통형태, 제품 및 서비스 종류 등에 따른 특수성을 고려하여 기업 실정에 맞게 작성한다.
- 소비자의 특성, Claim 특성 등을 고려하여 작성한다.

2) CCM 추진현황

- CCM 추진 경과를 작성한다.
- CCM 운영 조직도 등을 작성한다.

3) CCM 운영실적

- 운영실적은 평가지표별 실적을 정리한 것으로 76개의 평가지표별로 최소 1page 이상 작성한다. 이때 운영실적은 관련 사진과 그래프 등을 활용하면 이해하기 쉽다.
- 재평가 기업은 전기 평가결과보고서의 보완 사항에 대한 개선 실적을 질문, 답변 형식으로 작성한다.

부록 5 최고경영자(CEO) 및 직원 인터뷰 사례

1) 최고경영자 인터뷰

(1) 인터뷰 목적

CCM 평가 시 최고경영진의 인터뷰 목적은 경영진의 CCM에 대한 관심 및 최고경영자의 리더십을 점검한다. 인터뷰 방법은 평가위원과 간담회 형식으로 진행되며 배석은 대표이사를 비롯한 최고고객책임자(CCM) 및 관련 임원이 그 대상이다.

(2) 인터뷰 주요 내용

인터뷰 주요 내용은 최고경영자의 CCM 도입 취지와 추진 의지, 주요 활동사항, CCM 개념의 이해, 도입 이후의 주요 성과, 평가대상 기업의 차별적인 활동사항 등이다.

(3) 인터뷰 예상 질문 내용

최고경영진의 인터뷰 예상 질문은 CCM의 개념으로 기존 CS와의 개념 차이 등이 있으며 귀사의 CCM 도입 배경 및 목적은 무엇인가, CCM 도입 이후 주요 성과는 무엇인가, CCM 운영에 대한 성과관리는 어떻게 하고 있으며, 개선할 계획이 있는가, CCM 도입 후 추진한 주요 활동은 어떤 것이 있는가 등이 있으며 타사와의 차별화된 추진전략, 고객의 소리는 어떤 방법으로, 얼마나 자주 보고 받고 있는가, CCM 운영을 통해 달성하고자 하는 장기적인 목표, 소비자 관련 최근 이슈로서 소비자 안전, 개인정보 유출 등이 있으며, 기업의 사회적 책임, CCM의 향후 추진 방향으로 그룹사 대상 확대, 협력사 대상 확대, 소비자대상 홍보, 소비자 정보 제공, 소비자교육 추진 등이 있다.

조직의 규모, 업종, 신규재심사여부 등에 따라 달라야 하며, 홈페이지/블로그/언론 기사 등을 사전에 조사하여 예상 질문에 반영함

- CCM의 개념에 대한 이해 : 소비자에 대한 최고경영자(CEO)의 마인드 확인
- CCM 도입 배경 및 목적은 무엇인가?
- CCM 도입/인증 이후 주요 성과는 무엇인가?
- CCM 운영을 통해 달성하고자 하는 장기적인 목표
- CCM 운영에 대한 성과관리는 어떻게 하고 있으며, 개선할 계획은 있는가?
- CCM 도입/인증 후 추진한 주요 활동 : 타사와의 차별화된 추진전략
- VOC는 어떤 방법으로 얼마나 자주 보고 받고 있는지 또는 보고 받았던 VOC 중 기억에 남는 것은 있는지?
- 소비자관련 최근 이슈(예: 소비자안전, 개인정보 유출 등) 특히 심사 신청기업과 관련한 이슈(신문 기사 등 참고)
- 기업의 사회적 책임
- CCM의 향후 추진 방향 : 그룹사 대상 확대, 협력사 대상 확대, 소비자 대상 홍보, 소비자정보 제공, 소비자교육 추진 등

2) 직원 인터뷰

- 목적 : CCM에 대한 임직원의 수준 점검
- 인원 : 심사위원 1인당 1~2명
- 대상 : CCM 주관부서를 제외한 전 임직원 중 무작위 선정(사내 전화번호표, 사내 메신저, 직원 명부, 조직도 등 활용)
- 방법 : 전화 또는 대면 인터뷰
- 인터뷰 내용 : CCM에 관한 이해정도, 직원의 참여정도, CCM 인증에 관한 인식과 참여의욕 등
- 소요시간 : 1인당 5분 내외

※ 다만, 현장심사 전 1개월 이내 입사한 신입사원, 생산, 영업, 항공 승무원 등 업무 특성 상 전화 연결이 어려운 직군 등 제외

부록 6 해외 CCM 관련 제도 동향

CCM은 기업에서 대상 소비자를 먼저 고려하고 이에 따라 전략 및 계획을 수립하고 운영하는 시스템을 말한다. 외국은 소비자중심경영을 위해 어떤 제도들이 운영되는지, 미국, 영국, 일본, 캐나다 등의 선진사례를 살펴본다.[7)]

1) 미국의 자율규제

미국은 캐나다, 미국, 영국 등과 같이 정부 차원에서 제정한 자율규약은 없다. 그러나 민간 사업자단체 활동이 활성화되어 기업 및 사업자의 자발적인 소비자 불만관리 환경 조성에 큰 기여를 하고 있다. 이중 미국의 대표적인 사업자단체인 BBB(경영개선협회, Better Business Bureau[8)])에 대해 살펴본다.

미국의 경우, 연방차원에서는 FTC(Federal Trade Commision : 연방거래위원회) CPSC(Consumer Product Safety Commission: 소비자제품안전위원회), FDA(식품위약품안전국) 등 관련 정부기관이 산업별로 상품거래의 공정성과 상품의 안전성, 품질관리 업무를 관장하고 있으며, 주정부차원에서도 소비자보호 조직이 있으며, 그 이하 행정 단위에서도 소비자보호 업무를 하고 있다.

미국의 경우 정부 차원에서 기업에게 배포하는 소비자 불만해결 자율규제 규약은 없으나 기업들과 연합하여 교육 및 출판 등의 소비자정보 제공 사업을 진행한다.

BBB는 1912년에 설립된 민간비영리 조직이며, 미국에서 독립적으로 설립된 97개의 지역(일부 캐나다 포함) BBB 조직으로 구성되어 있으며, 시장 신뢰를 발전시

7) 우리나라는 주로 정부(정부설립기관인 한국소비자원 포함)와 지방자치단체, 민간단체 등 불만 당사자(해당 소비자와 기업)이 아닌 제3자에 의한 처리 및 해결방법을 통해 이루어짐

8) BBB의 전반적 내용은 위키백과 - International Association of Better Business Bereau를 참조(BBB의 인터넷사이트는 운영중지)

키는 데 초점을 맞추고 있다. BBB의 정책은 특정 비즈니스, 제품 또는 서비스를 추천하거나 보증하지 않으며, BBB와 제휴하고 표준을 준수하는 기업은 업계 자율 규제를 준수하고 있다. 그러나 BBB는 2010년대 이후로 격변하는 환경 변화에 따라 매우 큰 변화를 겪으며, 규모, 영향력 등이 매우 축소되었고, 심사관련, '돈만 주면 모두 인증' 등 불미스런 사례 등으로 인하여 심사기준의 변경, 운영방식의 변경, 홈페이지 공개금지 등을 시행하고 있다.

BBB 위원회는 2019년에 BBB Wise Giving Alliance(자선단체 연합), BBB National Programs(국가산업 자율규제 프로그램), International Association of Better Business Bureaus(BBB의 국제 자치 기구) 등 3개 조직으로 나뉘어지게 되며, 기업의 자율규제 등의 업무는 IABBB에서 담당한다.

각 BBB는 자체 이사회와 CEO를 구성하여 감독하게 되는데, 이들은 IABBB에서 모니터링하는 국제 BBB 표준을 충족해야 한다. IABBB는 학계 및 법률 전문가 등 각계 전문가와 지역 BBB의 리더가 관리하고, 운영자금 등은 BBB 이사회를 구성하는 지역 인증 기업에서 지원받는다. BBB 이사회 구성원의 90%가 기업 출신이라고 한다.

BBB 등급 시스템은 A+에서 F까지의 문자 등급 척도를 사용하는데, 등급은 기업이 선의로 운영되고 BBB에 제기된 소비자문제를 해결할 것이라는 BBB의 확신 정도를 나타내는 것이다. BBB 직원은 등급을 지정할 때 비즈니스의 행동을 평가하게 된다.

BBB에 따르면 2022년 7월 기준으로 북미 지역의 거의 400,000개 지역 기업이 인증을 받았고, BBB의 대상 기업들에 대하여 BBB 기업 자율준수 강령을 서약하고 계속 이행, 준수하고, 회비를 지불하는 지를 심사하여 '인증'하고 있으며, 인증된 기업은 마케팅할 때 상품, 광고 등에 BBB 인증 로고를 사용토록 허용된다.

BBB는 기업의 판매 경험 등에 대한 소비자의 불만을 처리하고 긍정, 부정적 고객 리뷰를 게시하는데, 각 지방 현지 BBB에서 운영하는 절차를 통해 분쟁해결을 제공한다. 일반적으로 분쟁은 조정을 통해 해결되며, 저비용 또는 무료조정도 가능하다. BBB는 분쟁해결 서비스를 제공할 때 중립적 위치에서 역할을 수행한다.

또한, BBB는 의학 및 법률과 같은 사업적 거래에 대한 불만은 처리하지 않으며 이러한 불만 등은 해당 산업협회로 회부된다. BBB는 불만사항이 이미 법원에 제출되었거나 법원에 제출하는 과정에 있는 불만 사항을 처리하지 않는다.

소비자가 BBB를 통해 분쟁조정을 신청하면 BBB는 해당 기업에 연락하여 분쟁을 해결할 것을 제안한다. 기업은 조정서비스를 사용하기 위해 BBB의 회원이 될 필요가 없다. BBB 인증 또는 멤버십은 기업이 회비지불을 통해 수락하고 참여하는 것은 전적으로 선택 사항이다.

BBB의 분쟁해결 단계

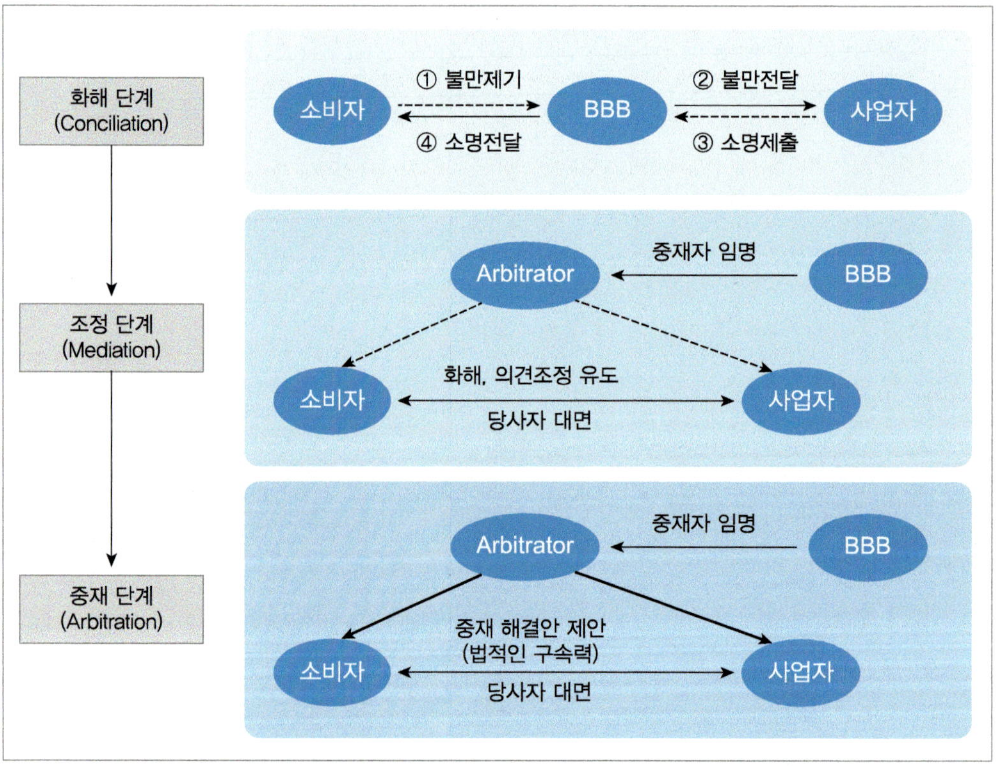

화해 단계에서 상당수의 소비자분쟁이 해결되지만 해결에 어려움이 있을 경우, 조정 단계로 이양된다. 조정 단계(Mediation)에서 BBB는 소비자와 사업자를 대면하게 하고 중재자(Arbitrator)를 임명하여 양 당사자의 화해와 조정을 유도한다. 마지막으로 중재 단계(Arbitration)는 당사자와 중재자의 3자 대면이라는 점에서 형식은 조정 단계와 유사하나 법적 구속력을 갖는 중재안이 제시된다는 점에서 차이가 있다. 중재자가 조정하는 중재안에 대해 소비자는 거부할 수 있으나 사업자는 의무 수락해야 한다. BBB 회원의 경우, 관리가 더 엄격하며 준수하지 않을 시 탈퇴처리까지 될 수 있다.

BBB는 기업 등급 및 인증에 대해 2009년 1월 1일부터 A+에서 F 등급 시스템을 기반으로 하는 새로운 시스템으로 전환되었다. 각 기업의 프로필에 16개의 요소와 포인트를 통하여 심사가 진행된다. 심사대상 기업이 기업의 규모 및 영업개시 일자 등 기본정보를 제공하지 않는 경우 BBB는 등급 없음(NR) 등급을 할당할 수 있다. 관련 정보를 제공하지 않는 기업이 "NR" 등급을 받은 경우 "BBB는 이 기업에 대한 충분한 배경 정보가 없습니다."라고 표시한다.

기업들은 BBB의 의견에 따라 "BBB 신뢰표준(BBB Standard for Trust)"을 충족하는 경우 BBB 인증을 받게 되며, 동 기업은 기업의 신뢰에 대한 8가지 BBB 이행기준[9]을 준수해야 한다. ①상품의 유통과정 기록 등 유지, ②정직한 광고, ③진실표시, ④투명하고 ⑤명예로운 약속 ⑥신속응대(분쟁발생 시 연락처 등) ⑦개인정보보호(소비자정보 등) ⑧기업의 청렴성 실현

9) ① maintain a positive track record in the marketplace, ② advertise honestly, ③ tell the truth, ④ be transparent, ⑤ honor promises, ⑥ be responsive (address marketplace disputes), ⑦ safeguard privacy (protect consumer data) and ⑧ embody integrity

| BBB 운영의 주요 마크 |

구분	마크도안	사업목적	사업자의 활용
회원인증마크 (Membership Seal Program)	BBB	• 회원을 증명함. • BBB 로고 하단에 사업장이 위치한 지역명 표기	홍보수단으로 활용 – 상품광고 시 인용, 상품에 부착, 홈페이지 광고 등
온라인 신뢰성마크(Online Reliability Program)	BBB RELIABILITY PROGRAM BBBONLINE	온라인에서의 부도덕한 상행위 근절	온라인의 웹사이트에 마크 게재
온라인 개인보호마크 (Online Privacy Program)	PRIVACY BBBONLINE	온라인의 명의도용 방지, 개인정보의 중요성 인지 어린이보호마크(Kid's Privacy Seal, 16세 이하의 어린이와 청소년의 개인정보 관련) 일본프라이버시 마크(Japanese Privacy Seal authority)와 제휴 운영	온라인의 웹사이트에 마크 게재

BBB 회원의 마크 활용 실례

BBB 온라인 신뢰성 마크의 자격 상실

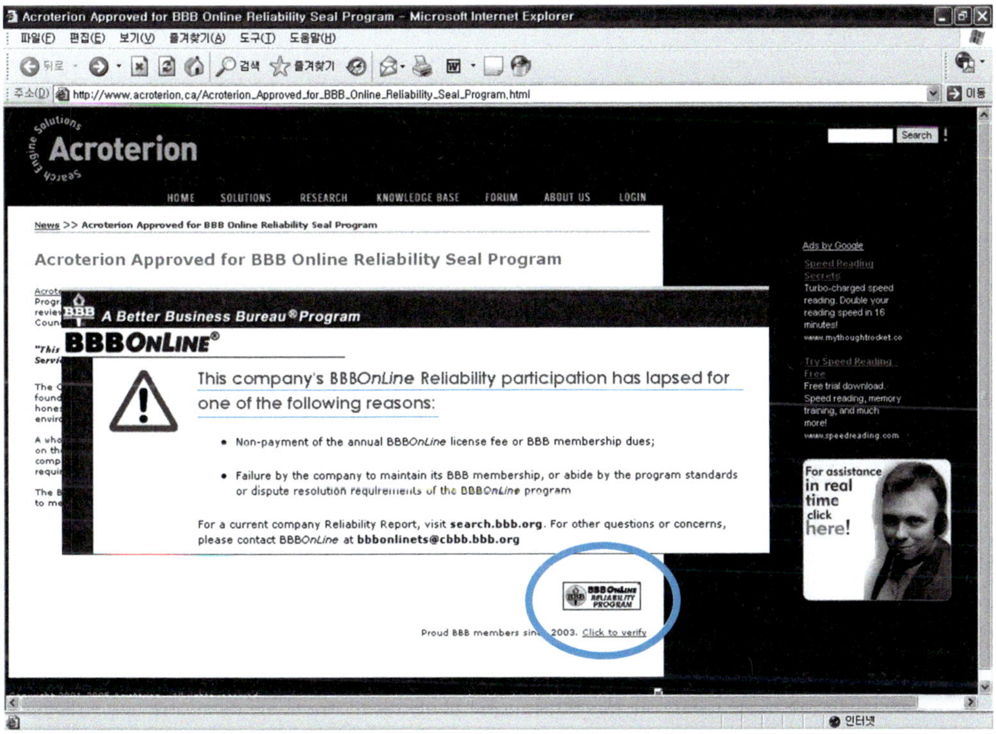

2) 영국의 소비자자율규약 승인제도(Consumer Codes Approval Scheme)[10)]

영국의 공정거래청(Office of Fair Trading: OFT)은 2001년 7월 소비자자율규약 승인제도(Consumer Codes Approval Scheme: CCAS)를 도입했으며, 동 핵심기준이 자율규약 발의자가 핵심기준에 부합하는 자율규약을 제정할 수 있도록 방향을 제시하고 있다[11)].

10) https://www.tradingstandards.uk

11) 협의문서 OFT 331 '2001년 2월자 소비자실행규약을 위한 공정거래청의 새 접근법' 참조, 2001년 7월 공표

그러나 2013년 4월 이후 관련법규 개정으로 공정거래청(OFT) 해체되고 더 이상 운영되지 않으며, 이후 동 제도는 공인 거래표준 연구소(CTI, Chartered Trading Standard Institute)에 이관하여 운영되고 있다.

영국의 BIS(Department for Business, Innovation & Skills)는 2013년 4월부터 OFT CCAS의 후임 운영자로 민간 공공기관인 TSI(Trading Standards Institute)를 정하였고, CCAS는 TSI에서 운영하는 CCAB(소비자코드승인위원회)로 이전되었다.

CCAB는 관련 회원사 공동의 이익을 지향하며, 이사회는 신청 대상 회사 강령 승인 등 관련 제반 문제를 심의, 결정하고 승인된 이후 그 회사에 대한 신탁 책임을 이행한다. 이사회는 최대 7명의 구성원으로 구성된다.

모든 기업이 가입 신청할 수 있는 소비자 자율규약 승인제도(CCAS)를 통하여 승인된 기업의 비즈니스는 높은 수준의 고객 서비스를 보유하고 있으며 소비자보호를 위한 추가적인 보호계층 역할을 한다는 확신을 고객에게 심어준다.

CTSI는 지속적인 전문가의 전문성 유지 및 개인자격, 교육 등 다양한 서비스를 제공하며, CTSI의 광범위한 회원 자격은 지방 당국, 기업을 포함한 다양한 분야에서 일하는 비영리 거래표준 및 소비자 보호 전문가를 대표하며, 기업과 소비자 모두에게 지원, 안심 및 조언을 목표로 하는 다양한 서비스를 운영하고 있다. 한편 자율규약승인 제도(CCAS ; Consumer Codes Approval Scheme)는 영국 내 모든 기업이 가입신청토록 운영되고, 자율규약 승인기업은 고객에게 고품질의 서비스와 한층 더 심층적으로 소비자보호 서비스를 제공한다는 믿음을 고객에게 제공한다.

자율규약은 소비자 이익 증진과 보호에 효과적이라고 판단될 때에만 승인되며, 소비자자율규약 승인제도는 기업의 법적 의무를 완화하기 위한 것은 아니다.

자율규약 준수 우수 사업자에게는 기관명이 명시된 마크의 활용을 허용하며, 상품에 마크를 부착한 기업은 규약 이행 거래 그룹의 구성원이며, 구매과정에서 발생된 문제의 공정한 처리, 최상의 고객 서비스 보장, 불만 처리 절차의 친밀성 정직성 신속성, 거래의 공정성 명확성, 중재 옴부즈만 이용에 대한 분쟁 해결의 비용 최소화에 대한 내용을 보장함을 홈페이지, 안내책자, 공공장소의 광고 등을 통해서 알려야 한다.

소비자자율규약 승인제도는 핵심 기준을 충족하고 CTSI의 승인을 받은 기업과 소비자 간의 실행규약을 추진하기 위함이며, 기업과 기업 간의 활동만을 다루는 자율규약은 고려되지 않는다.

소비자규약은 승인을 위해서 다음과 같은 단계를 거치게 된다.

- 제1단계에서는 규약의 스폰서(code sponsor)를 지정하고 스폰서는 CTSI에 규약을 제출하여 기준의 합당성에 대한 승인을 얻어야 한다.
- 제2단계로서 규약의 정상적인 운용과 1단계 약정 사항의 준수 여부에 대하여 불만 처리 결과, 고객만족도 조사 혹은 미스터리 쇼핑 결과 등을 통해서 이러한 사실을 입증해야 한다.
- 규약이 제대로 운영되고 있다고 판단되면 CTSI는 승인을 확정하고 소비자에게 공표한다.

소비자자율규약 승인제도를 위해, 자율규약 스폰서는 기업과 소비자간 자발적인 자율규약을 관리하고(법에 명시된 자율규약과는 반대로) 그 부문의 기준을 상향시킬 수 있거나 혹은 적어도 기준 마련에 영향을 끼칠 수 있는 자로 한다. 2002년 기업법(The Enterprise Act 2002)으로 이전보다 더 넓은 범위의 조직으로부터의 지원을 고려할 수 있게 된다.

- 자율규약 내용은 소비자 문제와 특정 부문에서 발생하는 바람직하지 않은 거래 관행의 제거 혹은 완화를 위한 방안을 제시하여야 하며, 자율규약 회원은 관련 직원이 자율규약의 내용과 이에 따른 법적 책임을 잘 숙지하도록 시도함. 또한 이를 위해 관련 직원에게 적절한 교육을 제공하여야 한다.
- 자율규약은 해당 부문에 적절한, 명확하고 이해하기 쉬운 사전계약 정보에 관한 내용을 다루어야 하며, 자율규약은 해당 부문의 고자세 판매(소비자를 무시한 일반적 강압적인 판매)에 대한 내용을 다루어야 한다.
- 또한 자율규약은 해당 부문에 적절한 공정한 계약과 공급에 관한 약관을 다루어야 하며, 자율규약은 해당 부문에 적절한 고객 서비스 조항에 관한 내용을 다루어야 한다.

- 불만처리에 대한 자율규약 기준과 관련하여 자율규약은 자율규약 회원이 신속하고 즉각적이며 이해하기 쉬운 사용자 친화적인 소비자 불만 처리 절차를 밟도록 요구하여야 하며, 소비자 불만에 대응할 때에는 구체적인 합리적 시간제한을 두어야 한다.
- 자율규약 모니터링 기준과 관련하여 자율규약 스폰서는 미스터리 쇼핑(고객을 가장한 평가단), 독립된 규약 준수 감시와 같은 성과지표를 개발하여 자율규약의 효율성을 측정해야 하며, 자율규약 스폰서는 성과지표를 시행하고 모니터링과 소비자 만족도 조사 결과로 자율규약의 효과성을 입증한다.

소비자자율규약 승인제도를 위한 자격요건은 자율규약 스폰서가 속한 기관의 구성원 모두가 자율규약에 서명해야 한다. 이는 소비자에게 일관성 있는 내용을 보장하기 위해서 임. 어느 한 구성원이 자율규약을 준수하지 않고 후원 기관의 멤버십을 홍보하게 되면, 소비자가 잘못된 정보에 노출될 수 있기 때문이다.

영국의 자율규약 마크

Chartered Trading Standards Institute(CTSI)

※ 사업자(기업)의 승인마크임

❙ 영국 CCAS의 구성 ❙

대분류	중분류	평가내용
A 조직구성	기준1a	규약 스폰서는 해당 영역에 영향력을 행사하고 있어야 한다.
	기준1b	회원의 규약 준수감시는 의무적으로 진행되어야 한다.
	기준1c	규약 스폰서는 위반경우를 효율적으로 제재할 수 있는 독립된 규율 절차를 갖추고 있어야 한다.
	기준1d	규약 스폰서는 규약의 안정성을 위해 충분한 재정과 자원을 갖추고 있어야 한다.
B 준비	기준 2a	규약 스폰서는 회원이 규약의 이행을 준비할 수 있도록 통지해야 한다.
	기준 2b	규약 스폰서는 조직이 소비자를 대표하는 기관이고 규약 마련을 통해 이행조직과 자문서비스를 적절하게 상담할 수 있음을 증명해야 한다.
	기준 2c	규약 스폰서는 조직이 소비자를 대표하는 기관이고 규약 운영과 모니터링을 통해 이행조직과 자문서비스를 적절하게 상담할 수 있음을 증명해야 한다.
C 범위	기준 3a	규약은 특정 영역 내에서 소비자 이해관계 무시와 부도덕한 거래 행위 증가의 직접적인 평가를 포함하고 있어야 한다.
	기준 3b	규약은 규약의 과정뿐만 아니라 법적 책임까지 알고 있는 관계된 직원을 갖춘 회원을 요구한다. 적절한 훈련과 교육이 이뤄져야 한다.
	기준 3c	규약은 영역에 명백하고 믿을 수 있는 마케팅과 광고로 알려야 한다.
	기준 3d	규약은 명백하고 접근 가능한 계약 전 정보를 알려야 한다.
	기준 3e	규약은 영역에 적절한 의무적인 수용을 알려야 한다.
	기준 3f	규약은 영역에 적절한 공급의 명확한 기간, 현황, 공정한 거래를 알려야 한다.
	기준 3g	규약은 자료의 이동과 완료를 알려야 한다.
	기준 3h	규약은 권리의 포기를 알려야 한다.
	기준 3i	규약은 보증과 근거를 알려야 한다.
	기준 3j	규약은 예치금 혹은 선납금의 보호를 알려야 한다.
	기준 3k	규약은 사후서비스 구축을 알려야 한다.
	기준 3l	규약은 피해받기 쉬운 소비자에게 제공되는 부가적인 노력과 도움을 알려야 한다.
D 불만 관리	기준 4a	규약은 회원에게 불만처리 절차의 사용자 친숙성과 신속한 응답가능성 · 접근성을 갖춘 장소 보유를 요구사항으로 포함해야 한다. 불만 응답 가능 시간을 예고해 주어야 한다.

대분류	중분류	평가내용
D 불만 관리	기준 4b	규약은 회원에게 지역 소비자 자문가 혹은 소비자가 불만을 상담한 다른 중재기관과 최상의 상호 협력관계를 유지할 것을 요구사항으로 포함해야 한다.
	기준 4c	규약은 양자가 수용 가능한 결정을 즉각 조정하는 조정서비스의 이용가능성을 갖춘 불만처리 절차를 포함해야 한다.
	기준 4d	규약은 경제성 · 신속성 · 응답성 · 접근성 · 사용자 친숙성을 갖춘 독립적인 보상기구를 포함해야 한다. 규약은 소비자가 원한다면 보상기구로 가기 전 불만 제기하는 것을 회원이 거부할 수 없도록 강제성을 가져야 한다. 규약은 보상기구 판단의 수용을 강제해야 한다. 특정 보상기구는 불만이 발생된 곳의 규약 위반을 참작할 수 있다.
E 모니터링	기준 5a	규약 스폰서는 규약의 효율성 측정을 위해 수행지표, 미스터리 쇼핑, 독립적인 준법감시 감사를 개발해야 한다.
	기준 5b	규약 스폰서는 규약의 효율성 공표를 위해 수행지표 결과를 이행하고 발표해야 한다.
	기준 5c	규약 스폰서는 개별건수와 조정된 불만유형, 독립적인 구제기구가 포함된 정기 규약 운영보고서를 발표해야 한다. 권고 조치를 취할 수 있는 독립적인 개인 혹은 조직체에 의해 집행된 보고서라면 더욱 바람직하다.
	기준 5d	규약 스폰서는 공정거래청에 연간 보고서를 제출해야 한다.
	기준 5e	규약 스폰서는 정기적으로 규약을 검토하고, 환경과 예측변화를 고려한 예비규정을 갱신해야 한다.
	기준 5f	고객만족도는 정기적으로 평가되어야 한다.
F 이행	기준 6a	규약 스폰서는 규약 회원의 위반 제재조치를 구성해야 한다. 절차는 합리적인 기한엄수를 포함해야 한다.
	기준 6b	규약 스폰서는 위반에 대해 제재조치의 범위, 위반 경고문, 벌금, 회원의 탈퇴 등의 조치를 마련해 둔다.
G 공개	기준 7a	규약 스폰서와 회원은 그들의 고객이 규약을 잘 알 수 있도록 해야 한다.
	기준 7b	회원은 광고, 영업 등 규약 이행 고수를 명확해야 한다.
	기준 7c	규약 책자는 고객, 회원, 지역 소비자 자문과 다른 합법적인 이익집단의 부담 없이 이용가능 해야 한다.
	기준 7d	규약 스폰서의 공개와 관계된 규약 책자는 공정거래청에 제공되어야 한다.
	기준 7e	규약 스폰서와 회원은 공정거래청이 공정거래청 로고 사용을 승인하였다는 사실을 공개해야 한다.

3) 일본의 자주행동기준(自主行動基準)[12)]

일본의 소비자불만 자율규제에 해당하는 '자주행동기준 지침'은 내각부의 조직인 소비자위원회[13)](Quality of life Policy Council)의 소비자정책부회 산하에 설치된 자주행동기준 검토위원회가 마련한 기업의 행동기준 지침으로 2002년에 제정되었다.

자주행동기준지침은 과거에 법에 의한 규제와 기업의 자체적인 활동 중심에서 사업자가 지향하는 경영 자세와 소비자대응 등에 관한 방침을 구체적으로 명문화하고 이를 실천하여 소비자로부터 신뢰를 얻고 기업의 경쟁력을 높이려는데 그 목적을 두고 있다. 자주행동기준은 기업의 경영 이념과 소비자 대응에 관한 방침을 구체적으로 명확화, 구체성, 투명성, 신뢰성을 갖춰야 한다.

자주행동기준의 범위는 기업의 경제적 이윤 추구 외에 소비자 대응, 노동환경, 사회공헌, 환경문제 등 폭넓은 분야를 포함한다. 소비자 대응에 관한 행동기준의 경우, 높은 신뢰 구축을 위해 구체적으로 책정할 것을 권고한다. 정보개시·제공, 구매권유 지침, 계약조항, 제품안전, 환경의 배려, 업계·거래 유형의 특성에 따른 사항, 개인정보방침, 상담 고충 처리 등의 내용을 포함하고 있으며 각 항목의 구성은 각 산업의 업종 및 거래 형태에 따라 달라진다.

기업은 자주행동기준을 대외적으로 적극적으로 공표함으로써 스스로의 행동 원칙을 사업 활동과 관계된 모든 사람들에게 명확하게 전달하여 평가받는다. 자주행동지침을 공표한 기업은 다음과 같은 효과를 얻을 수 있다.

- 외부고객의 소리를 기업 경영에 반영하여 이해관계자와 신뢰 새구축
- 외부에 대한 자세와 책임을 구체화하여 방침을 명확하게 할 수 있음
- 기업 경영에 투명성을 제고함
- 자사의 제품, 서비스에 대한 신뢰 제고
- 임직원에게 자주행동 기준 교육 연수를 하여 사회적 책임을 수행
- 소비자의 고충 상담에 대해 신속하고 공정하게 대응 가능

12) https://www.cao.go.jp/consume

13) 송민수·임종천(2020), 「주요국가 소비자법제 연구III(일본)」, 한국소비자원.

- 경영 방침을 명확하게 기관 및 일반 투자가의 신뢰 획득

정부는 자주행동기준이 널리 책정·운영될 수 있도록 촉진책을 강구하고 법령, 특히 소비자정책의 해석 등에 대한 조언 등을 진행한다.

자주행동기준

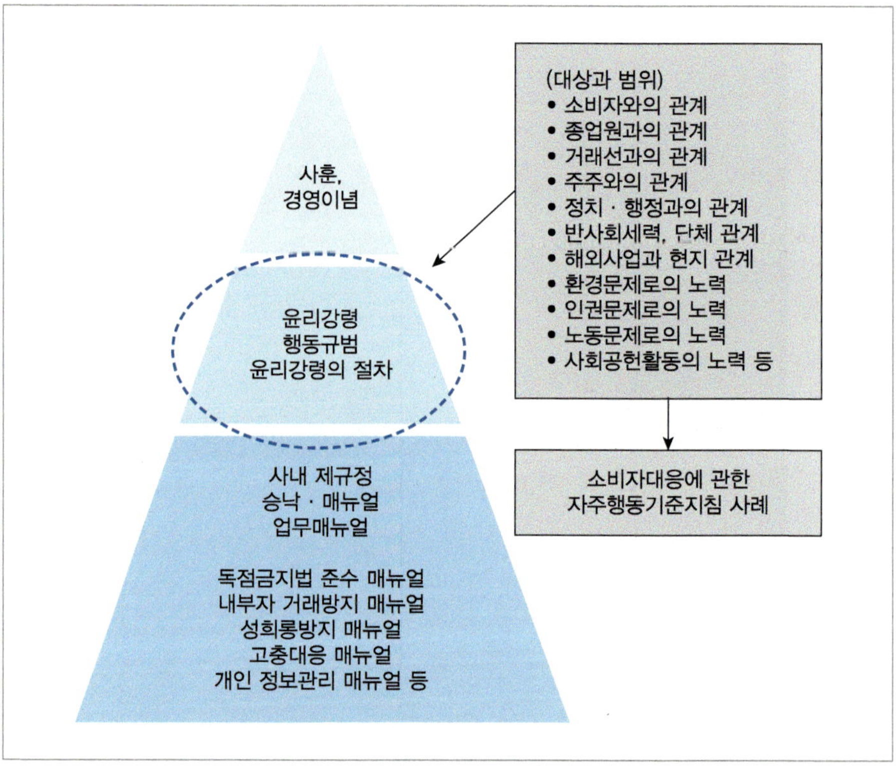

4) 캐나다의 CCM(Consumer Complaints Management)

과거에는 캐나다의 연방정부, 지방정부, 사업자단체, 시민단체, 법조계, 학계 등 소비자보호관련 기관 및 전문가들이 모여서 제정한 사업자의 행동준칙(A Guide for Canadian Business)이 존재하고 운영되었으나, 지금은 정부차원의 지침, 준칙은 존재하지 않는 것으로 판단된다.

다만, 각 산업분야의 옴부즈만과 같은 소비자불만, 피해 중재, 조정을 담당하는

공익적 기관이 존재하여 소비자 또는 사업자가 제기하는 불만, 피해 등에 대하여 정해진 원칙 및 준칙에 따라 조정, 중재업무를 수행하는 것으로 판단된다. 이와 같이 캐나다 CCM 제도는 개별기업 보다 사업자단체 중심으로 실행되고 있으며 금융투자 옴부즈만, 광고표준협회, 케이블 TV표준위원회, 등이 별도의 규범을 만들어 단체가 직접 분쟁조정하거나 개별기업들이 이를 실행하는 형태로 운영하고 있다.

사례 캐나다 금융투자 부문 옴브즈만 업무원칙[14)]

- OBSI는 참여은행 서비스와 투자 회사 및 고객이 스스로 해결할 수 없는 경우 고객 간의 분쟁을 해결하며, OBSI는 독립적이고 공정하며 서비스는 소비자에게 무료임.
- 불만피해 대상 금융투자 회사(이하 '사업자')에 불만을 제기해야 하지만 소비자는 여전히 만족스럽지 않은 경우 OBSI에 제기할 권리가 있으며, OBSI는 법률 시스템의 대안으로 공정한 결과를 찾기 위해 비공식적이고 비밀리에 업무수행.
- 해당 사업자가 소비자에게 부당하게 행동했거나 실수를 저질렀거나 나쁜 조언을 하여 결과적으로 손실을 입었다고 판단되면 해당 회사가 소비자의 재정 상태를 정상으로 회복하도록 권고할 것이고, 또한 사업자의 행동이 적절한 경우 다른 유형의 비금전적 보상을 권장할 수도 있음.
- 조사결과, 소비자가 공정한 대우를 받았다고 생각하거나 이전에 회사로부터 받은 제안이 공정하다고 판단되면 귀하에게 알려드릴 것이며, 사업자에게 권장사항을 따르도록 명령할 수는 없지만 제안된 해결 방법을 수락한 훌륭한 사례도 있음. 권고 이행을 거부하는 회사의 이름을 공개하겠음.
- 사업자에 대한 합의권고에 대한 한도는 $350,000이지만 대부분의 사례는 훨씬 적은 금액이며, 청구 금액이 $350,000를 초과하는 경우 소비자는 자발적으로 금액을 줄일 수 있음.
- OBSI는 공정하기 때문에 소비자나 업계를 옹호하지 않고, 조언을 제공하지 않으며, 당사의 조사결과가 마음에 들지 않는다면 소비자는 다른 방법을 강구할 수 있음.

14) https://www.obsi.ca/

캐나다 자율규약의 개발과 활용

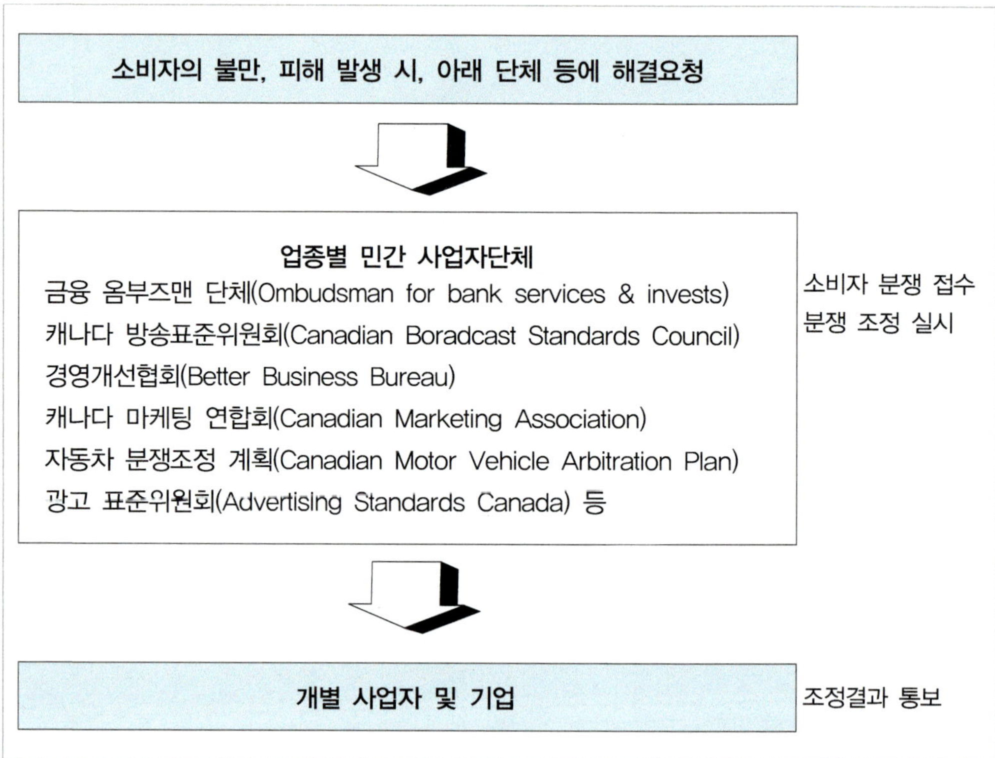

과거에 캐나다 소비자국이 지정한 표준안은 'Part 1. 시장의 CCM Initiatives'와 'Part 2. CCM Initiatives 개발과 이행'으로 구성되어 있다. 또한 각 개념에 대한 가이드라인과 그 사례를 중심으로 구성되어 있다. 표준안에는 예방에서부터 내부불만해결, 외부분쟁해결, 불만해결 방을 포괄하는 포괄적 접근법 등 소비자 불만 관리의 다양한 방법을 제시하고 있다.

❙ 과거 캐나다의 CCM 표준안 ❙

Part1. 시장의 CCM Initiatives	• CCM Initiatives 의 의미 • CCM Initiatives 의 구체적 사례 • 예방적 차원에서 CCM Initiatives • 내부불만 해결을 위한 CCM Initiatives • 외부 불만 해결을 위한 CCM Initiatives • 효과적인 내부불만 해결 특징 • CCM Initiatives 와 전자상거래 • 효과적인 CCM Initiatives 의 이익 • CCM Initiatives 와 법 • 효과적인 불만 관리에 있어서 소비자의 역할
Part2. CCM Initiatives 개발과 이행	• CCM Initiatives 개발을 위한 8단계의 모델 • 성공적인 CCM Initiatives 의 요소 • CCM Initiatives를 위한 제안

❙ 캐나다와 우리나라의 CCM 비교 ❙

구분	캐나다	우리나라
특성	실체성이 없음 자율관리 문화의 공감 분위기	CCM 평가 등 기업 운영에 있어 실체성이 있음
방식	민간사례를 표준안으로 개발	정부주도

5) 호주의 자발적 행동강령(voluntary Code of Conduct)[15)]

호주의 경우에는 호주 연방정부의 기업관련 부처에서 각 산업별로 기업행동강령을 의무적 또는 자발적으로 시행하고 있나. 호주 연방정부의 소비자보호 기관인 ACCC(Austalia Competition and Consumer)는 2010년 경쟁 및 소비자법에 따라 규정된 행동강령 작성 지침을 지원하고 있으며, 자세한 강령작성 및 이행은 업계 자발적으로 시행하고, 자율규제한다.

15) https://business.gov.au/

산업관련 제반 규정을 통하여 산업에 필요한 규제 지원을 제공할 수 있는 바, 기업들이 부정행위와 기회주의적 행동을 방지하는 동시에 비즈니스 문화에 대한 장기적인 변화촉진을 목표로 지향하고 있다.

산업 참여자 또는 고객 간의 관계를 포함하여 산업에 대한 일련의 규칙 또는 행동 표준으로서 행동강령은 의무적이거나 자발적으로 운영되고 있으며, 관련 법규에서 지정된 산업은 산업별로 참여자와 고객 간의 관계, 산업관련 일련의 규칙 또는 기준 등 필수적 행동강령을 규정하고 있고, 강제적으로 이향하여야 한다.

❙ 관련법규에 따라 행동강령이 규정화된 산업 ❙

구 분	강제적 행동강령이 적용되는 대상 산업
경쟁 및 소비자법에 따라 규정된 행동 강령 산업	낙농업, 전기소매업, 식품 및 야채류, 프랜차이즈업, 원예업, 오일산업, 설탕업, 밀생산 및 수출항구업, 상품 단가코드 강령, 산업규정준수 확인 강령, 업계주도 강령

반면 관련 법규제에서 지정되지 않은 산업의 경우 행동강령은 업계에 대한 일련의 규칙 또는 최소 작성기준을 제공하며, 산업별로 협회 등에서 행동강령을 작성 적용하며, 동 협회에 등록한 사업자(개인)만 강제적으로 이를 이행토록 한다.

❙ 관련 법규에 따라 규정되지 않은 산업의 행동강령 작성지침 ❙

내 용
ㅁ 자발적 행동강령을 개발할 때 해당 업계에서 다음을 고려하도록 권장. ◦ 행동강령 목적과 목적, 측정 방법 ◦ 산업 주도 행동강령이 목표를 달성하는 데 적합한 방법인지 여부 ◦ 산업 협회의 역할 ◦ 행동강령 적용대상(누구)과 범위(무엇) ◦ 업계 참여자들의 가입을 장려하는 방법 ◦ 행동강령 관리 위원회의 감독 ◦ 강령을 수립하고 관리하기 위한 비용 및 자금 ◦ 행동강령의 효과를 추적하기 위한 데이터 수집 ◦ 회원이 강령을 따르지 않을 때 처벌 또는 기타 결과.

6) ISO 10002[16)]

ISO 10002, 품질경영-고객만족-조직 내 고객불만 처리를 위한 지침은 고객만족과 고객불만의 영역에서 전 세계 전문가들의 생각을 집약해 놓은 국제표준이다. 고객불만을 효과적으로 접수하고, 관리하고, 해결할 수 있도록 프로세스를 체계화하여 최적의 시스템을 구축할 수 있게 도와주도록 한다. 또한, 고객불만 처리를 성과지표로 관리할 수 있는 도구로서, 사업자의 불만처리에 관한 품질관리 표준이다.

기존 ISO 9000 시리즈는 설계, 개발, 제조 등 유형매체의 품질관리를 위한 내부관리표준이라고 한다면 ISO 10000 시리즈는 상품의 시장 출시 후 일어날 수 있는 문제에 대한 예방차원의 내·외부 관리표준이라 할 수 있다.

ISO 영역과 범위

ISO 10000시리즈	ISO 10001: Customer Satisfaction–Code of Conduct ISO 10002: Customer Satisfaction–Complaints Handling Standard ISO 10003: Customer Satisfaction–External Dispute Resolution

ISO 10002는 구체적으로 소비자 불만처리의 기본원칙, 불만처리의 체제와 구조, 기획 및 설계, 불만처리 프로세스의 운영, 유지 및 개선 등의 내용으로 구성되어 있으며, 별첨으로 중소 사업자를 위한 지침 및 불만 제기자들을 위한 서식, 불만처리 흐름도 등의 참고 자료를 제공하고 있다.

16) 한국품질재단 홈페이지, https://kfq.or.kr/

ISO 10002의 구성

개요	불만처리의 설계 활동	불만처리와 개선 활동
0. 개요 1. 적용범위 2. 인용규격 3. 정의	4. 불만처리 기본원칙 4.1 일반사항 4.2 공개성 4.3 접근성 4.4 대응성 4.5 객관성 4.6 비용 4.7 기밀성 4.8 고객중심 접근방법 4.9 책임 4.10 지속적 개선 5. 불만처리의 체제구조 5.1 의지 5.2 방침 5.3 책임 및 권한 6. 기획 및 설계 6.1 일반사항 6.2 목표 6.3 활동 6.4 자원	7. 처리프로세스운영 7.1 의사소통 7.2 불만접수 7.3 불만처리 과정확인 7.4 불만접수의 통보 7.5 불만 최초평가 7.6 불만조사 7.7 불만에 대한 대응 7.8 결정사항 의사소통 7.9 불만종결 8. 유지 및 개선 8.1 정보수집 8.2 불만의 분석 및 평가 8.3 프로세스 만족도 8.4 프로세스 모니터링 8.5 프로세스 심사 8.6 프로세스 경영검토 8.7 지속적인 개선

해외 각국의 자율규제 현황 비교

구분	명칭	관할 기관	제정	주요 구성	인증마크
한국	CCM (소비자중심경영, Consumer Centered Management)	공정거래위원회	2005년	• 리더십 • CCM 체계 • CCM 운영 • 성과관리	ccm 소비자중심 공정거래위원회
미국	없음, 업계 및 사업자단체를 통한 자율관리	–	–	주요 민간 분쟁조정기관 • BBB(경영개선협회, Better Business Bureau)	BBB
영국	CCAS (Consumer Codes Approval Scheme)	영국 CTSI	2001년	A. 조직구성 B. 준비 C. 범위 D. 불만 관리 E. 모니터링 F. 이행 G. 공개	tsi APPROVED CODE
일본	자주행동기준지침(自主行動基準の指針)	일본 내각부	2002년	Ⅰ. 자주행동기준의 지침 Ⅱ. 자주행동기준의 책정촉진과 실효성 확보	없음
캐나다	CCM (Consumer Complaints Management)	민간 산업별 협회, 옴부즈만	2002년	Part 1. 시장의 CCM Initiatives Part 2. CCM Initiatives의 개발과 이행	없음
호주	voluntary Code of Conduct	호주재무성(제정), 경쟁소비자위원회(집행)	1990년	Section1. 소개 Section2. voluntary code of conduct의 필요성 Section3. voluntary industry codes 설계 전 준비사항 Section4. 효과적인 voluntary code of conduct의 설계	GENERAL INSURANCE CODE OF PRACTICE 사업사단체 로고 활용
ISO 10002	–	ISO	2004년	0. 개요 1. 적용범위 2. 인용규격 3. 정의 4. 불만처리 기본원칙 5. 불만처리의 체제구조 6. 기획 및 설계 7. 처리프로세스 운영 8. 유지 및 개선	없음

부록 7 CCM 용어 정의

- 고객만족(CS Custom Satisfaction) : 고객만족은 어떤 제품 혹은 서비스에 대하여 고객이 느끼는 만족을 의미하고, 동일한 제품 혹은 서비스가 제공된다 하여도 각각의 고객에 따라서 만족은 달라진다. 경제학적 관점에서는 공급과 수요 중 수요를 결정하는 주요한 요소이기도 하다. 이 경우 고객이 상품에 대해서 얼마를 지불할 의향이 있는지로 측정하기도 한다. 그래서 전화나 메일 등으로 소비자 만족도 조사를 하고 피드백을 받곤 한다. B/S는 Before Service로 문제가 발생하기 전에 미리 점검하는 일이고 A/S는 문제가 발생한 후 해결하는 일이다(나무위키).
- 고객만족도 : 고객만족도 조사란 고객만족 경영을 객관화하고 계량화하는 과학적 접근 방법으로써 고객의 기대에 얼마나 접근하고 있는가를 수치로 보여주는 것이다. 즉, 고객의 만족 정도를 척도화하여 설문조사를 통해 산출한 값이다.
- 고객 정보시스템 : 고객의 정보를 수집, 분류, 분석하는 전산시스템이다.
- 고객지향도 : 기업의 구성원들이 얼마나 고객 지향적인지 나타내는 지표이다.
- 관리지표 : 지표(指標)란 방향이나 목적, 기준 따위를 나타내는 표지. 관리(管理)란 어떤 일의 사무를 맡아 처리하는 것 또는 사람을 통제하고 지휘하며 감독하는 뜻도 있다.
- 기업 내 인적 자원 : 사람의 노동력을 다른 물자와 마찬가지로 생산자원의 하나로 보는 것이다.
- 내부고객 간 만족도 : 직원들 간에 고객을 설정해 만족도를 물어보는 것이다.
- 로드맵 : 어떤 일을 추진하려는 시간상의 업무계획이다.
- 말콤 볼드리지 국가품질상 : 미국 기업들을 대상으로 미국 정부에서 수여하는 품질상, 말콤 볼드리지는 이 제도를 제안한 사람의 이름이다.
- 모니터링 : 정책평가에서 프로그램이 처음의 설계대로 운용되고 있는가, 그리고 당초의 대상 집단에 혜택이 돌아가도록 집행되는가를 평가하는 형성적 평가의

한 기법을 말하며 모니터링은 프로그램이 적절한 집단을 대상으로 하고 있는가, 그리고 설계대로 집행되고 있는가를 확인하기 위한 정책평가를 말한다.

- **성과** : 실적을 통해 최종 목적을 달성한 것 즉, 고객이 만족하는 것, 공부를 해서 자격증을 취득한 것
- **실적** : 과업을 통해 만들어진 단순한 결과 즉, 홍보를 얼마만큼 했다. 공부를 10 시간 했다 등.
- **소비자중심경영(CCM, Consumer Centered Management)** : 소비자를 기업의 중심에 놓고 소비자 지향적으로 경영을 하는 것으로, 기업은 모든 비즈니스 활동을 소비자관점에서 지속적으로 개선하여 기업의 가치 제고와 경쟁력을 향상시키기 위한 것이다.
- **소비자중심기업** : 소비자중심경영을 실천하는 기업으로 소비자권리를 적극 보호하고, 소비자만족을 추구할 뿐 아니라 각종 소비자 불만을 효과적으로 사전에 예방하고 해결함으로써 소비자로 부터 지지와 호응을 받는 기업을 말한다. 이는 또한 소비자중심기업 경영 실현을 가능하게 하는 사업자 또는 사업자단체가 도입하여 시행하는 경영체계라고도 할 수 있다.
- **소비자 관련 조직** : 고객상담실, 소비자상담실, 콜센터 등을 말한다.
- **소비자상담센터(1372)** : 소비자상담을 담당하는 정부기관(공정거래위원회, 지방자치단체), 한국소비자원, 소비자단체 등이 참여하는 국가 전체적인 상담처리시스템으로 전국 단일 상담전화번호 1372로 걸려온 상담전화를 신속하게 소비자가 위치한 근거리 상담원에게 배분하여 상남서비스를 제공하고, 상담포털을 통하여 유용한 상담정보 및 온라인 상담서비스를 제공하는 시스템이다.
- **소비자 정보시스템** : 소비자의 의사결정에서 불확실성을 감소시키고 소비자에게 유용하고 유의성 있는 가치를 지니는 소비자정보를 통합적으로 탐색, 수집, 가공, 창출, 공유, 이용하는 일련의 활동을 컴퓨터를 이용하여 수행하며 그 결과를 소비자들에게 의미 있는 지식으로 전달해 주는 체계이다.
- **소비자분쟁해결기준** : 소비자와 사업자간에 발생하는 분쟁을 원활하게 해결하기 위해 시행되고 있는 공정거래위원회의 고시로서 일반적 소비자분쟁해결기준과

품목별 소비자분쟁해결기준으로 구분된다. 소비자분쟁해결기준은 소비자 피해 보상에 관한 일반 원칙과 품목별 보상기준으로 구성되어 있다. 품목별 보상기준에는 소비자가 사업자에게 피해 보상을 요구할 수 있는 불만 유형을 비롯해 물품이나 용역의 품질·가격·표시상의 불일치·거래 조건 등 사실상 소비자와 사업자간에 발생하는 거의 모든 문제를 수용함으로써 소비자는 자신이 입은 피해를 보다 쉽게 보상받을 수 있는 기준이 된다.

- **소비자 불만** : 소비자는 구매전 기대와 제품성능과의 일치 여부에 따라 만족 혹은 불만족을 경험하게 되는데 기대와 제품성능과의 일치 여부는 각각 성능이 일치한 경우, 성능이 기대와 긍정적으로 불일치한 경우, 성능이 기대와 부정적으로 불일치한 경우로 나눌 수 있다. 이때 일치와 긍정적 불일치를 소비자 만족, 부정적 불일치는 소비자 불만족을 유발하게 된다.
- **슈퍼바이저(Supervisor)** : 고객상담실의 상담원을 관리 감독하고 고객불만을 처리하고 모니터링과 코칭을 한다.
- **위기관리 시스템** : 조직의 위기에 대처해 조직에 바람직하지 못한 결과를 최소화시키고 그에 따른 신속한 조치를 취하는 일련의 행위를 말한다. 즉, 위험 요소 확인·측정·통제를 통해 최소한의 비용으로 불이익을 최소화하는 활동 전반을 의미한다.
- **지원 프로세스** : 수주 및 설계, 프로젝트 준비 및 수행 종료 등의 프로세스를 지원하고 일상적인 운영을 지원하기 위하여 수행되는 프로세스이다. 지원 프로세스에는 경리 및 회계, 재무 및 일반관리, 총무 및 행정적인 업무 프로세스를 포함한다.
- **최고경영자(CEO, Chief Executive Officer)** : 최고경영자는 기업의 '최고 의사결정권자'로서 보통 대표이사와 같은 뜻으로 쓰인다. 대외적으로 기업을 대표하고 대내적으로는 이사회의 결의를 집행하며, 회사의 업무에 관한 결정과 집행을 담당하는 등 대표이사와 유사한 지위·권한을 갖는다.
- **최고고객책임자(CCO, Chief Customer Officer)** : 최고고객책임자는 최고경영자를 대리하여 CCM의 구체적인 운영·실천의 책임과 권한을 부여받은 CCM 총괄

책임자이다.

- 프로세스 : 일이 처리되는 경로나 공정. 어떤 특정한 결과를 이루기 위해 취해지는 일련의 행동들[기타 의미], 하나 이상의 입력을 받아들여 고객에게 가치 있는 결과를 제공하는 행동들의 집합이다. 또는 기업의 프로세스는 자연스러운 활동으로 사람, 자원 등을 입력해서 경영 성과라는 출력을 얻어내는 과정이다.
- 핵심 프로세스 : 보완해야 하는 경쟁우위 요소에 영향을 주거나 고위 경영진이 확보, 강화, 확장하려는 경쟁우위 요소에 영향을 주는 프로세스를 말한다. 핵심 프로세스란 고객의 요구사항을 달성하고 기업의 방침과 목표를 달성하기 위해서 필수 불가결한 프로세스를 의미한다.
- 피드백 : 영어로 'Feed(먹다)'와 'Back(다시)'의 합성어로, 쉬운 말로 하면 '되먹임'이라고 할 수 있으며, 피드백이란 처음 행동한 결과를 이용해 목표하는 결과를 이루도록 개선하는 것이다.
- BSC(Balanced Score Card) : 조직의 비전과 전략목표 실현을 위해 4가지(재무, 고객, 내부프로세스, 학습과 성장) 관점의 성과지표를 도출하여 성과를 관리하는 방식으로 성과관리 시스템으로서 단기적 성격의 재무적 목표 가치와 장기적 목표 가치들 간의 조화를 추구하고 있다.(네이버 사전)
- CCM 주관부서 : 주관(主管)이란 어떤 일을 책임지고 맡아 관리한다는 뜻으로 주관 부서는 어떤 일을 책임을 지고 맡아 관리하는 부서를 뜻한다.
- CCM 매뉴얼 : 사내의 모든 소비자 관련 내용을 규정한 문서이다. 매뉴얼에는 CCM 평가기준의 내용이 포함되어 있어야 한다. 또한 CCM의 목적, 필요성, 적용범위, 용어의 정의, 기본 원칙과 각 부서의 역할과 책임, CCM 체계 관리, 사후구제 및 사전예방 관련 내용과 성과관리 등이 규정되어 있어야 한다.
- ESG : E(Environmental, 환경), S(Social, 사회), G(Governance, 지배구조)등의 비재무적 영역에서 기업이 보다 확대된 역할을 충실히 수행하는 일련의 경영활동을 의미한다. ESG 경영의 각 영역을 구성하는 항목들에 대해서는 전문기관 및 단체에 따라서 약간의 차이들은 있으나, 공통적으로 기업이 관리/실행해야 할 요소로 얘기되는 것들을 정리해 보면 아래와 같다.

▷ **E(환경)**에서 가장 핵심적인 사안은 기후변화와 탄소배출 관련 이슈이다. 전 세계 인류의 지속가능성과 생존을 위해 앞으로 기업은 과감한 탄소배출 절감, 한발 더 나아가 탄소 제로화를 추구해야만 하는 상황에 직면하고 있다. 이와 함께 환경오염완화를 위한 자원 및 폐기물관리, 더 적은 에너지와 자원을 소모하는 에너지 효율화도 중요한 이슈로 떠오르고 있다.

▷ **S(사회)**분야는 '사람'과 관련된 이슈들을 기업이 관리할 것을 제안하고 있다. 임직원의 인권/노동준수, 협력사와의 동반성장, 고객보호, 지역사회에 대한 공헌 등이 그 주요 내용으로 되어 있다.

▷ **G(지배구조)**분야는 환경과 사회가치를 기업이 실현할 수 있도록 뒷받침하는 투명하고 신뢰도 높은 이사회 구성과 감사위원회 구축이 필요하다. 또한 뇌물이나 부패를 방지하고, 로비 및 정치기부금 활동에서 기업윤리를 준수함으로써 높은 지배구조 가치를 확보할 수 있다고 제안하고 있다.

- KPI : KPI(Key Performance Indicator)는 핵심성과지표라고 한다. 각 기업들은 팀, 직원들을 평가하는데 매출, 계약건수, 고객만족도지수 등 계량적인 것부터 정성적인 성품 등 비계량적인 것 등 다양하다.
- NGO : NGO(Non-Governmental Organization, 비정부기구)는 지역-국가-국제적으로 조직된 자발적인 비영리 시민단체로, '비정부성'을 강조한 개념이다. UN(국제연합)에 의해 공식적으로 사용되었던 NGO의 개념은 UN에서 국가기구와 관계를 맺고 협의하는 조직, 곧 정부 이외의 기구로서 국가주권의 범위를 벗어나 사회적 연대와 공공목적을 실현하기 위한 자발적인 공식 조직을 의미한다. 또 다른 의미는 시민이 자주적으로, 비영리를 목적으로 하여, 정부나 기업으로부터 독립되어 공통의 목적이나 이념하에 활동하는 시민조직이다.
- QA(Quality Assurance) : 고객상담실의 상담내용을 모니터링하여 상담원의 평가와 코칭, 상담경향 분석, 커뮤니케이션 성향분석 등의 업무를 통해 서비스 품질 평가 및 관리를 한다.
- TFT(Task Force Team) : 약어로 회사에서 중요한 일, 새로운 일(프로젝트)을 추진할 때 각 부서 및 해당 부서에서 선발된 TASK에 관련된 인재들이 임시 팀

을 만들어 활동하는 것을 말한다. 즉, TASK 목적을 가지고 그 목적을 추진하기 위해 임시로 모인 집단을 이야기할 때 쓰인다. 그 임무가 완수되면 곧바로 해체되는 집단으로 회사 등에서 많이 쓰이는 용어이다.

- VOC(Voice of Customer 고객의 소리) : 소비자 불만뿐 아니라 상담, 문의, 칭찬 등 모든 고객의 소리를 말한다. 기업의 경영활동에 있어서 고객들이 기업에게 반응하는 각종 칭찬, 문의, 불만, 제안 등의 정보를 말한다.
- VOC 시스템 : 기업으로 들어오는 다양한 고객의 소리에 대하여 체계적으로 수집, 저장하고 분석하여 기업의 경영활동에 활용하고 고객에게 다시 Feedback해 줌으로써 궁극적으로 고객의 소리에 근거한 경영활동을 할 수 있게 하는 경영체계를 말한다

경영의 핵심 소비자중심경영

발 행 일 • 2023년 4월 28일

저　　자 • 김태영·백병성·김정호·손철옥·오흥욱·이기헌·이성식

발 행 자 • 최 봉 조

발 행 처 • 진샘미디어

수　　소 • 서울시 은평구 연서로 5길 28 부호아파트 102동 상가5호

전　　화 • 02)353-4421 / FAX 02)353-4431

홈페이지 • www.jinsaem.co.kr

신고번호 • 제311-2005-000025호

I S B N • 979-11-91419-32-0　　93320

정가 28,000원